엥커리지

캐 나 다

밴쿠버

시애틀

미 국

보스턴
뉴욕
워싱턴

샌프란시스코

로스앤젤레스

뉴올리언스

마이애미

멕시코   과달라하라   벨리즈

벨모판

과테말라 온두라스

페 루

리마

라파스

볼리비아

아르헨티나

산티아고

부에노스아이레스

칠 레

바람의 딸

걸·어·서·지·구·세·바·퀴·반

바람의 딸

걸·어·서·지·구·세·바·퀴·반

초판 1쇄 발행 : 1996년 6월 17일
초판 5쇄 발행 : 1996년 7월 29일

지은이 : 한비야
펴낸이 : 박국용
편 집 : 서재경, 양희정
표지 사진 : 윤항로
표지 디자인 : 여홍구
인쇄 : 삼영인쇄

펴낸 곳 : 도서출판 **금토**
서울 강남구 역삼동 738-29 협진빌딩 2층
전화 : 565-2171, 팩스 : 555-6645
1996년 3월 8일 출판등록 제 18-1273호
ISBN 89-86903-01-6 03810

값 7,000원
*저자와의 협약에 의해 인지는 생략합니다.

이 책을 아프리카와 중동에 흩어져있는
난민 어린이들,
특히 아프가니스탄에서
왼다리와 오른팔이 잘려나간 채
꼬질꼬질한 손으로 내게 빵을 건네주었던
꼬마친구에게 바친다.

목 차

바람의 딸, 걸어서 지구 세바퀴 반

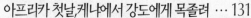

바람의 딸, 걸어서 지구 세바퀴 반

비야는 정말 부러운 자유인

조안 리
〈스타 커뮤니케이션스 사장〉

나이가 들어가면서 내게는 부러운 사람이 많다. 언제 어디서나 자신의 주장을 뚜렷하게 내세울 수 있는 사람, 단단한 실력을 갖추고 있으나 거만하지 않은 사람, 늘 남을 배려하면서 모두를 포용할 수 있는 사람. 살아가면서 사람들을 만나다보니 아름답고 부러운 사람이 하나 둘 늘어난다.

그렇게 부러운 사람 중의 하나가 비야다. 겉으로는 적게 가졌으면서도 안으로는 단단하게 중무장을 하고서 늘 높은 톤으로 깔깔거리며 살아가는 사람, 누구도 쉽게 엄두조차 내기 어려운 세계여행을 떠나 몇년 뒤 밝고 건강한 얼굴로 돌아올 수 있는 사람, 누구에게라도 무슨 말이든지 쉽게 물어볼 수 있도록 마음이 열려 있는 사람, 이 밖에도 비야에게는 부러운 점이 너무나 많다.

"사장님 저 점심 좀 사주세요."

내가 사장으로 있던 '한국 버슨-마스텔라'에 비야가 처음 입사했을 때, 다른 사원들은 공연히 나를 어려워만 해서 눈도 잘 맞추지 못하는데 비야는 나를 불러세우고 당당하게 쳐들어왔다.

'요놈 봐라, 꽤 당돌한 데가 있군.'

함께 점심을 먹으면서 그는 신나게 자기 이야기를 하고 어릴 때부터 품어왔던 세계여행 계획을 털어놓았다. 신통했다. 그리고 자기 말처럼 3년 후 여행을 떠나는 걸 보고서는 더욱 신통했다. 자신의 계획을 위해 건강관리를 철저히 하면서도 회사일 또한 열심히 해내는 것을 보면서 신통하다는 생각은 더욱 깊어졌다.

비야는 끊임없이 배우고 도전하는 사람이다. 일을 하면서도 만나는 사람마다 찰싹 달라붙어 수없이 물어보고, 책을 읽고 공부를 한다. 자기 앞에 닥친 새로운 일들을 겁내지 않고 왕성한 호기심으로 극복해간다. 그렇기 때문에 그 어려운 세계여행을 성공할 수 있었다.

그런 비야야말로 우리 시대의 새로운 여성상이라고 하지 않을 수 없다.

여행은 배움이고 자기 성숙이다. 새로운 곳에서 새로운 사람들을 만나면서 결국 자신을 깨우치는 일이다. 세계 여행을 하면서 중간중간에 연락을 해오고 몇년에 한번 짧게 돌아와 내 앞에 나타날 때마다 비야는 그만큼씩 성숙해져갔다.

비야의 여행은 비야의 인생에 단단한 밑거름이 될 것이다. 그런 여행을 한 사람은 이제 무슨 일에서도 용기를 잃지 않게 된다. 나는 어려운 결혼을 성사시키고부터 인생에서 겁이 없어졌다. 누구도 상상할 수 없었던 힘든 결혼으로부터 참다운 용기를 얻을 수 있었다. 이제 비야는 5년에 걸친 여행을 통해 그런 자신감과 용기를 얻었을 것이다.

비야가 오른 아프리카 킬리만자로를 나도 그 이전에 오른 적이 있다. 그 첫날 하루종일 비를 맞고 밀림지역에 텐트를 치고 잤다. 온몸이 비에 젖어자면서 슬리핑 백이 자꾸 미끄러져서 한숨도 잘 수 없었다. 그때 나는 이 고생스러운 산행을 왜 시작했는가, 일순 후회를 했다. 비야에게 그 이야기를 하면 웃을 것이다. 그는 그보다 몇배나 고통스러운 순간을 수없이 넘겼을 것이기 때문에.

그런 고생을 넘어 비야가 돌아왔다고 했을 때 나는 솔직히 그의 건강을 걱정했다. 그러나 그는 더 건강하고 행복한 얼굴이었다. 진정한 자유인의 얼굴이었다. 그런 비야가 부럽다못해 존경스럽기까지 하다.

우리에게 지금 비야같은 사람이 있다는 게 정말 자랑스럽다.

Joanne Lun

나의 세계여행을 있게 한 세 가지 계기

"개인적인 이유로 사표를 제출합니다."

이름있는 국제홍보회사의 나름대로 잘 나가던 마케팅 차장직을 그만둔 건 유학 후 한국에 돌아와 입사한 지 만 3년 만이었다.

"사직은 절대 안 돼. 한 3개월 휴가를 주면 그 바람기 잠재우고 올 수 있겠어?"

나와 팀워크가 잘 맞아 신바람나게 함께 일했던 미국인 직속상관은 느닷없는 사표에 어안이 벙벙. 그때는 승진 말도 오가던 판이었다. 그러나 나는 조금도 망설이지 않았다. 아니 망설일 이유가 없었다. 이건 바람기 차원이 아니라 이미 오래전부터 계획한 내 인생의 중요 프로젝트였기 때문이다.

'세계일주여행!'

그렇다. 나는 사람들이 생각하는 것처럼 어느날 문득 일상에서 벗어나고 싶어서 여행을 훌쩍 떠난 것이 아니다. '쪼는' 직장 상사가 꼴 보기 싫어 사표 내던지고 홧김에 떠나는 여행은 더더욱 아니다. 미국에서 늦은 학업을 마치고 돌아오던 때부터 그 계획은 착실하고 치밀하게 준비된 것이다.

돌아가신 아버지와의 약속

내가 세계일주를 꿈꾸게 된 것은 지금은 이 세상에 계시지 않는 아버지 덕분이다. 중앙 일간지 기자였던 아버지는 일찍 들어온 날이면 저녁을 먹고 나서 우리 4남매를 모아 놓고 우리나라 지도와 세계 지도에서 나라 이름, 도시 이름, 산과 바다 이름 찾기놀이를 하셨다. 그러면서 우리가 잘 알아듣지도 못하는 국제간 역학관계나 분쟁지역 이야기를 수없이 들려 주셨다.

자연히 내 관심은 세계로 넓어졌는데 여기에 기름을 부은 책이 〈김찬삼 세계여행기〉와 쥘 베른이 쓴 〈80일간의 세계일주〉. 김찬삼 여행기에서 나는 그때로서는 달나라 여행보다 더 먼 나라 얘기로 느껴졌던 세계일주를 '한국사람도 할 수 있다' 라는 가능성을 보았고 〈80일간의 세계일주〉에서는 '비행기를 타지 않고도 80일 만에 한바퀴를 돌 수 있을 만큼 세계가 작다' 라는 것을 알았다.

"아버지, 나 크면 세계일주할 거야. 이 아저씨처럼."

"그래, 꼭 해 보렴. 너희가 컸을 때는 그게 가능할 테니까."

아버지는 진심으로 바라며 내 막연한 꿈을 응원해 주셨다.

내 꿈의 씨앗이 싹을 틔우려고 꿈틀거린 건 고등학교 졸업 직후. 시험지에 이름만 똑바로 쓰고 나오면 합격은 문제없다는 담임 선생님의 장담이 무색하게 대학입시에서 보기좋게 미역국을 먹고 만 때였다. 대학에 떨어지고 나는 학교에서 받은 재학시의 저금을 가지고 제주도로 향했다. 그곳에 아는 사람이 있는 것은 아니었다. 수중에 돈도 있고 시간도 있고 울적한 마음도 달랠 겸 우리나라에서 갈 수 있는 맨끝까지 가 보자는 생각이었다.

엄한 집에 말해 봤자 안 된다고 할 것은 뻔한 일. 이때 소위 '이유 있는 가출'을 한 것이다. 나는 서울에서 완행열차를 타고 목포로, 목포에서 배를 타고 제주도로 갔다.

그리고 눈물나게 아름다운 그곳의 비경에 황홀해하며 자전거를 빌려 타고 섬 주위를 돌아보기도 하고 친절한 해녀 아주머니에게 멸치국에 밥도 얻어먹었다. 그리고 거기에서 배를 타고 부산으로, 강릉으로, 설악산으로 돌아다녔다. 꽤 많던 저축이 바닥날 때까지 팔도유람을 한 것이다.

보름 만에 집에 들어설 때는 머리를 몽땅 깎이거나 다리몽둥이가 부러질 각오를 했다. 태어나서 처음 무단가출을 한 데다 전화로 짧게 소식만 전하고 말았으니 최소한 한 달 외출금지 정도까지는 갈 거라고 생각했다.

그랬는데 웬걸, 나를 맞는 가족의 태도가 생각과는 전혀 딴판이었다. 내 '가출유람'에 대한 처음의 분노가 걱정으로, 그게 다시 기도로 바뀐 지 오래. '제발 무사히 돌아와만 다오' 하고 있는 순간 집에 들어선 것이다. 그러게 모든 일에는 타이밍이 좋아야 하는 거다.

이 사건을 계기로 내가 하고 싶은 일을 할 때, 허락을 받던 체제가 통고만 하면 되는 체제로 변했다. 물론 집안 식구들이 나를 믿어 주었기 때문이겠지만 이건 내 양어깨에 날개를 단 것 같은 정말 기가 막힌 자유였다.

이때부터 대학에 입학하기 전까지 5년간 우리나라 구석구석을 발이 닳도록 돌아다녔다. 산이란 산, 바다란 바다, 섬이란 섬, 절이란 절을 두루 찾아보았다. 그때는 〈구름에 달 가듯이〉라는 국내여행 안내책자가 있었는데 그 책 목차 부분에 나오는 곳은 한 군데도 빠뜨림 없이 다녀보리라 마음먹은 적도 있었다.

당시만 해도 지나가던 사람 불러 밥 먹이고, 밥 먹는 동안 감자 삶아 싸 보내는 시골인심이었던 때라 숱하게 공짜밥도 얻어먹고 공짜잠도 얻어잤다.

'제2의 부모님' 위튼 부부의 도움으로 미국 유학

'대학교에 가야겠어.'

대입선발고사를 일곱 달 남겨두고 한 결심이다. 나는 그때 여러가지 아르바이트로 내 용돈은 물론 생활비까지 보태고 있었다. 고등학교 때 친하게 지냈던 캐나다 선교사 덕분에 할 수 있었던 영어 번역과 통역이 가장 큰 돈벌이 종목이었다. 그 외에도 초등학교 학생들의 과외선생, 임시 세무공무원, 클래식 음악실 DJ 등 시간이 허락하는 한 다양한 일을 했다.

번역일은 하이틴 문고용 연애소설이었는데, 나는 고졸이라는 이유로 대학생 아르바이트에 비해 번역료를 반밖에 받지 못했다. 그렇지만 이런 일을 고정적으로 할 수 있다는 것만도 감지덕지하며 부당한 대우를 짐짓 모른 체하고 있었다.

번역의 내용은 대개 멋진 여자와 멋진 남자가 멋진 곳에서 만나 첫눈에 반해 사랑에 빠진다는 뻔한 내용이었지만 나는 나름대로 어휘력과 문장력을 총동원해 번역하면서, 재미도 느끼고 곧 자신감도 얻게 되었다. 이제는 슬슬 이 '반값대우'가 억울하다는 생각이 들기 시작했다.

"언니, 내가 번역한 건 다시 손볼 것도 없다면서?"

"그래, 네 번역이 아르바이트생 가운데서 제일 좋다고 하던데."

"그러니까 내 번역료, 대학생들 하고 똑같이 쳐줘요."

"애는, 나도 그러고 싶지만 넌 대학생이 아니잖아. 출판사에도 규정이 있는데…."

규정. 이게 말로만 듣던 '대학물값'이란 건가. 결과적으로 나타나는 실력이나 개인의 능력과는 상관없이 애초부터 이 사회에 그어져 있는 선. 이것이 그 언니가 말하던 규정이었다.

난 자신이 있었다. 세상을 살아가는 데 필요한 지식은 고등학교면 충분한 것이라고. 그 후의 알차고 풍요로운 삶은 학벌에 의해 결정되는 것이 아니라 자신의 삶을 위해 얼마나 스스로 노력하느냐에 달려 있는 것이라고 생각해 왔었다.

그러나 이 일이 있은 후 나는 곰곰 생각해 보았다. 이후에도 고졸자로서 당당하게 사회적인 편견과 부당한 대우를 감당할 자신이 있는가, 아니 그 벽을 뛰어넘을 자신이 있는가. 며칠 뒤 나는 대학을 가기로 결심했다.

결심한 이상 꿈은 크게, 서울대 영문과를 목표로 정하고 다음날부터 연일 코피가 터지는 입시전쟁에 돌입했다. 재수하는 데 드는 학원비와 대학 첫학기 등록금, 내 용돈 및 집안 생활비를 벌어야 했기 때문에 하던 일을 그만둘 수도 없었다.

시간이 절대적으로 부족했다. 잠자는 시간을 4시간 이하로 줄이고 공부할 수 있는 시간에는 최대한 정신을 집중해야 겨우 승산이 있으리라고 생각했다.

클래식 음악실에서는 짧은 신청곡은 무시하고 길고 긴 교향곡만 몇 곡씩 틀어 놓고 공부를 했다. 초등학교 아이들에게 수련장을 풀게 하고 잠깐 눈을 붙인다는 게 그만 코까지 골며 자 버리기도 했다. 아무리 집중을 하려고 해도 쏟아지는 잠을 쫓기 위해 필사적인 노력을 해야 했다.

그렇게 몇 달이 지났다. 그 사이 아주 신기한 변화가 생겼다. 이 힘겨운 입시 준비가 점점 행복한 시간으로 느껴지는 것이었다. 내가 스스로 세운 목표를 향하여 매진하고 있다는 뿌듯한 만족감이 내 마음속에 충만했기 때문이다. 그렇다. 나는 이때 인생에서 처음으로 내가 가진 모든 것을 총동원해 혼신의 노력을 기울였다. 그렇게 최선을 다

하고 있는 나 자신이 스스로도 아주 자랑스러웠다.

처음엔 오기와 자존심 때문에 시작한 공부가 내 인생에 귀하고도 귀한 교훈을 남긴 것이다. 최선을 다하는 삶이 아름답다는 것. 그리고 어떤 일에 최선을 다했다면 나타나는 결과와 상관없이 후회나 미련이 없다는 것을. 내가 이 기간을 통해서 얻은 최선을 다하는 방법이란, 목표는 자신의 능력에 약간 버겁다 싶을 정도로 높게 잡고, 계획은 치밀하게, 실천은 확실하게 해야 한다는 것이다. 이것이 그후부터 지금까지 나의 인생원칙이 되었다. 이 원칙이 없었다면 지금의 내 세계여행은 다른 사람이 그러하듯 여전히 꿈으로만 남아 있을지 모른다.

겨울이 오고, 시험을 보고, 결과가 발표되었다. 결과는 고득점. 원하는 대학에 갈 수 있는 성적이었다.

그러나 나는 홍익대 영문과에 특별장학생으로 들어갔다. 대학 4년 등록금 전액 면제에 방학을 포함해 다달이 상당 액수의 생활비를 지급한다는 조건이었다. 난 망설이지 않고 선택했다. 대학공부만큼은 아르바이트 사이의 짜투리 시간에 하고 싶지 않았기 때문이다.

나의 대학입학을 우리 식구만큼이나 기뻐한 분은 위튼 부부다. 그들은 내가 음악다방 DJ 시절에 만나 지금까지 16년 동안 아름다운 인연을 맺고 있는 제 2의 부모님이다.

위튼씨는 한국에 파견된 미국무성 소속 비군속 공무원. 한국에 파견된 지 한달도 못 된 그분이 내가 DJ로 있던 음악실에 드나들면서 우리의 인연은 시작되었다. 자주 음악실에 들르는 외국인이었기 때문에 나도 관심을 가지고는 있었지만 입시 때문에 워낙 마음의 여유가 없어서 눈인사만 하는 정도였다.

그러던 어느 날, 음악실 종업원과 그분이 무언가 옥신각신하는 것 같아 DJ실을 나가 보았다.

"뭔지 제가 도와 드릴까요?"

"저 아가씨한테 오렌지 주스를 한 잔 더 시켰는데 아무리 기다려도 안 가져오네요."

"아, 한 잔 더 갖다 드릴 게요. 한국 다방에서는 아무리 오래 앉아 있어도 커피나 주스를 한 잔 이상 시켜 마시지 않으니까 저 아가씨가 이해를 못했을 거예요."

"고마워요. 그런데 아가씨, 영어를 참 잘하네요. 시간 괜찮다면 나 좀 잠깐 도와 줄래요? 오늘밤 제주도에 가려고 하는데 내가 한국말을 전혀 못 하니까 종이에 몇 가지 꼭 필요한 표현을 좀 적어 주면 좋겠어요. 시외버스 터미널까지 가 주세요, 난 묵을 곳이 있으니 잡아끌지 마세요, 뭐 이런 것들인데…"

"좋아요."

이렇게 알게 된 제럴드 위튼씨는 두 달 후 한국에 온 가족과 함께 그 음악실에 자주 들렀다. 나도 그분들이 오실 때면 틈을 내어 어울리며 즐거운 시간을 가졌다.

그러던 가을 어느 날, 위튼 부부가 물었다.

"비야는 볼 때마다 무엇을 그렇게 열심히 하고 있니?"

"네, 저는 지금 대학입시 준비를 하고 있어요. 국립대에 가고 싶은데 들어가기가 무척 힘들거든요."

"그럼, 국립대에 못 들어가면 다른 대학으로는 안 갈 건가?"

"그때 가 봐야 알겠지만 지금으로선 조금 어려울 거라고 생각되네요. 저 스스로 학비를 마련해야 되거든요."

난 내가 이렇게 말했다는 것도 잊어 버리고 있었는데 입시가 다가온 어느 날 그 부부가 내게 뜻밖의 말을 했다.

"비야, 우리는 네가 이번 입시에서 좋은 성적을 내리라고 믿는다. 그렇지만 만약 좋은 성적이 안 나오더라도 제발 포기하지 않았으면 좋겠어. 이번에 원하는 대학에 못 들어가면 다른 사립대학에 갈 수 있게 우리가 학비를 대 주고 싶어. 부담 같은 건 갖지 말도록 해. 비야에게 공짜로 돈을 대 주는 게 아니라 투자를 하는 거야. 우리는 비야가 좋은 투자대상이라는 확신을 갖게 되었거든."

나는 깜짝 놀랐다. 그분들과 친하다고 느끼고는 있었지만 이렇게까지 염려해 주리라고는 꿈에도 생각하지 못했다. 자기 자식이 4명이나 있는 전형적인 중산층 미국인 부부가 외국에서 만난 친구의 학비를 대 주겠다는 것이 이해가 되지 않았다. 내 힘으로도 할 수 있을만한 일에 도움을 받는다는 것도 내키지 않았다. 아직 결과가 나온 것도 아니지만 그분들이 나에게 보여 주신 관심과 배려가 그저 고마웠고 나를 투자가치가 높은 사람이라고 생각해 주는 것이 황송할 따름이었다.

입시 결과가 발표되고 위튼 부부에게 내 결정을 말씀드렸더니 뛸 듯이 기뻐하셨다.

"우리 부부는 네가 자랑스럽다. 그렇지만 우리가 너에게 투자하려고 생각한 데는 변함이 없단다. 4년 동안 공부한 뒤 더 하고 싶으면 미국으로 유학을 가도록 하렴. 비야가 원래 공부하고 싶은 학문은 언론학이라고 했던가? 우리집이 있는 유타 주 솔트 레이크 시티에 아주 좋은 언론전공 프로그램이 있다는데, 대학원 공부는 우리가 시킬 수 있도록 해 주렴. 알았지?"

그 4년 뒤, 나는 유타대 언론대학원 국제홍보학 전공 학생이 되었다. 이분들이 주신 개인장학금으로.

유럽 배낭여행으로 자신감 얻어

미국 유학시절은 학업뿐 아니라 여러 가지 의미에서 내 인생의 전

환점이었는데 이때 여행에 관해서도 아주 중요한 두 가지 경험을 하게 됐다. 하나는 미국내의 여행을 하면서 얻은 것이다. 유학하는 동안 나는 사람들이 너는 유학(留學)이 아니라 놀러(遊學) 왔다고 할 정도로 많은 여행을 했다.

이 경험으로 난 여행의 즐거움, 특히 광활한 사막이나 깊은 계곡 등 한국에서는 볼 수 없는 낯선 자연과 만나는 기쁨을 마음 속 깊이 만끽할 수 있었다.

다른 하나는 소위 해외 배낭여행 경험이다. 그 기회는 여름방학 동안 이탈리아 로마에서 열리는 세계종교지도자회의 행사 코디네이터로 일하게 된 덕분에 얻게 되었다.

내가 다니던 대학원은 1년에 네 학기가 있는 쿼터제였는데, 나는 로마에서 여름일을 끝내고 가을학기를 휴학했다. 수중에 일하고 받은 돈 있것다, 이미 유럽에 와 있것다, 그대로 돌아갈 수는 없었던 것이다. 배낭을 둘러메고 말로만 듣던 프랑스로, 독일로, 스위스로, 덴마크로 한 도시에서 2~3일간, 한 나라에서 10여 일간씩 머물며 주마간산으로 10여 개국을 돌았다.

이 때 세계 각국을 여행하고 있는 장기여행자들과의 만남은 내 세계일주 여행을 가능하게 한 결정적인 계기가 되었다.

물론 나도 다른 사람들처럼 세계여행을 하려면 많은 시간, 많은 돈이 필요하다고 생각했고 위험하지는 않을까, 체력은 버틸 수 있을까를 염려했었다. 그런데 이들 대부분은 휴학, 휴직, 퇴직 등으로 긴 시간을 내서 노숙, 싸구려 음식으로 돈을 절약하며 장기여행을 다니고 있었다. 또 이들에게 들어 보니 여행중 걱정했던 것만큼 위험한 일을 많이 겪지도 않았고 체력도 내 기본체력에 지구력 정도만 보완한다면 충분하리라는 생각이 들었다.

그러나 아직 나의 처지는 유학중인 학생. 언젠가 해봐야지 하는 생각뿐이지 시간도 없고 돈도 없는 때였다. 그래, 세계일주의 꿈은 잠깐만 유보하는 거야. 직장을 갖게 되면 3~4년 내로 꼭 떠나야지. 그때 있는 돈만큼만 싸들고, 적어도 2년 이상.

미국 유학중 영어 외에 두 가지 언어를 습득할 기회가 있었던 것도 후에 세계일주 여행을 할 때 큰 도움이 되었다. 유럽 여행에서 돌아와 한번 더 인턴십을 하려고 UN본부에 신청서를 냈다. 여기서는 영어 외에 UN 공용어 하나를 더 할 수 있으면 상당한 가산점이 붙게 된다. 나는 한마디도 할 줄 모르는 스페인어를 중급 정도 한다고 적어 넣었다. 최종 선발까지는 앞으로 6개월이 남아 있으므로 그 사이에 죽자하고 배우면 할 수 있을거라는 배짱과 속셈이었다.

신청서를 부치고 그 길로 언어학과 스페인어 강사를 찾아갔다. 사정 이야기를 하고 그 강사의 수업에 수업료를 안 내는 청강생이 되어 초급, 중급은 그 학기에 같이 듣고 고급은 그 다음 학기에 들었다. 그 클래스는 정상반보다 두 배로 빨리 나가는 속성반이어서 원래는 1년 반에 마치게 되어 있는 초, 중, 고급 코스를 나는 6개월 만에 훑은 셈이다.

그러면서 도서관에서 아르바이트로 번 돈을 거의 전부 투자해 회화 개인교습을 받았다. 영어를 할 줄 아는 사람에게 스페인어는 그렇게 배우기 어려운 언어가 아니기도 했지만 그걸 잘해야 내 거짓말이 들통나지 않는다는 긴박감도 있었기에 진도는 잘 나갔다. 결국 애를 썼던 UN 인턴십에는 선발되지 못했지만 중남미 여행에서 그때 배워둔 스페인어 덕을 톡톡히 보았다.

또 한 가지는 일본어다. 단기 영어 연수차 온 일본 학생들을 많이 사귀게 되었는데 이들은 본토인들에게 영어를 배우기보다 같은 동양인인 내게 영어 배우는 것을 더 편하게 생각했다. 그들과 요일을 정해 한 시간은 영어로, 한 시간은 일본어로 이야기를 나누면서 각각 영어와 일본어를 연습했다. 한국에서 재미삼아 배워 두었던 일본어 문법이 큰 도움이 되었다. 이 일어 덕분에 여행중 만나는 수많은 일본아이들과도 잘 지낼 수 있었다.

언제, 어디를, 어떻게 떠날까?

한국에 돌아왔을때 한국에도 버슨-마스텔라 지사가 생겼다는 걸 알고 인터뷰를 요청했다. 대학원에서 케이스 스터디를 할 때 이름이 수없이 오르내리던 회사라 홍보전공 학생들에게 인기 있는 회사다. 결과는 합격. 드디어 직장인이 되었다.

회사에 들어가면서 바로 나는 그동안 가슴속에 소중히 묻어두었던 세계일주여행의 꿈을 펼쳐 놓았다. 그리고 구체적인 계획을 세우기 시작했다. 언제, 어디를 여행할 것인가? 그리고 무엇을 어떻게 준비해야 할것인가?

우선 할 일은 언제 갈 것인가를 정하는 일이었다. 나는 내 전문분야에서 프로 비즈니스 우먼으로 성장할 작정이었으므로 이 분야에서 어느 정도 이름을 알려놓고 떠나서 그 이름이 사라지기 전에 돌아와야 한다고 생각했다. 그래야 돌아와서 처음부터 다시 시작하지 않아도 될 테니까. 그러려면 3년이면 충분하지 않을까?

다음문제는 어디로 갈 것인가이다. 내가 가고 싶은 곳은 우선 고대문명의 발상지들이었다. 이집트, 잉카, 아즈텍, 황하, 유프라테스·티그리스강 유역 등등. 그 다음으로는 네팔의 히말라야, 북미의 매킨리와 남미의 파타고니아지역 산들, 아프리카의 킬리만자로 등 세계 각 대륙의 명산에도 오르고 싶었다.

그러나 제일 가보고 싶은 곳은 미지의 땅이었다. 아마존 정글, 남미 얼음대륙, 아프리카 깡촌, 중국 변경 소수민족 거주지, 중동 사막 베두인 족 마을 등. 이름난 관광지나 유적지, 소문난 자연경관이나 눈요기가 될 만한 장소들은 나중에 휠체어를 타고 다니면서도 모두 볼 수 있는 곳이니까 이번에 긴 시간이 있을때, 그리고 체력이 뒷받침해주는 동안 발로 뛰는 여행, 땀냄새가 물씬 나는 여행, 사람들의 살냄새를 찾아 다니는 인간탐험을 해 보자고 생각했다.

언제 어디로가 정해진 다음 일은 무엇을 어떻게 준비할 것인가였다. 이 단계의 첫번째는 돈에 대한 계획이다. 유학을 끝내고 한국에 돌아왔을 때 내 수중에 있던 돈은 단돈 4만원. 세계 여행의 경비가 얼마가 들든 간에 처음부터 모아야 했다. 목표는 2천5백만원, 모을 수 있는 기간이 3년이니 1년에 850만원, 한달에 65만원 정도는 저축해야 한다는 결론이었다. 물론 보너스와 퇴직금이 있겠지만 이 정도를 매달 저금하려면 내 경제규모를 간소하게 해야했다.

다음으로 중요한 것은 체력관리. 홀로 저경비 장기여행을 하려면 무엇보다도 튼튼한 체력이 뒷받침되어야 하는 것은 당연한 일이다. 다행히 난 건강체질이라 아무거나 잘 먹고, 많이 먹고, 한번 자면 죽은 듯이 자고, 자고 나면 개운하다. 이런 기초 위에 나는 등산과 요가 또는 맨손체조를 덧붙였다. 매주 산에 가서 10시간 이상 걷는 것을 원칙으로 하고 매일 30분간 체조를 하려고 노력했다.

아는 만큼만 보인다고, 이 여행을 위해 책도 나름대로 많이 보았다. 가고 싶은 대륙이나 문화권 중심으로 일반 서적이나 사진첩은 물론 고등학교 교과서부터 대학 논문집까지 여러가지 다양한 관점의 책을 읽으려고 했다.

3년만 다니기로 한 직장이니 더 열심히 일을 했음은 물론이다. 처음에는 한국의 홍보시장 사정을 배우느라 분주했고 조금 후에는 회사의 파격적인 용병정책으로 힘에 버거운 대형 프로젝트를 맡게 되어 분 초를 쪼개 쓰게 되었다. 운이 닿아서 그런지 맡았던 몇 개의 대형 프로젝트가 성공적으로 끝나니 그 후에는 더욱 바쁜 나날이 기다리고 있었다.

한 달 이상 야근을 하는 일도 많았는데 한번은 12시가 넘은 것도 모른 채 일을 하다보니 엘리베이터로 나가는 문이 닫혀버렸다. 그때 우리 회사는 63빌딩 42층이었는데 경비실에 문을 열어달라고 전화를 했더니 내 목소리가 워낙 빠르고 톤이 높아 다급한 상황이라고 느꼈는지 잠시 후에 대여섯명의 경찰관과 경비가 들이닥쳤다. 강도가 아니면 불이 난 거라고 생각했다는 것이다.

이 일의 특성상 아주 다양한 일을 하고 다양한 사람들을 만날 수 있었는데 나 스스로도 각 분야의 새로운 사람들을 만나는 일을 좋아했기 때문에 더욱 힘이 났던 것 같다.

이때 만난 사람들 중에서는 물론 일이 아니면 다시는 보고 싶지 않은 사람도 있었지만 일을 떠나 몇년이 지난 지금까지 아무런 이해관계 없이 따뜻한 정을 주고 받는 사람이 여러 명 있다는 것이 흐뭇하다. 그런 사람들 중에서도 내가 아주 소중하게 여기고 있는 분이 조안 리 사장님이다.

이 분은 내가 햇병아리로 미국계 홍보회사에 들어갔을 때 그 회사의 높고 높은 사장님이셨다. 직책은 까마득히 높았지만 개인적으로는 산을 좋아하는 동호인으로 친하게 지내던 사장님은 내가 회사를 그만두고 세계여행을 떠날 생각이라고 했더니,

"그레이트!"

라며 두말없이 박수를 쳐 주셨다.

지금은 에세이집을 써서 더 유명해진 조안 리 사장님은 사업가로서는 빈틈없는 비즈니스 우먼이지만 개인적으로는 더없이 정이 많고 자상한 큰언니 같은 분이다.

사장님의 다정한 일면을 볼 수 있는 일화 한 토막. 주말을 이용, 뉴

욕타임스 기자였던 내 친구 부부와 전라남도 '땅끝마을'에 갔을 때의 일이다. 저녁을 먹으러 숙소근처 식당에 갔다. 내 친구 내외랑 나는 김치찌개를 시키고 사장님은 돌솥비빔밥을 시켰다. 한참 먹고 있는데 사장님의 돌솥 바닥에 노릿노릿 잘 누른 누룽지가 보였다. 내가,

"야, 그 누룽지 맛있겠다!"

했더니 사장님께서는 얼른 돌솥 바닥의 누룽지를 긁어 내 밥그릇에 놓아주셨다. 같이 갔던 미국인 부부는 눈이 휘둥그래져서 물었다.

"아니, 조안, 밥그릇 안에 있는 누룽지까지 나눠주세요?"

"우리 비야가 원래 많이 먹어요. 먹는 것 욕심도 많고."

이 미국인 부부는 이 누룽지 사건을 지금까지도 두고 두고 이야기하는데, 철저히 서구화한 조안 리로만 상상했던 이들은 사장님께 이런 다정한 면이 있다는 것은 정말 몰랐을 거다.

최근에 여행을 마치고 돌아와 사장님을 만나 뵈었을때 새로 나온 책이라며 〈사랑과 성공은 기다리지 않는다〉를 한 권 주셨다. 책 안에는 사장님의 마음이 이렇게 실려 있었다.

'사랑하는 비야. 오늘의 정열, 영원히 간직하길.'

'나 홀로 여행'은 나 자신과의 여행

"왜 오지로만 여행을 다니나요?"

나라 안에서나 밖에서나 수없이 받는 질문이다. 내 대답은 간단하다. 미지에 대한 호기심 때문이다. 이것이 나로 하여금 배낭을 꾸리게 한다. 그러나 여행을 떠나게 하는 이 원동력보다 더 근본적인 이유는 여행이 줄 수 있는 것에 대한 기대 때문이라고 해야 옳다.

이번 세계여행을 떠나기 전, 조선일보 인터뷰에서 기자가 물었다.

"인생의 안정기를 생각해야할 나이에 왜 이런 여행을 떠나기로 결

심했나요?"

"인생의 전반부를 돌아보고 후반부의 계획을 잘 세우기 위해서."

나는 이렇게 대답했는데 이것이 내 여행에 대한 기대를 한마디로 요약한 것이다. 나는 이번 여행을 통해 다양한 상황과 사람들을 만나면서 나를 객관적으로 볼 수 있는 눈을 가지게 되리라고 기대했었다. 그리고 자기 자신에 대해 깊고 진지하게 생각하면서 조금씩 성숙한 인간이 되어갈 거라는 기대가 있었다.

그렇게 떠나서 지금까지 그 짧지 않은 동안 나는 기대했던 것만큼 성숙한 인간이 되었는지는 모르겠지만 인간 성숙에 필요한 몇 가지 아주 중요한 것을 얻은 건 확실하다.

우선은 내 능력에 대한 자신감이다. 수많은 어려움과 특이한 상황을 겪어내면서 이제는 어떤 일이 닥쳐도 어렵긴 하지만 할 수 있다는 자신에 대한 믿음이 단단해졌다.

또 하나는 세상을 판단하는 나의 잣대가 유연해졌다는 점이다. 내가 가진 잣대가 나름대로 이유를 가지고 있듯이 사람들마다 생각과 가치기준이 다를 수 있다는 다양성을 인정하게 되었다. 그와 동시에 나의 가치기준과 판단기준이 이런 과정을 통해서 점점 객관화하고 논리를 가지게 되는 것이다.

또 한가지 중요한 것은 '사람은 참 다르더라. 그런데 사람은 다 똑같더라' 라는 것이다. 생활과 풍습이 다르고, 인종과 종교는 다르지만 결국 그 옷들을 다 벗어놓으면 남는 건 인간 그 자체인 것이다.

그러면서 케냐 마사이 족의 아이들도 우리 아이고, 이집트 민박집 아버지도 우리 아버지이고, 투르크메니스탄의 무채 파는 할머니도 우리 할머니라는 지구촌 한가족 개념이 생긴 것이다. 진정한 코스모폴리탄이 되었다고 할까.

홀로 떠나는 여행. 이것은 내 자신과의 여행이다. 여행이란 결국 무엇을 보러가는 것이 아니라 그 과정을 통해서 수많은 나를 만나는 일이니까.

여행 중에는 참 많은 일이 벌어진다. 그 사건마다에서 얻은 경험이 내 안에 들어와 나를 만들어 간다. 멕시코에서 두달간 장마비를 맞고 다니다보면 서너시간쯤 비를 맞는 건 아무 것도 아니다. 네팔의 20박 21일 등산을 하고 나면 하루 14시간 산행은 차라리 휴식이다. 7박8일 시베리아 횡단열차를 타고 나면 서울 부산간 기차여행은 눈감빡할 사이다. 인도 슬럼가에서 납치당할 뻔했던 사람에게는 서울 밤거리는 안방처럼 편안하다. 그러고 보면 여행은 간을 키우는 작업인지도 모르겠다. 자기 한계의 지평선을 여는 일인지도 모르겠다.

여행 1년은 평범한 인생 10년

인도 슬럼가 이야기가 나와서 얘긴데, 인도 도시여행의 안전수칙 1조1항은 '해가 지면 돌아다니지 말라' 다. 나는 어리석게 이 대원칙을 지키지 않았다가 큰 위험을 맞았다. 장소는 캘커타. 내 숙소는 중심가였는데 원래도 길눈이 어두운 내가 밤늦도록 돌아다니다가 길을 잃고 말았다.

할 수 없이 오토바이를 개조해 만든 싸구려 택시 릭샤를 탔다. 분명히 숙소 근처였으니 릭샤로 가면 10분 이내일 것 같은데 앞자리에 친구 하나를 동승시킨 릭샤꾼은 30분 정도를 이리저리 끌고다니더니 신시가지를 벗어나 컴컴한 구시가지로 들어섰다.

"여기가 아닌 것 같은 데…… 어디로 가는 거요?"

"일방통행이라 돌아가야 빠릅니다."

릭샤꾼, 느끼한 목소리로 대답. 아무래도 수상하다. 이 녀석 큰 길을 지나 골목길로 들어섰다. 내 전대에는 현금이며, 여권, 여행자수

표까지 전재산이 들어있었다.

"빨리가지 않아도 좋으니 큰길로만 가요."

소리를 빽 지르니 앞에 탄 두 놈이 히쭉 웃는다. 아이고, 이거 정신 바짝 차려야겠군. 이런 때일수록 내가 겁을 내고 있다는 걸 상대방이 눈치채게 해서는 안된다.

"야아, 말 안들려? 당장 큰길로 나가."

목청을 다해 소리를 지르자 찔끔했는지 큰길로 나갔다. 그러나 다시 부르릉부르릉 방향을 틀어 그 골목으로 들어가려고 했다. 옆에 탔던 놈이 훌쩍 뛰어내리며 골목 안에 대고 자기 패거리에게 뭐라고 소리를 질렀다. 가만 있다간 크게 봉변하겠다 싶어 벌떡 일어나 운전하는 놈의 팔을 비틀어 골목 안에 들어가지 못하게 하고 안고 있던 배낭으로 힘껏 등짝을 후려치고는 큰길 쪽으로 뛰어내려 달렸다.

늦은 시간이라 큰 길에는 지나다니는 차도 사람도 없이 텅 비어 있었다. 어느 쪽으로 갈지 몰라 쩔쩔매고 있는데 뒤에서 부릉부릉 그놈들의 릭샤 소리가 들려온다.

'이거 틀림없이 납치당하는구나.'

미친 듯이 대로 중간으로 뛰어들어 도와 달라, 살려 달라, 고래고래 악을 썼다. 정말 다행히 정식 택시가 나타났다. 총알같이 뛰어올라 어떻게 왔는지도 모르게 숙소까지 돌아왔다. 완전히 제정신이 아니었다.

청심환 한 알을 먹고 겨우 진정시켜 자고나서 지배인에게 그 이야기를 하면서 어제 그 장소 지형을 대충 설명했더니 얼굴이 파래진다.

"아이고, 손님. 큰일날 뻔했네요. 거기가 캘커타 문둥이촌이에요. 하루에도 그 골목에서 몇 사람씩 죽어나가요."

이처럼 지금 다시 생각해도 심장이 쿵쿵 뛰는 사건이 있는가하면 그들을 생각만 해도 가슴이 따뜻해지는 이야기도 있다.

내가 영원히 잊을 수 없는 과테말라 아티틀란 호숫가 산 뻬드로 마을의 식구들. 이 집의 가장 레히니는 조그만 가구가게를 하는데 워낙 가난한 마을이라 일거리가 거의 없다. 그러니 가난할 수밖에.그래도 아내와 딸 둘,아들 둘과 언제나 즐겁게 웃으며 살고 있다.

그 마을로 가는 배에 같이 타 사과 한개를 권한 것이 인연이 되어 그 집에서 민박을 하게 되었다. 물론 돈을 받지 않는 민박. 세계 어느 나라를 가든지 시골로 갈수록, 가난할수록 나그네를 온갖 정성을 다 해 대접하면서도 결코 돈은 받지 않는다. 적당히 계산해 돈을 주려고 하면 성을 내면서 한사코 거절. 결국 가족들 눈에 안 보이는 곳, 그러나 쉽게 찾아낼 곳에 몰래 돈을 놓고 나와야한다.

산 중턱에 있는 집. 아줌마는 내가 들어서자 영문도 모르고 반가워한다. 그 뒤 한나절도 되지 않아 동네 사람들이 차례로 이 신기한 한국여자 구경을 와서 얼굴을 익혔다.

그런데 신기한 건 그 깡촌 사람들이 모두 한국을 알고 있다는 거다. 한국 축구팀이 1994년 월드컵에 출전했기 때문이다. 남미의 축구 열기는 대단해서 이 오지에서도 월드컵 출전국은 물론 어느 나라가 어느 나라에 몇 대 몇으로 이기고 진 것까지 샅샅이 알고 있었다.

레히니네 집은 너무나 가난해 과일이나 고기는 구경도 못하고 삼시 세끼 또르띠야라는 옥수수빵과 으깬 팥, 커피가 전부. 이집에서 키우는 닭들은 하루에 달걀 두 개를 낳는데 그걸 이틀간 모았다가 부쳐서 온 식구가 나눠 먹는 게 유일한 특식이다. 왕복 열시간 걸리는 화산에 등산가는 날 아침, 내 등산화 옆에 삶은 달걀 두 개가 가지런히 놓여있었다. 아줌마의 따뜻한 마음이 고스란히 전해져 왔다.

장날을 기다렸다가 열다섯살짜리 이 집 딸과 함께 장에 가서 볶음밥 재료를 잔뜩 사와 동네 잔치를 했다. 그 후 나는 일약 동네 유지가 되었다. 어린 꼬마들이 어떻게나 나를 졸졸 따라다니는지 이 집 엄마

까르멘이 '비야꼬리'라는 별명을 붙여주었다.

"오늘은 비야꼬리가 하나 어디 갔나?"

내가 자기집에서 산다고 몹시 뻐기고 다니는 다섯살짜리 이 집 아들 뻬드로는 내가 언제 가느냐고 매일 물으며 무조건 다음 주 일요일에 가란다. 이 녀석에게 다음 주 일요일이란 실제는 오지않는 먼 미래.

떠나기 전날 레히니와 많은 이야기를 나눴다. 자기는 초등학교밖에 못나왔지만 딸들은 적어도 고등학교까지, 아들은 대학교까지 보내고 싶단다. 그래서 지금 열심히 돈을 벌어 저금하려고 하는데 그게 잘 안된다는 거다.

"학비가 너무 비싸요. 대학 1년 수업료가 우리 2년 수입이에요."

"너무 걱정 마세요, 아저씨. 나도 돕겠어요."

"무슨 말씀이오? 그런 말 절대 하지 마시오."

그는 펄쩍 뛴다. 아들이 아직 어리니 앞으로 10년 동안 열심히 벌면 될 거라고 한다. 그가 그 돈을 모으자면 10년간 하나도 안 쓰고 안 먹어야 한다. 내가 회사에서 받던 보너스 한 번으로 그 아이들 공부시킬 수 있는데.

"나도 다른 사람의 도움을 받아 학교를 다녔어요. 그 분은 지금 내 도움이 전혀 필요없으니 아저씨를 통해서 그 은혜를 갚고 싶어요."

진심이었다. 지금 당장 마땅한 방법이 있는것은 아니지만 어떻게든 이들을 꼭 도울 생각이다.

이번에 아프리카, 중동, 중앙아시아 등을 다니면서도 수많은 일을 겪었다. 내전중인 아프가니스탄에서 목숨이 위험했던 일, 탄자니아 맘바마을에서 나를 친딸처럼 보살펴 주었던 로즈엄마 집에서의 민박, 난민촌 아이들의 잘려나간 팔다리를 보며 가슴 아팠던 일, 그리고 짧았지만 아름다웠던 이란에서의 로맨스 등.

여행은 농축된 인생이라고 하던가. 이 책을 쓰느라 지난 1년반을 돌이켜보니 마치 16년을 산 듯한 느낌이다. 치열하게 살아온 그 기간 동안 내가 겪고 느낀 것을 땀냄새 고스란히 담아 글로 옮기면서 나는 내내 즐거웠다. 어릴 때부터의 꿈을 이루고 있다는 벅찬 행복감이 가슴에 충만해서였다.

사실 현재 나는 집도 절도 없다. 직장도 없고 수중에 있는 돈은 앞으로 1년간 중국여행을 마치고 나면 한푼도 남지 않는다. 그래도 나는 지금이 내 인생의 절정이라고 생각한다. 하고 싶었던 일을 마음껏 하고 있으니까.

그렇다. 나는 안정기에 들어서야할 나이에 오히려 그때까지 가지고 있던 모든 것을 뒤로하고 세계여행을 떠났다. 그리고 벌써 4년이 흘렀다. 그동안 내가 여행을 통해 얻게 되리라고 기대했던 것을 얼마나 얻었는지는 모르겠다. 앞으로 지구를 몇 바퀴 더 돌아야 만족할 만큼 얻을지도 모르겠다. 아니, 영원히 얻지 못할지도 모르겠다.

그러나 나는 편안한 삶을 포기한 댓가와 단신 오지여행이라는 달콤하지만 혹독한 수업료를 치르고서 한가지 아주 중요한 것을 알게 되었다.

세상이라는 바다를 헤쳐 나가는 내 인생이라는 배의 선장은 바로 나라는 것. 누구도 대신할 수 없고 대신하게 해서도 안 된다는 것. 바다가 고요할 때나 폭풍우가 몰아칠 때나 나는 내 배의 키를 굳게 잡고 나아가야 한다는 것이다. 그래야만 지금과 같은 깊은 행복감을 내내 맛보며 살아갈 수 있다는 것을 마침내 깨닫게 되었다.

1996년 5월 서울 근교 일영에서

테헤란 반정부지도자와
10일간의 사랑

내 마음을 흔들었던 이란 지하반정부 지도자와
같이 걷던 걸프 해변.

걸프 해변 방파제 데이트

"혹시 필리핀에서 오시지 않았어요?"

'또 시작이군.'

세계 어디를 가도 처음에 남자들이 수작을 걸어오는 수법은 비슷하다.

"한국에서 왔어요."

약간은 짜증기가 묻은 말로 쌀쌀하게 대꾸하며 자리를 찾아 앉으려하는데,

"내 말 때문에 마음이 상했다면 미안합니다. 그럴 생각은 정말 없었으니까요."

유창한 영어가 건너왔다.

사과의 말도 마음을 끌었지만 그보다는 이란에서 흔히 들을 수 없는 유창한 미국식 영어가 의아해서 뒤돌아 보았다. 건너편에는 점잖은 태도에 잘 생긴 중년 남자가 미안하다는 뜻으로 오른쪽 손을 가슴에 갖다 대고 있었다.

그 진지한 표정이 왠지 낯설지 않았고 그렇게 점잖은 사람에게 아침부터 냉랭하게 대했다는 게 미안하기도 해서 "아니예요" 하면서 그 사람의 테이블에 합석을 했다.

밤차를 타고 걸프해안의 최대 도시 부셰르에 내렸던 그날 아침. 잠도 깰 겸 밤새 차에 시달린 피로도 풀 겸 커피나 한잔 하려고 들렀던 이방의 찻집에서 우리는 이렇게 만났다.

그 사람의 당시 이름은 오마르. 40대 초반의 독신이었고 직업은 시멘트를 수출입하는 무역상. 당시 거주지는 테헤란이었다. 오랜만에 영어를 막힘없이 하는 사람을 만나기도 했거니와 이 사람의 알 수 없

는 매력에 끌려 부셰르에 있는 사흘 동안 내내 함께 시간을 보냈다. 소위 데이트를 한 거다.

그의 이름을 '당시의 이름'이라고 부를 수밖에 없는 것은 그가 자신의 신분을 감추어야만 하는 반정부인사였기 때문이다. 나중에 알고 보니 그는 반호메이니정부의 지하조직 핵심간부였다.

1979년 이란 혁명 전에는 비밀 공작원으로 주요 첩보업무를 수행하면서 독일과 미국에서 오랫동안 머물렀었다. 혁명 이후에는 두바이로 탈출, 신분을 속이고 숨어 살다가 이렇게 비굴하게 살아서는 안되겠다는 생각에 조직을 도우려고 다시 이란에 밀입국. 그렇지만 일을 제대로 해 보기도 전에 경찰에 체포되어 군에 강제 입대, 이란 이라크전쟁에 투입되었다.

전선에서 전령으로 근무하던 중 기회를 보아 탈영하고 다시 두바이로 밀입국하여 거기서 필리핀 여인 로즈를 만나 결혼했다. 그러나 결혼 3년 만에 아내가 병으로 죽자 그는 무역상인을 가장하여 가짜 여권으로 다시 이란에 돌아와 반정부 지하활동을 돕고 있었던 것이다.

"돕고 있는 지하활동은 생각만큼 활발하지 않고 위장 목적으로 하는 건축자재 무역이 오히려 크게 성공하고 있습니다."

그는 그렇게 말하면서 웃고 있었지만 삶이 평탄하지 않았던 사람만이 가지는 우수가 묻어나 갑작스럽게 내 마음까지 쓸쓸해졌다. 그가 그의 삶을 얘기하는 동안 하늘에서는 해가 지고 있었다. 물끄러미 일몰을 바라보고 있던 그의 옆모습에서 나는 오랫동안 잊고 있었던 아버지를 불현듯 떠올렸다.

아버지는 조선일보 정치부 기자였다. 그러나 언론탄압의 서슬이 퍼렇던 박정희정권 시절, 소신을 펴다가 감옥에 갇히기도 한 소위 반정부 언론인이었다. 밖으로는 불의와 타협하지 않는 강직한 분이었지만 안으로는 언제나 따뜻한 인간애를 소중하게 여기셨다. 나를 비롯

한 네 자식에게 항상 큰 꿈을 가질 것을 당부하셨던 아버지. 돌아가
신지 25년이 지난 지금도 여전히 우리들 가슴 속에 영웅으로 살아계
신다.

아버지가 옥고를 치르고 신문사도 그만두어야 했을때 가세는 기울
었다. 금호동 '축대 높은 집'의 '귀한' 아이들은 전셋집을 돌아다니
며 자주 주소를 옮겨 얻은 별명이 홍길동이었다. 아버지는 어렵사리
다시 KBS에 입사했지만 곧 심장마비로 돌아가시고 말았다.

아버지가 세상을 떠나자 우리는 학교 등록금마저 제때 내지 못할
만큼 어려워졌다. 등록금 납입기한이 지난 종례시간이면 이름이 불
리곤 했지만 우리는 그런 걸 부끄럽게 여겨본 적이 없다. 오히려 돈
도 밥도 될 수 없는 말, '약자의 편에 서서 정의롭게 살아라' 하시던
아버지의 말을 귀중한 재산으로 생각하며 살고 있다.

오마르의 눈은 그때의 아버지 눈빛, 그 호랑이 같이 당당하게 빛나
던 눈빛을 꼭 닮아 있었다. 그는 내가 영어를 말하는 투며 말을 빨리
하는 것, 높은 톤의 목소리와 키가 자신의 죽은 아내 로즈를 많이 닮
았다고 했다. 그와 나는 이미 몇 번의 전생에서 마주친 건 아니었나.

그는 혁명 전에 미국에서 공부를 했기 때문에 내가 아는 팝송을 거
의 알고 있었다. 미국과 이란은 적대관계였기 때문에 이란내에서 원
칙적으로 팝송이 금지되어 있는데 오랜만에 둘이 소리를 맞춰 '렛 잇
비 미'며 '디 엔드 오브 더 월드' 같은 옛날 노래를 부르니 그가 한결
가까워지는 느낌이었다. 노래를 부르고 나면 그는 자신이 알고 있는
사아디나 하페즈의 페르시아시를 들려 주었다.

페르시아어는 말 자체가 하나의 음악같다고 생각했는데 아름다운
단어를 고르고 고른 시는 더 말할 것도 없었다. 내용은 알 수 없었지
만 그가 읊는 시가 오래 오래 계속되기를 바라곤 했다. 눈을 감은 채
부드러운 속삭임 같은 시를 읊고 있는 그의 옆모습을 지켜보고 있으

면 이토록 감성적인 그가 어떻게 혁명 전에는 살인도 불사하는 비정한 특수공작원, 지금은 지하조직의 핵심간부일 수 있는지 도저히 믿어지지 않았다.

우리들의 데이트 장소는 언제나 해변 방파제였다. 오마르가 일을 하는 낮 동안 나는 시장이나 다른 곳을 돌아 다니다가 점심때 쯤 만나 밤늦게까지 해변을 걷거나 적당한 곳에 앉아 이야기를 했다. 해가 있는 동안에는 서로 한두 발짝씩 떨어져 앉거나 걷다가 해가 지고 사방이 어두워지면 바짝 붙어 손을 잡고 걸었다. 종교경찰이 마음에 걸렸지만 밤인데다 '헤잡'(머리를 가리는 이란여성 복장)을 한 내가 외국인인줄 어찌 알겠는가(시골은 도시에 비해 종교경찰의 간섭이 덜하다).

그렇게 사흘이 지났다. 나는 에스파한으로 돌아가기로 한 날이 되었고 출장을 차일피일 미루던 오마르도 테헤란으로 돌아가야만 했다. 나는 에스파한 미나네 집에 가서 며칠간 묵기로 한 약속도 잊고 이틀 후에 테헤란 버스 터미널에서 그를 다시 만나기로 했다. 약속을 했음에도 버스정류장을 떠나자마자 그가 보고 싶어졌다.

그와 함께 있으니 테헤란도 좋아

그와 헤어져 있던 이틀 동안 에스파한에서 무엇을 했는지 기억도 나지 않는다. 얼른 테헤란으로 가고 싶은 마음만 굴뚝같았다. 하루만 묵고 간다고 하니까 며칠 함께 지낼 것을 기대했던 미나네 집에서는 실망이 대단했다. 멋진 계획을 잔뜩 세워놨다는 거다. 하지만 어떤 유혹도 그럴 듯하게 들리지 않았다.

테헤란으로 떠나기로 한 날, 테헤란에 새벽에 도착하는 첫차를 타러 나갔는데 아쉽게도 그 차를 놓쳐서 다음 차를 타고 밤새 달려 테헤란에 도착했다. 도착하자마자 오마르에게 전화를 걸려고 공중전화를 찾고 있는데 누군가 뒤에서 '앗살람 알레이쿰' 하며 배낭을 툭 쳤다. 고개를 돌리자 반가운 얼굴이 환하게 웃고 있었다.

"오늘 오는 줄 아는데 집에서 기다릴 수가 있어야지요. 첫차 타고 올 것 같아 그냥 나와 있었어요."

첫차를 놓친 덕분에 그가 3시간이나 그 추운 버스터미널에 있었을 것을 생각하니 떠나기 전에 에스파한에서 전화라도 해 줄 걸 하는 후회가 들었다.

"자, 어서 따라오세요. 우리집에 제 동지들이 비야씨를 기다리고 있습니다."

그를 따라 간 곳은 테헤란 중심가에 있는 오마르의 사무실 겸 숙소. 꽤 널찍한 아파트 두 개를 개조해서 한 편은 사무실로, 다른 한 편은 숙소로 쓰고 있었다. 오마르가 어떻게 말해 놓았는지 그곳에 있던 동지 겸 동업자들 몇 명이 반갑게 맞아 주었다.

"여기선 그 스카프 필요 없어요. 까만 망토도 필요 없고. 우린 이란의 자유를 위해 노력하는 사람들이에요."

동지 한 명이 차를 내 놓으며 호탕하게 말했다. 주위를 둘러보니 동지 가운데 여자 한 명도 스카프를 쓰지 않은 맨머리였다(이란에서는 원칙적으로 여자는 아버지, 남편, 남자형제들 앞 이외에는 모든 외간 남자 앞에서 머리와 몸을 가려야 한다). 그동안 덥고 불편했던 스카프와 망토를 벗자 오마르는 내가 긴 머리일 거라고 상상했는데 의외라고 말하다가 어색한지 말을 멈추었다.

일단 테헤란에 있는 동안 여자 동지와 그 오피스텔에 함께 묵기로 하고 이란 최대의 종교 도시인 마샤드를 이틀 정도 보기로 계획을 세우니 그곳에 있을 수 있는 시간은 고작 닷새였다. 터키 국경에서 만나 이란까지 동행한 일본인 친구 야스오와 함께 다닐 때는 복잡하고 시끄러워 하루빨리 떠나고 싶던 도시 테헤란이 오마르와 다니니 전혀 딴판이었다.

길거리에서 수많은 사람들과 이리저리 부딪치며 다니는 것도 재미있고 흔하디 흔한 찻집에 앉아 그와 별말 없이 물끄러미 앉아 있는 것도 즐거웠다. 그는 어떻게 시간을 냈는지 바쁜 내색 하나 없이 하루종일 나와 함께 있어 주었다.

"저, 점 보는 거 굉장히 좋아해요. 그래서 어디 가든 꼭 점을 봐요."

어느날 무심코 말했더니 그는 커피 점, 카드 점, 그리고 코란경으로 점 보는 곳까지 데리고 다니며 훌륭한 통역사가 되어 주었다. 그런데 그가 통역해 주는 내용이 하나같이 40대 이후에 소원성취하겠다, 언제나 도와 주는 은인이 있겠다는 등 좋은 말 뿐이었다.

"그렇게 좋은 말만 골라서 말하면 점 보는 의미가 없어지잖아요. 그러니까 들은 대로 솔직하게 말해봐요."

"솔직하게 전하고 있는 겁니다. 그런데 아까 비야씨가 놀랄까봐 말 안한 게 하나 있는데 말해 볼까요? ……올해 한 남자를 물가에서 만나는데 그 남자가 천생배필이라던데요." 하며 살짝 웃는다.

"그럼, 그 사람이 당신일 거라고 생각하는 거예요?"

"아휴. 비야씨가 여행 다니면서 물가에서 만난 남자가 어디 나 하나겠어요? 나라면 정말 좋겠지만"

수줍게 말꼬리를 흐리는 그의 순진함이 좋았다.

확인은 안했지만 이미 서로의 가슴에 남다른 감정이 자리잡고 있다는 걸 감지했다. 자연스레 우리는 단둘이서 조용하고 아늑한 시간을 갖고 싶었다. 그렇지만 어떻게 그런 시간을 가질 수 있겠는가, 그곳은 남녀가 나란히 택시도 탈 수 없는 이란이었다. 같이 걸을 때도 두 발짝 정도 간격으로 걸어가야 하고 손을 잡을 수는 더구나 없다.

식당에 들어가서도 항상 마주 앉아서만 먹어야 했다. 집에서는 그 '웬수' 같은 동지들이 늘 붙어 하나마나한 질문들을 하고 있으니 지척에 있으면서도 안타까움은 컸다.

우리는 공원으로, 박물관으로 다니며 열심히 데이트를 했다. 서로의 지난 이야기, 사랑했던 사람 이야기, 내 여행 체험, 앞으로 어떻게 살아가고 싶은가에 대해서 끊임없이 이야기를 나누면서.

아침에 나와 저녁까지 밥도 안 먹고 얘기를 해도 배도 안 고프고 시간이 어떻게 흘러가는지도 몰랐다. 지금은 무슨 얘기를 그렇게 했는지 기억도 나지 않는다. 그냥 그와 함께 있다는 게 행복하고 즐거웠을 뿐이다.

그는 내 눈이 예쁘다고 했다. 웃는 모습도 사랑스럽다고 했다. 그러나 그가 제일 마음에 든건 주위를 밝게 만드는 내 활기와 에너지라고 했다. 그가 나를 좋아한다는 사실이 신기하고도 뿌듯했다. 그러나 시간은 자꾸 흘러만 갔다.

시간이 아쉬운 우리는 조금이라도 더 함께 있을 궁리를 했다. 예정되어 있던 '회교도의 바티칸'이라는 마샤드 구경은 포기한 지 이미 오래였고 어떻게 하면 이달 28일 비자 만료일까지 알뜰하게 시간을 쓸 수 있을까 고민이었다. 이제 헤어지면 다시 만날 수 없을지도 모른다는 생각이 우리 둘을 자꾸 조바심치게 만들었다.

"마샤드 구경 못 갔다고 섭섭해 하지 말아요. 내가 그림엽서 많이 보내줄 테니까."

"비행기 타고 가면 되겠네. 26일에. 그러면 그 다음날인 27일에 투르크메니스탄으로 넘어가면 되잖아요."

"아니, 비행기는 오전에만 뜨니까 안되겠다. 오히려 밤기차를 타고 가요, 그러면 오후 동안 같이 있을 수 있잖아요. 비야씨가 좀 피곤하겠지만 국경 넘을 시간은 충분할 거예요."

이런 저런 궁리를 하는 그에게 나는 용감한 묘책을 내놓았다.

"28일 비자만료일 오전에 비행기를 타고 가서 오후에 마샤드 외국

인 등록 경찰서에 갈 거예요. 그날로 비자가 만료되는데 밤중에 당장
이 나라를 떠나라고는 안 하겠죠. 비자가 완전히 만료된 건 아니니까
절 어쩌지도 못할 거구요."

이렇게 해서 우리는 하루 반을 벌었다. 같이 있을 시간을 조금이라
도 늘리려고 열심히 머리를 쓴 덕분이었다. 그러고 나서도 한나절 지
나면 한나절 줄어들었구나, 하루가 지나면 또 하루가 줄어 들었구나.
둘다 말은 안했지만 안타까운 마음은 어쩔 수 없었다.

마지막 뜨거운 입맞춤

마지막날 저녁에야 우리는 겨우 둘만의 오붓한 시간을 가질 수 있
었다. 신이 특별히 내린 행운이었다. 다른 동지들이 모두 다른 조직
과 저녁을 먹으러 간다고 나갔던 것이다. 동지들은 오마르에게도 한
사코 같이 가자고 권했지만 둘만 있을 수 있는 이 좋은 기회를 놓칠
우리가 아니다. 우린 괜찮으니 맛있게들 먹고 오라고 억지로 보냈더
니 눈치도 없이 그럼 저녁만 먹고 금방 돌아오겠다며 나갔다. 시간이
야 많든 적든 우리만의 시간을 갖는다고 생각하니 그 얼마나 즐거운
지.

둘이서 주방을 분주히 오가며 저녁을 해 먹고는 차를 들고 난로 앞
에 앉았다. 난로불 때문이었을까, 공연히 얼굴이 화끈거리고 목구멍
으로 넘어가는 커피소리가 천둥소리보다도 더 크게 들렸다.

"비야씨…"

"……"

그는 조용히 내 이름을 불렀을 뿐인데 공연히 침이 삼켜지고 가슴
이 뛰었다.

"당신은 정말 사랑스러운 여자예요. 내가 당신을 얼마나 좋아하는

지 아마 당신은 모를 거예요. 당신과 계속 사귀고 싶어요, 진심이에요. 제 욕심이겠지만."

그동안 너무나도 듣고 싶었던 말이었다. 무슨 말이라도 건네고 싶었는데 입이 떨어지지 않았다.

"그런데 비야씨, 저를 잘 알면 불편함과 어려움이 많아요. 이란 내에서는 언제나 몸조심을 해야 되지요. 두바이에 살면서도 마찬가지였어요. 늘 쫓기는 몸이라 주위 사람을 아주 성가시게 만들었지요, 위험하게도 하고. 로즈가 살아있을 때도 그랬어요. 비야씨는 외국인이라 좀 덜할지 모르겠지만 로즈에게도 힘든 일이 많았어요. 비야씨에게 그런 희생을 감수하라고 말할 자격이 없다는 것 잘 알아요. 그렇지만 한사코 비야씨에게 향하는 이 마음을 어쩔 수 없네요."

"……"

나는 마시던 커피잔을 내려 놓고 가만히 그의 손을 잡았다. 올려다보는 그의 눈에 쓸쓸함이 깃들여 있었다.

"당신 마음 내게 잘 전해지고 있어요. 저도 당신과 계속 사귀게 되었으면 좋겠어요."

내 손을 마주잡은 그의 손에 힘이 들어갔다.

"당신 안아 봐도 돼요? 한번 안아 주고 싶어요."

내가 고개를 끄덕였더니 그는 아주 조심스러운 손길로 나를 안았다. 참 포근했다. 그의 심장소리가 쿵쿵 들렸다. 나는 그 소리를 마음에 새겨 넣었다.

"비야씨에게서는 정말 좋은 냄새가 나네요. 내가 말했죠, 비야씨에게는 향수가 필요없다구요."

며칠전 백화점 앞을 지나다가 로션 하나를 사려고 들어 갔을때 이란제나 외제나 화장품 향이 너무 진해 망설이자 그는 엉뚱한 소리를 하고 쑥스럽게 웃었었다.

"비야씨는 저런 것 없어도 좋은 향기가 나요."

'그래, 이 사람은 정말 내게서 나는 사랑의 향기를 느끼고 있는지 몰라.'

그건 정말 특별한 느낌이었다.

그러나 아쉽게도 둘만의 시간은 길지 않았다. 동지들이 들이닥쳤던 거다. 일주일 동안 우리 사이가 심상치 않음을 충분히 알 수 있었을 텐데도 동지들은 청맹과니인 것처럼 마샤드로 갈 차 시간이 될 때까지 우리 주변을 분주하게 오갔다. 야속한 사람들. 차 시간이 30분 남았을 때야 겨우 우리는 단 둘이 될 수 있었다. 그는 내 눈을 똑바로 쳐다 보지도 못하고 당부의 말을 했다.

"비야씨, 제발 몸조심 하세요. 살아 남아야 세상구경도 하고 인생의 성숙도 있는 거니까."

"오마르씨도 꼭 그렇게 하세요."

"당신을 만나게 해 준 신께 감사드립니다. 다시 만나게 되기를 빌겠습니다."

"저도 다시 만나게 되기를, 인샬라."

그리고 침묵, 안타까운 침묵. 그는 한 발짝 다가와 나를 으스러지도록 껴안았다. 그러고는 긴 입맞춤. 불에 입술을 댄대도 그렇게 뜨거울까. 그러나 그 뜨거움은 순간의 격정이나 욕망과는 거리가 먼 정결한 느낌이었다. 순수한 사랑의 결정체가 가진 뜨거움.

테헤란에서의 그 열흘. 지금도 그때를 생각하면 향주머니를 건드린 것처럼 그윽한 향기가 마음에 가득차지만 한편으로는 내 힘으로 어쩔 수 없는 안타까움이 느껴진다.

나는 지금 그가 어디 있는지 모른다. 지금쯤은 오마르가 아닌 다른 이름으로 불리고 있을 테지, 그리고 또 현재의 직업은 무엇일까. 무사히 지내고는 있는 건가.

그 사람이 연락하기 전에는 나는 그를 찾을 수가 없다. 그가 일하던 무역상사는 그 사이 사라져 버렸다. 내가 3월 쯤 한국에 돌아온다는 걸 알고 있을 텐데 두 달이 지난 지금까지도 소식이 없는 것을 보면 그는 그야말로 지하로 꽁꽁 숨었거나 내 신변의 안위 때문에 안 나타나고 있는지도 모른다.

그 사람, 다시 볼 수 있었으면 한다. 그러나 다시는 못 만난다고 해도 어쩌겠는가. 나는 그 열흘간 주고 받았던 따뜻한 사랑의 온기로 그후 추운 나라를 추운 계절에 여행하면서도 결코 춥지 않았다. 생각만 해도 마음이 따뜻해지는 사람이 있다는 것, 그것만으로 나는 내내 행복했다. 짧아서 더욱 안타까운 만남이었지만.

이란, 억압받고 있는 불의 나라

이란 최고의 유적지 페르시폴리스, 돌에 새긴 문양이 정교하다.

프랑스 거지가 가르쳐 준 이란 비자 받는 법

이란은 참으로 신나는 여행지다. 내게는 세계의 어느 오지 못지 않게 흥미로운 곳, 지식의 오지이기 때문이다. 아프리카 원시종족이나 아마존 정글, 남미의 빙하지역도 쉽게 갈 수 없는 곳이기는 하지만 다양한 매체를 통해 간접적으로나마 만나볼 수 있기 때문에 막상 현지에 갔을 때는 낯익혔던 것들을 직접 겪고 확인한다는 정도였다. 그러나 중동여행길, 특히 이란에 대해서는 아는 바가 거의 없기 때문에 낯선 것이 주는 감동이 대단히 크리라는 기대가 있었다.

사실 나는 전부터 페르시아문화에 대해 관심이 컸다. 미국 유학중에 도서관에서 일을 했는데 그때 같은 팀이었던 이란 아이와 친했었다. 그 애 덕분에 다른 이란 아이들과도 자주 어울리면서 자연히 이란에 대한 나의 편견과 무식을 조금씩 깨뜨리고 동시에 페르시아 문화가 갖고 있는 잠재적인 매력을 어렴풋이 느낄 수 있었다.

이때문에 이번 중동 여행일정에도 이란은 당연히 포함되어 있었다. 그러나 현실적으로는 관광객으로, 더구나 여자 혼자서는 비자받기가 불가능하다기에 거의 포기하고 있었는데 시리아의 다마스쿠스에서 그 가능성을 발견했다. 2년 동안 여행을 해 거지가 다 된 프랑스 청년이 이란에 들어가려는 사람을 만났다며 터키에 가면 어렵지 않게 이란 경유비자를 받을 수 있고 일단 입국만 하면 기간 연기도 할 수 있다는 말을 했다. 직접 가 보지도 않고 들은 말에 불과했기 때문에 그 가능성이란 실낱 같았지만 나는 얏호, 소리가 절로 났다.

'하고 싶은 일에 조금이라도 가능성이 보이면 마지막 순간까지 결코 포기하지 않는다' 이것이 내 여행 원칙이며 내 인생의 대 원칙이기도 하다. 한비야는 가기 어려운 곳이라도 가고 싶으면 간다! 서울 가서 김서방 찾으려면 찾는다!

 일말의 가능성만 믿고 나는 터키에 입국해 20시간이나 버스를 타고 터키 동부 최대 도시 에르줄룸으로 갔다. 그곳이 바로 누군가 이란 비자를 받았다는 곳이다. 이란에서는 반드시 헤잡(정숙한 옷차림)을 해야 하기 때문에 보자기를 뒤집어쓰고 물어물어 이란 영사관을 찾아갔으나 경유비자는 보기 좋게 딱지. 터키 수도 앙카라에 있는 이란 대사관으로 직접 갈 것, 한국 대사관에서 추천서를 받을 것, 이란과 접하고 있는 나라의 비자를 받을 것 등의 조건을 붙였다.

 딱지를 맞고 돌아서는데도 기분이 날아갈 것 같았다. 번거롭기는 하지만 안된다는 말은 아니니 버스로 하루 거리인 앙카라로 가는 발걸음이 가볍다. 터키 주재 한국 대사관에서 추천서를 받고, 이름도 생소한 이란 인접국 투르크메니스탄 비자를 받고 터키 돈으로 265만 리라라는 엄청난 비자료를 낸 후 5일간의 이란 경유비자를 받아내는 데 성공! 드디어 꿈에 그리던 이란에 발을 들여놓게 되었다.

 신문 지상에는 산유국, 호메이니, 광신 회교도 원리주의자의 나라로 오르내리고 세계사 참고서에서는 광대한 영토의 대페르시아 제국, 불을 숭배한다는 조로아스터교, 푸른색 톤의 모슬렘 사원, 시인 사아디와 하페즈로 요약되었던 나라, 유학중에 얻어 들은 찬란한 페르시아 문화의 이란. 그러나 이런저런 상식에도 나에겐 여전히 낯선 세계였던 이곳을 온 몸으로 느껴 볼 수 있게 된 것이다.

'이복동생' 일본학생 야스오

 '웰컴 투 이슬라믹 리퍼블릭 오브 이란 (Welcome to Islamic Republic of Iran)'
 국경을 넘으니 눈에 들어오는 모든 것이 무채색이다. 여자들은 검은 차도르나 긴 코트를 입고 있었고 남자 복장도 눈에 띄지 않는 색이라 국경을 넘기 위해 머리를 가리려고 급하게 구해 쓴 내 파란 보자기가 제일 야한 색이었다.

이란 국경에서 일본 아이를 만났다. 이름은 야스오, 삿포로 대학 3학년인데 1년간 휴학을 하고 막노동을 해서 모은 돈으로 유라시아 대륙을 여행중이었다. 요즈음 일본에는 이런 휴학 배낭족이 대단한 붐이라는데 정말 어딜 가나 일본 학생 여행자를 쉽게 만날 수 있다. 우리 젊은이들도 이렇게 자유롭고 용감하게 세계에 도전해보면 얼마나 좋을까. 누구라도 자기 인생 계획의 큰 목록(학업, 직장, 결혼) 속에 장기간의 여행을 집어 넣기는 쉽지 않은 일이다. 그러니 정말 여행이 하고 싶은 사람은 그 목록들 사이에 휴학이나 휴직 등으로 과감하게 시간을 만들어야 한다고 생각한다.

야스오는 영어를 거의 못하면서도 주눅들지 않고 씩씩하게 다니는 귀여운 남학생. 자기는 이번 여행에서 영어가 좀 늘기를 기대했는데 다녀보니 보디 랭귀지가 너무나 유용해 영어를 몰라도 세상 사는 데 아무 지장이 없다는 것만 배웠다고 생글거린다. 그래서 내가 일어로 그에게 통역을 해 주는 대신 남자들이 추근거린다는 이란에서 내 보디 가드가 되어주기로 하고 함께 이란여행에 나섰다.

이란에 들어서자마자 나는 종교경찰에게 걸리고 말았다. 죄명은 복장불량. 자초지종은 이러하다.

터키 에르줄룸에 있는 이란 공관에 비자를 받으러 갈 때부터 이란인은 물론 외국인들도 예외없이 스카프로 머리를 가려야 하고, 비자 서류에도 스카프 쓴 사진을 새로 찍어 붙여야 했다. 물론 이란에 발을 들여놓는 즉시 헤잡을 해야한다. 헤잡이란 여자는 머리와 목을 가리고 무릎까지 내려오는 큼직한 상의로 히프라인을 감추어야 하는 차림이다.

호메이니 집권 후 종교법으로 정한 엄한 여자 복장규정이다.

거리에는 곳곳에 종교경찰이 있어서 여자들의 복장을 감시하고 있다. 테헤란에 도착한 첫날 나는 내 나름대로는 정숙한 차림을 한다고 안 쓰던 스카프로 머리를 가리고 옷도 펑퍼짐하게 입고 구경을 나섰다. 미용전문가들이 내게는 그런 '춘자 스타일'이 안 어울리니 절대로 하지 말라던 패션.

바로 그날 오후 카펫 박물관을 보고 나오는데 오토바이를 탄 초록색 정복 차림 사나이가 다가와 페르시아 말로 뭐라고 떠든다. 나는 오토바이 뒤에 타라는 줄 알고 손을 저으며 씩씩하게 앞으로 걸었더니 자꾸만 따라오며 큰소리를 친다. 그래도 안되니까 나중에는 앞에서 길을 막는다.

"폴리스, 폴리스. 헤잡, 헤잡. 유 노 굿."

자기는 경찰인데 내 복장이 불량하니 헤잡을 하라는 뜻인가보다. 그러더니 근처에 세워져 있는 택시를 가리키며 '택시 고' 한다. 그런 차림으로 돌아다니지 말고 택시를 타라는 뜻이겠지. 내 옷이 뭐 어때서? 윗도리가 길지 않아 히프 선이 보이는 게 문제가?

"바자, 바자. 차도르, 망토"(시장 가서 차도르나 망토를 살게요) 했더니

"유 노 굿, 택시 고."(안돼. 택시로 가)

종교경찰은 나를 억지로 택시에 밀어넣었다. 전에 여행중인 외국 여자관광객 여럿이 이 복장불량 때문에 감옥에 갔다는 말을 들은 적이 있어서 나는 그길로 시장에 가 마그네뜨라는 까만 스카프와 까만 망토를 샀다. 그리고 이란 여행중 내내 이 옷차림으로만 다녔다.

멋없고 특징없는 테헤란을 대충 보고 이란에서 최고로 아름답다는 에스파한으로 갔다. 우선 경유비자를 연장하는 게 급선무. 마음을 졸이며 외국인 등록소에 갔더니 다행히, 정말 다행히 담당자가 영어를

좀 할 줄 알았다. 경유비자는 일주일 이상 연장이 안된다는 원칙에서 한 발짝도 물러서지 않으려는 담당관과 30분이나 밀고 당기며 애교와 읍소를 동원해 떼를 쓰다시피 20일간의 비자연장을 받아냈다. 얏호!

"헤일리 헤일리 막눈."(정말로 정말로 고맙습니다)

경유비자 때 받은 5일과 억지로 빼앗은 20일을 합해 이란에서 보낼 수 있는 시간을 25일 벌어 놓은 것이다. 에스파한, 쉬라즈, 야즈드, 마샤드 등을 돌아본다는 대강의 계획을 세우고 테헤란에서 산 영어-페르시아어 사전과 가이드북을 교과서 삼고 까만 헤잡으로 중무장을 하고 대망의 페르시아 체험에 나섰다. 이란은 비자문제가 까다로워 그렇지 인간체험, 문화체험을 하려는 사람들에게는 그야말로 천국이다. 물가 싸것다, 인심 좋것다, 거리는 깨끗하고 치안은 철통같으니 무얼 더 바라겠는가. 여기에 무궁무진한 문화의 유적들과 수천년간 고스란히 지켜오는 페르시아 전통들까지.

비자를 연장받고 자축의 의미로 야스오와 풀코스 만찬을 했다. 갖은 양념을 해서 다진 양고기를 꼬치에 끼워 구운 것을 난이라는 빵이나 볶음밥과 함께 먹는 첼로케밥과 요구르트, 잼잼이라는 탄소 오렌지 음료수가 정찬이다. 고급 식당에서 수프와 샐러드, 식후 입가심 차까지 합쳐 우리 돈으로 일인분에 1,500원.

점심 식사로 먹는 소시지와 감자를 으깨 넣은 샌드위치, 여기에 당근이나 석류주스를 곁들여서 마시는 비용이 700원 정도. 그러니까 여관비까지 합쳐 하루 8,000원이면 이란에서 왕비처럼 지낼 수 있다. 군것질 좋아하는 내가 하루종일 호박씨를 까먹고, 길거리에서 파는 온갖 '불량식품'을 다 사먹고 돌아 다녀도 이 정도니 가난한 여행자에게는 정말 천국이었다.

숙소로 돌아가다가 작은 문제가 생겼다. 버스를 타려면 남자와 여자가 정거장에서부터 줄을 따로 서야하고 버스안에도 철봉으로 남녀 칸이 나뉘어 있다. 나는 버스에 탔으나 야스오는 사람이 많아 타지 못해서 급히 여자칸으로 올라오려고 하니까 버스 안에 있던 사람들이 목이 꺾일 정도로 고개를 젖히고 손까지 고개와 같은 각도로 제끼며 남녀 혼성으로 "나 나"(안돼 안돼)하고 소리를 질러댔다. 할 수 없이 내가 내려 다음 버스를 탔는데 이번에는 내릴 정거장에서 나만 내리고 야스오는 사람들에 밀려 내리지를 못했다. 이 녀석 일본에서 만원 버스 타던 실력 다 어디에 두고.

거리 이름이 외우기 쉬운 호메이니 광장이니 숙소는 찾아 오겠지 생각하고 바로 숙소로 갔더니 여기서도 문제 발생. 매니저 왈, 야스오와 내가 부부라는 걸 증명하지 않으면 같은 방을 쓸 수 없다는 거다. 각각 독방을 쓰면 방값이 두 밴데? 가만 있자, 부부가 아니라도 직계가족이라면 괜찮다니까. 이 녀석을 아들이라고 할까? 아냐. 그러기에는 나이가 너무 많고. 에라 동생이라고 하자. 걔는 스물 한살이니 비록 나이 차이가 좀 있기는 하지만 말이다.

"아, 야스오는 내 막내동생이에요."

"아, 그래요? 당신 아버지도 부인을 여럿 두셨군요."

사람은 자기가 아는 대로만 이해한다더니 나는 한국 사람이고 야스오는 일본 사람이지만 모슬렘들은 부인을 여럿 둘 수 있으니 우리를 배다른 형제로 생각한 모양이다. 이윽고 뒤처졌던 야스오가 얼굴이 벌개가지고 들어왔다.

"비야 누나. 나 떼어놓고 혼자만 가면 어떡해."

"언제는 네가 내 보디 가드라더니 날 보고 어떡하냐니? 그래 알았어. 이제부터 이복누나가 잘 데리고 다닐게."

방에 들어와 야스오에게 매니저 이야기를 해주었더니 배꼽을 잡았다. 그날부터 야스오는 '공식적인' 내 이복동생이 되었다. 그러나 나

는 단순히 숙소의 매니저를 속이기 위한 이복 누나가 아니라 여행의
선배, 인생의 선배로서 그에게 뭔가 나누어 줄 것이 있으리라 생각했
다. 이 마음이 전해졌는지 야스오도 나를 큰누나 따르듯 잘 따랐다.

귀여운 여대생 미나

에스파한은 세계의 반이라는 이란 속담이 있다. 에스파한에 와 보
니 그 말이 결코 과장이 아니었다. 도시 전체가 하나의 박물관인데
도심에 있는 에맘 호메이니 광장에 들어서자 에맘 사원과 쉐이크 로
트폴라 사원의 아름다운 푸른색 타일이 번쩍 뜨인다. 눈에 보이는 하
나하나가 모두 보석이다. 세련된 문양과 건축구조에서 회교미술의
정수를 엿볼 수 있었다. 거기다가 오래된 건축물은 모두 에스파한식
덩굴 문양이 아로 새겨진 타일로 되어있어서 거리에 나서기만 하면
건축 전시장에 들어선 느낌이었다.

마침 달은 보름달. 도시를 가로지르는 강가 다리 밑의 호젓한 찻집
에 앉아 현지인들과 차를 마시니 이게 또 별미다. 그들이 피우는 물
담배도 이국의 정취를 자아낸다. 나는 원래 술을 마셔야만 담배를 피
우는데 차만 마시고 피워도 구수하다. 옆자리에서 왁자지껄 떠드는
사람들의 말을 하나도 알아들을 수는 없었지만 왠지 듣기 좋았고 말
하는 도중에 "발레 발레"(맞아 맞아) 하며 고개를 옆으로 갸우뚱거리
는 그들의 모습도 어쩐지 정이 갔다. 그들의 얼굴에 드리워진 달그림
자를 보면서 우리는 모두 달빛이라는 한 이불을 함께 덮고 있는 다정
한 한가족 같은 느낌이었다.

미나를 만난 곳은 에스파한 근교 유명한 조로아스터교의 조장(鳥
葬)터를 보러 갔다 오는 길이다. 조장이란 사람이 죽으면 산꼭대기
건물 안에 시체를 놓아두고 독수리가 쪼아먹게 하는 것인데 그들은

그렇게 하면 시체의 영혼이 새와 함께 하늘로 올라간다고 믿는단다.
미나는 영어를 거의 못하지만 동양에서 온 우리들에 대한 호기심이
얼굴에 가득한 밝은 아이였다. 공대생인데 놀랍게도 유도를 배우고
있다고 했다. 재미있는 것은 운동을 할 때조차도 스카프는 벗지 못한
다는 것이다.

함께 시내로 돌아오며 미나는 오늘 저녁은 자기 집에서 먹자고 조
심스럽게 제안했다. 귀가 번쩍 뜨여 그래도 되겠느냐니까 펄쩍 뛸 듯
이 좋아하면서 "도로스트 도로스트"(좋아요, 좋아요)를 연발하며 집에
전화를 막 걸었다.

시내에서 그리 멀지 않은 미나네 집은 전형적인 이란 중산층 가정
이었다. 운수업을 하는 아버지에 딸이 여섯, 아들이 하나인데 우리가
들어가니 집안 전체가 벌집을 쑤신 듯 소란해졌다. 큰 딸은 차를 끓
이고, 둘째는 방을 정리하고, 셋째는 엄마와 함께 시장에 갔고, 넷째
인 미나는 과일을 날라오고, 그 밑의 아이들은 손님 보기가 부끄러워
제 방에 숨어 나오지를 못한다.

딸 중에 대학생이 두 명인데 셋째가 영어를 좀 하지만 사전 없이는
의사소통이 잘 안됐다. 의사소통에는 별 관심이 없는 야스오만 신이
났다. 제가 어디서 스카프 벗은 맨머리 이란 여자들을 보나. 이란 여
자들은 밖에서 문소리만 나도 외간 남자가 들어올까봐 얼른 커튼을
내리고 머리 수건을 뒤집어 쓰는데 손님인 야스오에게 미나네 여자
형제들은 스스럼없이 맨머리를 보여주었다.

게다가 미나는 파격적으로 짧은 반팔에 반바지 차림인데 같은 또래
인 야스오는 여섯명의 예쁜 여자들에게 둘러싸여 저녁 내내 입을 다
물지 못했다. 저녁을 먹으면서 이란 시골에서 며칠 묵었으면 좋겠다
고 했더니 그 집 아버지가 민박할 곳으로 자기 고향 마을을 소개해
주었다. 산과 물로 유명한 쿨롱이라는 시골 마을이었다.

"여기서 내 아들하고 같이 살아"

쿨롱은 잘 생긴 산들이 병풍처럼 둘러있고 물맛도 단, 정말 좋은 시골마을이었다. 큰 도시인 에스파한에서 몇시간 떨어지지 않았는데도 마을에 들어서자 사람들의 복장부터 달랐다. 남자들은 동그란 모자를 쓰고 바지통이 보통 바지의 열배쯤 되는 풍성한 바지를 입고 양털로 짠 무릎까지 오는 조끼를 입고 있었다.

여자들은 놀랍게도 스카프 밖으로 애교머리를 내놓았다. 테헤란이나 마샤드에서 봤다간 큰일 날 헤어스타일이다. 옷도 그냥 까만 망토만 입는 게 아니라 붉은 장식이 주렁주렁 달린 덧옷을 입는다. 헤잡 때문에 경찰에게 걸린 경험이 있는 나로서는 또 다른 이란을 보는 기분이었다.

미나 아버지의 친구 파르산네 집에 나흘간 머물렀다. 동네에 들어가자 만나는 사람마다 '앗살람 알레이쿰'이나 '샬롬'(안녕)하고 인사를 했다. 자세히 보니 여자들은 걸어다니면서도 손으로 양털실을 꼬고 있다. 마치 예전에 페루의 티티카카호에 있는 섬에 갔을 때 보았던 남자들이 걸어다니며 뜨개질을 하는 모습과 매우 흡사했다.

점심 때 파르산이 두 아들을 데리고 경치 좋은 산비탈에 가서 우리에게 닭고기를 구워주고 있으려니까 동네 아줌마들이 외지손님 왔다면서 손에 손에 붉은 알이 탐스러운 석류, 말린 호박씨 등 먹을 것을 가지고 왔다. 그러고는 아줌마들이 점심 먹고 자기 집에 가자고 우리 옆에 털썩 주저앉아서 밥을 다 먹을 때까지 기다릴 기세였다. 옆에 앉아 있던 파르산은 진짜 깡촌 시골집을 볼 좋은 기회라고 부추겼다.

못 이기는 척 조금 떨어진 아줌마들 동네에 가자 금세 수라장이 되었다. 방금 점심을 먹었는지 뻔히 알면서도 동네에서는 집집마다 과

일이며 차를 냈다. 그러고는 질문세례. 이름은 무엇인지, 아이는 몇이나 두었는지, 이 시골에는 왜 왔는지 시시콜콜한 질문들이었다. 한참 질문과 대답이 오가는데, 옆에 앉아 나를 오랫동안 쳐다보고 있던 동네 할머니가 갑자기 내 손을 꼭 잡았다.

그러더니 며느리에게 이 곳 전통 옷 한벌을 내오게 하더니 그 옷을 나에게 입히고는 좋아하셨다.

"그렇게 입혀놓으니까 꼭 쿨롱 사람이네. 그만 돌아다니고 이제 나하고 여기서 살아. 우리 아들 소도 많고 농사도 크게 지으니까 또 장가 갈 수 있다구."

'아이고, 할머니 이 세상에 총각 다 놔두고 왜 남의 남자한테 시집 갑니까?'

마침 그날 저녁에 동네 결혼식이 있었다. 결혼식의 하이라이트는 결혼식 전야 남자들끼리의 막대기 싸움이다. 작은 북과 긴 피리로만 연주하는 애절하면서도 요란한 음악 소리에 맞춰 동네 젊은이들이 둥글게 춤을 추면서 서로의 발목을 때린다.

이란에서 가장 용감하다는 쿨롱족이 용맹함을 내보이기 위해 하는 놀이라는데 이게 장난이 아니다. 신랑 아버지도 젊었을 때 이걸 하다가 복숭아뼈가 부러진 적이 있다는데 그날도 한 젊은이가 피를 철철 흘리는 것으로 끝이 났다.

동네에는 파르산의 친척이 많아서 낮에는 친척들이 우리를 찾아 오고 야스오와 나는 저녁마다 동네 친척집에 초대를 받아 갔다. 재미있는 것은 친척들 얼굴만 보면 여자쪽 친척인지 남자쪽 친척인지 한눈에 알아볼 수 있다는 점이다. 대머리가 벗겨졌다면 남편쪽, 턱이 주걱턱으로 뽀족하다면 꼭 부인쪽이었다(한국 사람이라면 다 아는 커플 아닌가).

초대한 집에 가 보면 먼 친척, 친구, 이웃까지 어떤 때는 50여명이

나 모인 적도 있었다. 정성스레 차려놓은 양고기 음식과 과일, 그러나 엄격한 회교도들답게 흥겨운 저녁식사에도 맥주나 다른 술은 없었다. 나는 일단 이름 때문에 인기 만점. 내 이름 비야는 페르시아말로 '이리와', '여기야', '빨리 해' 등에 해당하는 뜻이어서 이름을 가르쳐 주면 '비야, 비야' (비야, 이리 와)하고 장난을 하며 좋아한다.

이란에서는 다른 중동국가에서와 마찬가지로 여자들이 만날 때나 헤어질 때 양볼에 입을 맞추는 인사를 한다. 도시에서는 그 인사가 양볼에 한 번씩 두번이면 끝나는데 쿨롱 같은 시골은 얼마나 긴지 사람이 50명 정도 모인 곳에 여자 아이 어른이 20명만 되면 인사하는데 10여분 정도, 볼이 닳을 지경이다.

집안에서도 남자 여자 구분은 엄격해 응접실에는 남자들이 모여 식사를 하고 여자들은 부엌 한쪽에 모여 있다. 외간남자들이 모여 있는 응접실에 식사시중을 들러 가는 여자들은 차도르로 몸을 꽁꽁 감고 눈만 내 놓는다. 신기한 사람을 초대해 놓고도 응접실에 들어올 수가 없으니 부엌에 모인 여자들은 손님이 있는 곳에서 웃음이 터져 나올 때마다 얼마나 궁금할까.

그래서 내가 일부러 부엌 근처에 나가보면 두꺼비가 파리 채 가듯 나를 부엌으로 데리고 가서 손도 잡아 보고 머리카락도 만져보고 여러가지 질문을 한다. 그러면 금세 응접실에서 합창으로 '비야, 비야' (비야씨, 빨리 와요) 한다.

남자들은 대부분 일본이나 한국이 얼마나 잘 사는 나라인가를 궁금해 했다. '거긴 보통 한달에 얼마쯤 벌어요?' 하는 질문을 하는데 우리가 대충 얘기해 주면 자기들끼리 이란 리알로 환산해 보고는 숨을 들이쉬며 깜짝 놀란다. 이란 수준으로는 어마어마한 것이다. 이들의 환상을 줄여 주기 위해 버는 것 만큼 씀씀이도 크다며 한달에 필요한 생활비를 말해 주면 또 서로 쳐다보고…. 믿지 못하겠다는 얼굴들이다.

"요즘 이란 남자들, 일본 가는게 붐이에요. 2, 3년만 눈 딱 감고 벌면 한몫 잡는다던데 나도 일본에 가고 싶어요, 한국이라도 좋고. 나비자내는 것 좀 도와줘요." 라고 한다.

이들의 부탁이 농담이 아니라는 걸 뻔히 알면서 매번 농담으로 듣는 척하기가 어려웠다.

쿨룽을 떠나는 날, 파르산의 부인은 이란 전통 아침식사를 내왔다. 상에 올라앉은 큰 냄비 뚜껑을 열어보니 에구머니, 양 대가리 하나가 통채로 들어 있었다. 밤새도록 삶아 흐물흐물해진 양 대가리를 귀 따로 혀 따로 눈 따로 골 따로 뜯어주며 주인 부부는 열심히 권했다. 질려서 인상을 쓰고 있는 야스오를 놀려주며 한참 먹다보니 이 집 주인 부부는 먹는 척만 하지 한 점도 입에 넣지 않고, 눈치 없이 자꾸만 냄비 안으로 손이 들어가는 아들들에게도 눈을 흘기며 손님에게만 권했다.

"많이 먹어요. 다 먹고 가. 우린 배불러."

혁명군, 왕의 코 짓뭉개다

에스파한과 쉬라즈가 회교문화의 전성기였던 18세기 회교건축물의 보고라면 야즈드는 회교가 들어오기 전인 6세기 이전에 융성했던 페르시아 문화의 저장소다. 물론 쉬라즈 근교 페르시폴리스(페르시아어로는 타크트 에 잠시드)에도 고대 페르시아 제국의 다리우스대왕이 지은 거대한 사원들이 남아있어서 수천년 전 것이라고는 믿기 어려운 돌조각들이 장관을 이루고 있다.

조그맣게 새겨진 외국 사신들이 크게 조각된 페르시아왕에게 진상할 물건을 손에 손에 들고 있는 수십개의 조각은 정말 일품이다. 사신들의 공손한 표정이며 왕의 근엄한 태도, 공물로 바쳐지는 산양들의 몸부림까지, 눈으로 보면서도 돌로 쪼아 만들었다고 믿기 어려울 정도로 정교했다.

신전 벽 곳곳에는 교과서에서 배운 쐐기문자로 왕들의 업적이 새겨져 있는데, 바로 어제 새긴 것처럼 선명하다. 이곳 신전의 조각은 신분에 따라 인물의 크기를 다르게 새긴 것이 특징이다. 겨우 형태만 보일 만큼 작게 새긴 인물은 이름없는 백성이고 그보다 좀 더 크고 선명한 인물은 물건을 손에 들고 있는 장사꾼들, 보다 더 큰 것은 맹수를 죽이고 있는 장수들이고 그 위로는 높은 지위의 학자나 고급관리, 그리고 가장 크고 뚜렷한 것은 거기에 새겨진 모든 사람들 위에 군림하는 왕이다.

이 왕들은 거의 얼굴이 갈아뭉개져 있는데 1979년 호메이니 혁명 때 국민의 피를 빨아먹고 산 왕들의 흔적을 지운다고 혁명군들이 정으로 쪼아낸 것이라고 한다. 혁명도 시간이 흘러가 역사의 일부가 되면 한 순간에 불과한데, 그 이름으로 수천년 쌓이고 쌓여서 만든 전통이나 유적을 훼손한다는 것은 얼마나 오만하고도 어리석은 일인가.

다음 목적지인 야즈드는 회교문화권 안에서도 여전히 살아숨쉬는 조로아스터교의 중심지다. 이곳은 회교가 주 종교가 된 지금도 5만명 정도의 배화교 신도들이 살고 있는데 30년 전만 해도 이 도시 산꼭대기에 있는 침묵의 탑에서는 조장이 이루어졌다고 한다. 이들이 불을 숭배하는 이유는 불이 모든 것을 깨끗이 한다고 믿기 때문이라는데 시내에 있는 불의 사원 아테쉬카데에는 서기 470년부터 지금까지 한번도 꺼진 적이 없다는 신성한 불이 타고 있다. 몇 점의 배화교 그림만이 걸려있는 소박한 사원 중앙에 천오백년간 타고있는 불을 보니 참으로 경이로웠다.

야즈드는 북쪽에 있는 대소금사막과 남쪽의 대모래사막 중간에 위치하고 있는데 사막 기후와 건조 기후의 독특한 주택양식을 보는 것도 큰 구경거리. 집집마다 진흙과 지푸라기를 이겨만든 돔 모양의 지붕에 환기통인 바드기르라는 바람잡이 탑이 하나씩 서 있다.

바람 한 점 없이 45도나 되는 불볕 더위에 한 점 바람이라도 불면 이 환기통이 냉큼 잡아서 바로 밑에 있는 거실로 보낸다. 잡혀온 바람은 거실 바닥에 묻혀 있는 물항아리를 돌아나오면서 시원해지는데 이 원리는 에어콘과 똑같다. 그야말로 신비로운 천연쿨러. 척박한 자연환경 속에서 살아 남기 위한 인간의 지혜였기에 편리함에 앞서 고개가 절로 숙여졌다.

옛날 서양과 동양을 잇는 실크로드의 중요한 오아시스 마을이었던 야즈드에는 지금도 옛날의 캐러밴의 숙소들이 남아 있어 손님을 받고 있다.

미로와 같은 좁고 긴 골목에 들어서면 아라비안 나이트나 신밧드의 모험에 나오는 중세 아라비아가 지금도 그대로 재현되어 몇 천년의 시간을 넘나드는 것 같은 환상적인 기분이다. 내가 상상하며 보고 싶어하던 이란이 바로 여기에 있었다.

쉬라즈에서 야스오와 헤어질 때는 굉장히 섭섭했다. 다른 여행자들이 거의 없는 나라에서 2주일간이나 동고동락했으니 정이 들기도 했겠지만 처음부터 내게 격의없이 대하는 태도에 나도 잘해 주고 싶었던 사람이었기 때문이다.

자기가 떠난 다음에 펴보라는 야스오의 쪽지에는 자기 일본 주소와 함께 늘 지니고 다니던 액운막이 빨간 오마모리(일본부적)가 들어 있었다.

'비야 누나를 만나서 정말 기뻐요. 누나한테서 집에 돌아갈 때까지 쓸 수 있는 큰 힘을 얻고 떠납니다. 부디 세계 여행 성공적으로 끝내

시기 빕니다. 이제부터 위험한 곳으로 가신다니 이 부적은 저보다 누나에게 더 필요할 거예요. —— 진짜 동생이 되고 싶은 가짜 이복동생 야스오'

전쟁터 아프가니스탄
사진 찍다 총살 직전까지

아프가니스탄 원리주의자 회교도 반군 탈리반 병사들.
나는 이 사진을 찍다 총살당할 뻔했다.

탁월한 종군기자 모하메드

한창 내전중인 아프가니스탄에 들어가게 된 건 땅이 있는 한 육로
로 다닌다는 내 여행원칙 때문이다. 투르크메니스탄에 가려고 국경
도시 마샤드까지 가서야 투르크메니스탄에는 외국인은 반드시 비행
기로만 입국해야 한다는 걸 알게 되었다.

약이 올랐지만 제 나라 제 마음대로 한다는데 어쩔 수 있나. 부랴부
랴 다시 지도를 펴놓고 길을 찾아보니 아프가니스탄 서북쪽 도시를
거치면 육로로 투르크메니스탄에 들어갈 수 있을 것 같았다. 마샤드
에 있는 투르크메니스탄 영사관에 전화를 해보니 그쪽으로는 육로입
국도 가능하단다.

여행자들이나 가이드북은 한결같이 아프가니스탄은 내전 중이어서
위험하니 근처에도 얼씬거리지 말라고 했지만 가능성이 있다면 가보
는 거다. 더구나 이란에서 만난 유명한 종군기자 말로는 내가 거쳐가
려는 지역은 이미 반군들이 오래 전부터 장악하고 있는 곳이라 별로
위험하지 않다고 한다. 하기야 이 사람은 전쟁을 쫓아다니는 게 직업
이고 취미니 총알이 빗발치는 곳만 아니면 모두 안전지대겠지만.

이 세상에 거칠 것 없는 종군기자 모하메드는 테헤란에서 내 마음
을 흔들어 놓았던 그 사람의 친구다. 그 사람 때문에 테헤란을 떠나
지 못하다가 딱 비자 만료일에야 마샤드로 떠나는 내게 무슨 문제가
생기면 도움을 청하라고 소개해 준 사람이다.

아닌게 아니라 모하메드가 없었으면 나는 큰 곤욕을 치를 뻔 했다.
비자 연기도 못하고 회교도의 바티칸이라는 마샤드 구경도 할 수 없
었을 거다. 모하메드는 상상했던 이상으로 유능한 사람이라 거리에
서 많은 사람들이 그를 알아보고 인사를 하는 건 물론 영 될 것 같지

않은 일도 그를 통하면 만사형통. 말 한마디, 전화 한 통화면 일이 술술 풀린다.

이란 최대의 종교도시 마샤드에는 에맘 레자라는 거대한 회교사원이 있다. 여자들은 머리 끝부터 발 끝까지 완전포장하는 차도르가 없으면 들어갈 수 없고 구역에 따라서는 차도르를 입어도 비회교도는 출입금지.

그러나 모하메드는 사무실에서 뭐라고 몇 마디 하더니 여자들 출입을 체크하는 여자감시원의 차도르를 빌려가지고 나오며 들어갈 수 있게 되었다고 했다.

"재주도 좋으시네, 뭐라고 말했어요?"

"당신이 인도네시아인이고 모슬렘인데, 내 약혼녀라고 했소."

덕분에 나는 이 세상에서 본 건축물 중 가장 세련되고 아름다운 사원을 구석구석 샅샅이 감상할 수 있었다.

모하메드는 특히 아프가니스탄과 파키스탄을 무대로 맹활약을 하고 있어서 그에게 들은 아프가니스탄 이야기가 내 호기심을 발동시켰다. 아프가니스탄에 가야 한다는 내게 아프가니스탄 비자를 받는 데도 큰 힘을 써주었다.

그의 말만 믿고 호기심만으로 죽을 곳에 뛰어든 것은 지금 생각해 보면 무모하기 짝이 없는 일이지만 그랬기 때문에 나는 남들이 도저히 하지 못할 값진 경험을 아프가니스탄에서 할 수 있었다.

오가는 사람도 없고 짐 검사도 까다롭지 않은 아프가니스탄 국경을 쉽게 넘었다. 막 아프가니스탄에 발을 들여놓고 헤라트라는 도시까지 가는 차량을 물색하고 있는데 그리 멀지않은 곳에서 대포소리가 쿵쿵 들려온다.

눈이 휘둥그래가지고 사방을 둘러보았으나 놀라는 사람은 나 혼자뿐. 근처 사람들에게 저 소리가 어디서 나는 소리냐니까 아무렇지도

않게 "운자, 운자"(저 멀리,저 멀리)라면서 헤라트까지는 걱정 말라고
한다. 하도 오래 전쟁을 겪다보니 무감각해진 탓일까? 그래도 이들
의 무감각이 조금은 위로가 되었다.

 '여기 사는 사람들이 걱정 말라고 하는데, 뭐'

 억지로 마음을 달랬다.

 5인승 소련제 지프에 열 명이 짐짝처럼 실려 다섯시간만에 헤라트
에 닿았다. 도중에 탈리반이라는 반정부군의 검문이 심했지만 이란
에서 쓰던 까만 스카프로 얼굴을 가리고 앉은 나를 그저 힐끗 쳐다보
기만 할 뿐 별반응이 없다.

 헤라트에서 모하메드의 친구라는 문화원장 사무실을 찾아갔으나
시내 중심가의 그 문화원은 이미 폐쇄되어 반정부군 초소가 되어 있
었다.

 이런 낭패가 있나. 배낭을 이고 지고 묵을 만한 곳을 찾아보았지만
방을 구할 수 없었다. 일층은 식당이고 이층은 숙소로 사용하고 있는
허름한 건물을 찾아갔더니 주인은 내가 말을 꺼내기도 전에 "나다레,
나다레"(없어요, 없어)하고 거지 쫓듯 쫓아냈다.

 원리주의 초강경 회교도 반정부군이 장악한 곳이라 남자가 여자와
이야기하는 것마저도 안된다. 그러니 외국인 여자와 말을 하는 것은
더더욱 안될 일. 몇 군데를 더 가보았으나 다 그런 식이다. 여관은 포
기하고 모하메드에게 들은 대로 관광객 상대의 고급호텔로 마차를
타고 갔다. 그러나 그곳도 문을 굳게 닫고 영업중지.

 날은 어두워지고 있는데 길은 막막하다. 전기도 없는 도시에 통행
금지가 아홉시. 그 이후에 돌아다니면 무조건 사살이라고 했다. 엎친
데 덮친 격으로 비까지 한두방울 떨어지기 시작하더니 10분쯤 지나
자 길이 온통 진흙탕이 되었다. 신발에 무거운 진흙이 엉겨붙어 발을
떼어놓기가 힘들 지경이었다.

미제 방수잠바 한 벌 5백원

문닫힌 호텔 앞에 막막해서 서 있는데 바로 앞은 탈리반 초소라 머리에 터번을 두르고 장총을 멘 군인들이 옹기종기 앉아서 나를 쳐다보고 있다. 당장이라도 일어나 시비를 걸 것 같아 불안하다.

'이제 어떻게 한다?'

맥이 풀려 내려 놓은 배낭에 걸터앉아 있는데, 등에서는 식은 땀이 배나왔다. 막막한 그 순간에 번개처럼 스치는 생각 하나.

'여기가 전쟁터라면 국제적십자단이 와 있을 거야…'

얼른 볼펜을 꺼내 종이에 십자가를 그렸다. 그러고 보니 내가 교회를 찾는 것으로 오해를 받아 이 골수 회교도들에게 봉변을 할지도 모른다는 생각이 들었다. 좀 더 상세하게 십자가에 동그라미를 그리고 그 옆에 붉은 초승달도 그려넣었다.

"인자 다레 레드 크로스? 코자 레드 크로스?"(여기 적십자사 있어요? 적십자사 어디 있어요?)

그림을 들고 지나가는 사람마다 애원하듯 붙잡고 물었지만 지나가는 사람들은 원망스럽게도 멀리 피해 버렸다. 30분만 지나면 움직이는 모든 것에 총알이 날아든다는데. 그러나 하늘이 무너져도 솟아날 구멍은 있는 법. 비 내리는 어두운 거리에서 10여분간 미친 듯이 허둥대다가 마침 영어를 할 줄 아는 구세주를 만났다(나중에 알고보니 그는 이 동네 유명한 외과의사였다).

그분의 안내로 적십자 병원에 도착하니 거기 있는 사람들은 배낭을 앞 뒤로 메고 나타난 나를 보고 마치 유령을 본 듯이 깜짝 놀란다.

"당신 도대체 어쩌려고 늦은 밤에 거리를 돌아다니고 있었어요? 통금이 지나면 무조건 사살이라는 걸 알고나 있었던 거요?"

적십자 병원의 덴마크인 직원이 어이가 없다는 듯 더 이상 말을 잇지 못한다. 안전한 병원 안에 들어 오니 나는 이제 살았구나, 하는 안도감에 옆에 있던 의자에 풀썩 주저 앉아 "나 물 한 잔만 갖다 줄래요?" 하고 겨우 말할 수 있었다.

탈리반은 광신에 가까운 초강경 회교도로 이들이 장악하고 있는 지역에서는 여자는 아무것도 할 수 없다. 학교에도 다닐 수 없고 직장에도 다닐 수 없다. 더 심한 곳은 여자 혼자는 시장에도 못 가고 남자 가족 동행 없이는 어디도 갈 수 없다. 그곳 속담처럼 여자는 집 아니면 무덤에나 있어야 한다.

이 무지막지한 광신도들이 이 지역을 점령한 후 10만명의 각급 여학생들이 학교를 못다니고 교사의 반 이상되는 여선생들이 가르칠 수가 없어 학교가 마비되어버렸다. 똑똑한 여자가 현명한 어머니가 되어 훌륭한 아이들을 키울 수 있다는 것을 생각하면 이들은 스스로의 미래에 무덤을 파는 것이나 다름없다는 생각이 들었다.

나는 중앙아시아로 가려고 잠깐 들른 거지만 막상 헤라트에 와보니 이런 곳도 있구나 싶어서 아프가니스탄의 이 한 도시라도 잘 보고 떠나야겠다는 욕심이 생겼다. 그래서 적십자사의 스위스인 책임자에게 내 생각을 말했다.

"수돗물도 안 나오고 전기도 없고 기름이 없어 난방도 안되고 아홉 시면 통행금진데 견딜 수 있겠어요?"

"선생님도 여기 계시잖아요. 여기서 일하는 국제기구 사람들도 많구요."

"하여간. 내가 말린다고 들을 사람도 아닌 것 같으니 좋을 대로 하세요. 그러나 통행금지 시간은 반드시 지켜야 합니다. 장난이 아니예요. 여긴 군인들 총에 다 총알이 들어 있다구요."

그래서 나는 이 도시의 유일한 관광객이 되어 시장으로, 모슬렘 사원으로, 거리로 돌아다녔다. 모하메드 말대로 거리는 삼엄하기는 했지만 비교적 평온한 편이다. 수도 카불에서는 전날도 40여명이 죽었다는데 여기서는 아무런 전투도 없었다.

거리에서 만나는 남자들은 금방 뇌수술을 받고 나온 사람처럼 터번이라는 7미터 길이의 흰 천을 머리에 칭칭 감고 다니고 여자들은 눈 있는 곳만 망사로 조금 틔우고 나머지는 파란 천으로 완벽하게 온몸을 감싸고 다닌다.

길을 물어보아도 남자들은 눈을 마주치지 않으려고 바로 쳐다보지도 못하고 여자들은 아예 도망가 버린다. 그러면서도 느닷없이 거리에 나타난 동양여자가 머리에 까만 두건을 두르고 작은 배낭을 메고 돌아다니는 게 신기한지 남자들은 곁눈으로 흘끔거리고 여자들은 차도르 안에서, 아이들은 드러내놓고 따라다니며 구경한다.

곳곳에 탈리반 초소가 있어 하얀 깃발이 펄럭이는데 아무 잘못도 없으면서 이 기만 보이면 괜히 뜨거워져 무조건 길을 돌아갔다.

시장은 재미있었다. 세계 각국에서 온 구호품을 파는 중고품 옷시장은 특히 볼 만하다. 고급 오리털 파카부터 구멍난 양말까지 없는 게 없다. 6·25 직후 우리나라 남대문 시장이 이랬다지. 재미있는 것은 물건에 값을 매기는 방법이다. 여기서는 가격이 순전히 옷의 크기에 따라 정해졌다. 예를 들어 긴 소매 웃옷은 그게 오리털 파카든 비닐 비옷이든 같은 값이다. 보물찾기 하는 기분으로 여기저기 기웃거리다 고급 미제 방수잠바 하나를 샀다. 우리나라에서라면 못 줘도 30만원은 줘야 할 것 같은데 단돈 5백원 정도다.

또 재미있는 곳은 빵가게. 마른 미역크기의 난이라는 빵은 맛있기도 하지만 만드는 것이 구경거리다. 여기서는 빵 굽는 게 완전 분업형태. 한 사람이 긴 반죽을 적당한 크기로 토막내면 다음 사람이 그걸 납작하게 밀어 구멍을 내고, 그 옆 사람은 땅에 묻은 한 길이 넘는 화덕 벽에 이것을 붙이고, 또 다른 사람은 다 구워진 빵을 삽같은 것으로 떼내고, 꼬마는 따끈따끈한 이 빵을 판다. 남자 다섯이 기계처럼 능숙한 솜씨로 박자에 맞춰 일사불란하게 빵을 굽는다. 오랜 전쟁 중에도 이런 일상이 이루어지고 있다는 것, 그리고 웃음을 잃지 않은 사람들이 신기하게까지 보였다.

목숨과 바꿀 뻔한 사진 두 장

헤라트에도 금요모스크라는 아름다운 회교사원이 있다. 정교하고도 우아한 무늬와 밝은 파랑과 초록이 적당히 조화된 타일로 만든 사원을 돌아보고는 건물을 찍는 체하면서 길거리 사람들을 찍었다. 여행을 하면서 내가 카메라에 담아가고 싶은 것은 무엇보다도 사람이기 때문이다. 그런데 탈리반은 유적지만 겨우 눈감아 줄 뿐 거리나 사람들 사진 찍는 것은 일절 금하고 있다. 나는 이렇게 사진을 찍다가 정말 목숨을 잃을 뻔했다.

여기저기 몰래 카메라로 도둑 사진을 찍는데 어느 건물 앞에 옹기종기 모여앉은 총 든 탈리반 군인들이 눈에 들어왔다. 아프가니스탄에 왔다 간 많은 저널리스트들도 탈리반 군인들 사진은 찍지 못했다는 말이 생각났다. 군인들을 찍지 못하게 계엄령으로 선포를 해놓은 탓이다. 찍다가 걸리면 누구를 막론하고 무조건 감옥행이거나 심하면 총살형.

사진 한 장에 목숨을 걸고 싶지는 않지만 그래도 미련이 남아 애꿎은 카메라만 만지작거리고 있는데 군인들 앞에 한참을 서 있어도 그 군인들은 잡담을 하느라 정신이 없었다. '아, 이때 얼른 한 장 찍으면 되겠다.' 몰래 카메라를 들이대고 찰칵 찰칵, 한 컷도 아니고 두 컷을 찍었다. 거기까지는 좋았는데 문제는 그 다음. 군인 중 두명과 카메라 렌즈 안에서 눈이 마주치고 말았다. 머리 끝이 쭈뼛하면서 온 몸의 피가 발 아래로 빠져나가는 듯 힘이 쭉 빠졌다.

'앗, 들켰구나.'

나와 눈이 마주친 군인이 동료들에게 무어라고 하면서 내게 오라고 손짓한다. 총든 군인들 앞에서 어디로 도망칠 수도 없다. 상대는 눈에 핏발을 세운 반정부군. 나는 무력한 중앙정부에서 발행한 경유여권을 가진 계엄령 어긴 외국인 여자. 너무 긴장되니까 떨리지도 않는다. 군인들에게 다가가자 다짜고짜 내 카메라를 빼앗으려 하면서 소리를 친다.

"당신 우리 찍은 필름 내놔."

"나는 당신네들 안 찍었어요."

"당신이 우리 찍는 것 내 눈으로 똑똑히 봤는데?"

"저 사원 건물 찍은 거예요. 당신들 사진 찍지 못하는 거 잘 알고 있어요. 큰일나려고 내가 사진 찍겠어요?"

짧은 페르시아어로 거짓말이 술술 잘 나온다. 내 어디에 그런 용기가 숨어 있었나. 카메라나 필름이 목숨과 바꿀 만큼 중요한 건 아니지만 한번 이들 법을 어겼다는것을 인정하면 그 다음이 어떻게 될지는 불을 보듯 뻔한 일.

다른 군인들도 덩달아 내가 사진을 찍었다면서 단번에 험악한 분위기가 된다. 자기들은 보지도 못했으면서. 나와 눈이 마주쳤던 군인중 하나가 병영 초소쪽을 가리키면서 따라오라고 한다. 가슴이 쿵 내려앉으며 얼굴에 핏기가 싹 가시는 느낌이다. 병영에 끌려들어갔다가는 끝장이다. 많은 종군기자들이 병영에서 쥐도새도 모르게 사라졌다는 말을 들어 잘 알고 있었다.

앞장 서 병영으로 가는 군인, 뒤에서 총을 들고 지켜보고 있는 여덟 개의 눈동자. '따라 가면 죽는다'. 그 생각만 머리 속에 또렷했다. 나는 무조건 앞서 가는 군인의 팔을 두 손으로 잡고 매달리며 알고 있는 페르시아말을 총동원했다.

"아저씨. 나 정말 안 찍었어요. 정말이에요. 이 카메라 필름 다 가져가도 좋아요."

필사적으로 팔을 잡고 매달리자 난처한 것은 오히려 군인 쪽이 되고 말았다. 여자와는 말도 나눌 수 없는 초강경회교도가 사람들이 보는 앞에서 외국 여자에게 팔목을 잡혔으니. 얼굴이 벌겋게 상기되면서 어쩔 줄 모른다.

"이거 놓고 잠자코 따라와."

"아저씨, 정말 안 찍었다는데 어딜 가자는 거예요?"

"당신, 정말 안 찍었어?"

그 군인은 몸둘 바를 모르겠다는 표정이고 오히려 당당해지는 것은 내 쪽.

"정말 안 찍었어요."

팔을 잡은 채 침착하게 대답하자 슬그머니 팔을 빼면서 그럼 빨리 사라지라고 쫓는 시늉을 한다. 안도의 숨을 쉴 새도 없이 정신없이 숙소로 달려와, 작년에 케냐 나이로비에서 노상강도를 만난 이후 처음으로 청심환을 먹어야 했다.

정신을 차리고보니 무모해도 너무 무모했던 것 같다. 저녁에 국제기구 사람들이 모여 식사를 같이 하며 내 시내관광 감상에 대해 묻는데도 이말저말 딴청만 하다가 이렇게 물었다.

"만약에 반정부군 사진을 찍다 걸리면 어떻게 되는 거예요? 끌고가서 감옥에 가두나요?"

"감옥 좋아하시네. 지들 먹을 밥도 없는데 뭐가 아쉬워 감옥에 가두고 공밥을 먹이겠어. 당장 그 자리에서 총살이지."

다행히 이 목숨과 바꿀 뻔한 사진은 두 장 다 잘 나왔다.

커피 한 잔이면
어린이 3명 살릴 수 있다

아프가니스탄에서 나를 따라다니던 아이들. 이들은 언제
지뢰밭에서 목숨을 잃거나 부상할지 모른다.

지뢰밭에서 노는 아이들

다음날은 정말 조심해서 건물 사진만 찍고 있는데 또 뒤에서 누가 '헬로' 한다. 지레 겁을 먹고 간이 콩알만해져 뒤돌아보니 어떤 아저씨가 자기 가게를 가리키며 들어오라고 한다. 왕년에 관광 가이드를 해서 영어를 제법 할 줄 아는 아저씨가 경영하는 골동품 가게다.

가게에 들어가 점심도 얻어먹고 노닥거리고 있는데 사람들이 줄줄이 물건을 들고 들어온다. 집에서 대대로 쓰던 카펫이며 전통의상, 장식품 등 돈이 될만한 물건들은 모두 가지고 나온다. 오랜 전쟁을 치르면서도 아직까지 저렇게 팔 물건이 남아있다는 게 놀랍다. 이 아저씨는 그 물건을 헐값으로 사들여 유럽에 내다 팔아 엄청난 돈을 벌고 있는 것 같다. 어디나 전쟁터에는 죽어나자빠지는 사람이 있는가 하면 이렇게 전쟁을 통해 돈을 끌어모으는 사람도 있다.

나를 적십자 병원에 데려다준 구세주 닥터 라메즈의 안내로 유엔 난민 기구의 난민 수용소에 가 보았다. 전쟁을 피해 이란으로 갔다가 거기서도 쫓겨 돌아온 사람들이 텐트촌에 바글거렸다. 대부분 난리가 심했던 북부지방 사람이라는데 모두 나와 모습이 비슷한 몽골계 얼굴이다.

'이제 점점 추워질텐데 이 사람들은 얼마나 고생스러울까. 그래도 이 사람들은 유엔의 도움으로 적어도 의식주는 해결된다고 하니 먹을 것이 귀한 민간 난민 수용소에 있는 사람들은 그럼 어떻단 말인가?'

헤라트 시내에 있는 민간인 난민 수용소에는 아이들이 유난히 많았다. 어른들은 무표정이었으나 아이들은 나를 따라다니며 좋아한다. 따라다니는 아이들이 돈이나 과자를 달랄 줄 알았는데 한명도 손을

벌리는 아이가 없다. 인도나 아프리카를 여행할 때는 아이들이 나만
보면 '머니' 아니면 '볼펜'이라고 불렀는데. 6·25때는 우리나라에
서도 미군들 이름이 으레 '초콜렛'이나 '껌'이었지 않나.

이곳에서는 특히 팔다리가 없는 아이들이 많이 눈에 띈다. 도심을
비롯한 도시 부근이 몽땅 지뢰밭이기 때문에 놀다가 지뢰가 터져 죽
거나 다친다고 한다. 아이들은 그 몸으로 텐트촌 중간에 있는 우물에
서 시커먼 흙탕물을 퍼올려 두레박을 입에 대고 꿀꺽꿀꺽 마신다.

페르시아 말로 아이들과 한참 이야기를 나누는 동안에도 텐트촌 어
른들의 눈총이 따갑다. 아이들 머리를 쓰다듬어주고 돌아서려는데
어떤 여자아이가 꼬질꼬질한 손으로 빵을 건네주며 수줍게 웃는다.
자세히 보니 왼발 대신 목발을 짚고 있고 한쪽 팔뚝도 잘려나갔다.
아이가 빵을 내밀자 내가 어떻게 하나 보려고 그러는지 다른 아이들
이 갑자기 조용해진다.

"헤일리 막눈(고마워)."

자연스럽게 인사하며 빵을 한입 뚝 베어물자 조용하던 아이들 입에
서 와 소리가 터져 나오며 환하게 웃는다. 갑자기 눈시울이 뜨거워지
며 코끝이 찡해진다. '이 아이들이 살아남아야 할텐데. 적어도 굶어
죽지는 않아야 할텐데. 천원 미만의 돈으로도 간단하게 고칠 수 있는
병에 걸려 죽지는 말아야 할텐데.'

하루 음식값 80원

이번 중동과 아프리카 지방을 여행하면서 내게는 새롭고 중요한 관
심분야가 생겼다. 바로 난민문제! 이전에는 나는 난민문제에 전혀 관
심이 없었다. 르완다나 캄보디아의 끔찍한 이야기들은 나와는 전혀
상관이 없는 먼 나라의 뉴스거리로만 여겼었다. 그러다 아프리카 말

라위에서 만난 미국의 한 의대생으로부터 자기가 몇 달간 일했던 르완다 난민촌 이야기를 생생하게 들을 기회가 있었다.

그의 말에 따르면 르완다 난민촌에서는 아이 하나가 병에 걸리면 그렇지 않아도 건강이 나쁜 다른 아이들에게 삽시간에 번져 마른 검불에 불붙듯 며칠새 수십명이 죽어나간다고 했다. 먹을 것 없이 떠돌던 난민들이 처음에 수용소에 들어올 때는 피골이 상접한 반송장이어서 아이들은 걷기는커녕 힘이 없어 음식도 먹지 못하고 억지로 입에 넣어주어도 삼키지도 못한다는 것이다.

그러다 열흘만 지나면 서서히 생기가 돌고 아이들의 밝은 웃음이 살아난다고 한다. 놀랍게도 생명을 살리는 데 들어가는 돈은 난민 1인당 하루 80원, 800원이면 어린 목숨 하나를 살릴 수 있는 것이다. 그러니 우리가 마음만 먹으면 커피 한 잔으로 세 명을 살리고, 레스토랑 저녁 한끼로 50명의 아이들을 일으켜 세울 수 있다는 계산이다. 여기에 더 무슨 말이 필요한가.

내가 처음으로 직접 본 난민은 아프리카 케냐에서 에티오피아로 가려고 국경을 넘을 때 만난 13살 가량의 아이였다. 그 아이는 몇 주일 전 유엔 평화유지군이 소말리아에서 철수하면서 두고 간 총을 몇 조각의 빵과 바꾸려고 마을에 갔다가 가족에게 돌아가는 길이었다. 그 아이는 그 총이 없으면 자기 생명을 지킬 수 없는데도 총과 식구들이 먹을 빵을 맞바꾸었다. 그러면서도 집으로 돌아가는 내내 그 빵을 과연 집에서 기다리는 가족들에게 무사히 갖다줄 수 있을지 걱정하고 있었다.

그후에도 에티오피아, 에리트리아 등지에서 수많은 난민들을 만날 수 있었는데 이스라엘쯤 와서는 스치는 난민들만 보는 정도에서 벗어나 스스로 난민촌을 찾아 다니게 되었다. 이스라엘 내 가자지구의 팔레스타인 난민촌, 요르단과 시리아에 있는 난민촌 등. 거기서 보았던 난민들의 모습은 내게 해야 할 일 하나를 가르쳐 주었다.

난민 어린이들을 돕는 일이다.

현재 전 세계의 난민은 2천7백만명. 지구가 멸망하지 않는 한 전쟁은 있을 것이고 전쟁이 있는 한 난민도 사라지지 않을 것이다. 더구나 전쟁의 최대 피해자는 여자와 어린아이, 그들이 난민의 80%를 차지하고 있다. 이들은 아무런 힘이 없는 사람들이다. 누군가가 돕지 않으면 그대로 억울하게 죽을 수밖에 없는 것이다.

난민을 돕는 방법은 많다. 종교를 가진 사람은 영적으로, 돈을 가진 사람은 물질적으로, 국제관계에 영향력을 가진 사람들은 정치적으로. 누구든지 자신이 가진 것을 나누어 가지려고만 한다면 그들을 돕는 방법은 얼마든지 있다고 생각한다.

내 경우는 국제홍보학이라는 전공을 살려 난민문제의 심각성을 국제사회에 알리는 일을 할 수 있겠다. 난민을 받지 않으려는 이웃나라의 지도자들과 국민을 설득하는 일도 할 수 있겠고 물질적으로 도움을 주려는 사람과 직접 최전선에서 일하는 사람을 연결하는 일도 해줄 수 있겠다. 자세한 방법은 더 생각해 보아야겠지만 이것이 내 직업이 되든 순수한 봉사활동이 되든 어쨌든 나는 난민에게 도움이 될 수 있도록 지속적인 관심을 가질 것이다.

울며 넘은 투르크메니스탄 국경

투르크메니스탄 마리 시장 안에서 만난
'고려인 무채 아줌마' 네분.

"내 여권이 가짜라고?"

헤라트에서 투르크메니스탄 국경도시 토르곤디까지 가는 험한 길을 고물 러시아 지프로 두 번이나 왕복하게 되었다. 길이 멋있거나 볼거리가 많아서가 아니라 순전히 비자문제 때문. 사연도 복잡하다.

비가 오는 헤라트를 떠나 국경까지는 세 시간만에 무사히 갔다. 그러나 별일 없을 것 같던 입국문제가 여간 까다롭지 않다. 국경사무소에서 한 시간을 기다려도 내 여권 가져간 출입국 경찰은 감감 무소식. 하도 답답해 경비경찰에게 내 여권 가지고 간 사람 어디 갔느냐니까 험악한 얼굴로 무조건 기다리란다. 미친놈! 욕이 저절로 나온다. 러시아식 권위주의가 이런 국경초소 말단 경비경찰에까지 단단히 배어 있는 거다.

맥없이 두 시간을 더 기다리자 출입국 경찰이 내 여권을 들고 한무리 회색코트 정장 차림 경찰들과 나타났다. 그중에 마피아 보스 같은 사람이 딱 잘라 말한다.

"네 여권 가짜니 입국할 수 없음."

"뭐라구? 내 여권이 가짜라고?"

어안이 벙벙해져서 페르시아말로 따져 물으니 내 여권 번호와 여권 페이지에 적혀있는 숫자가 다를 뿐더러 사진도 가짜임이 분명하단다. 이 멧돼지같이 생긴 놈이 무슨 소리를 하는 거야? 화가 나서 여태껏 한번도 눈여겨 보지 않았던 내 여권을 살펴보니 여권번호는 6075574 인데 페이지 번호는 어떻게 된 게 모두 다 '00738527가' 로 되어있다.

게다가 아닌 게 아니라 하도 여러번 펼쳐서 그런지 여권 사진도 귀퉁이가 약간 떨어져 나가 의심하려면 할 만도 하다.

"이것 봐. 내 것처럼 여권 번호와 페이지 번호가 같아야 한다구."

제딴은 친절을 보인답시고 자기 여권까지 보여준다. 나는 러시아 말을 한 마디도 모르고 이 멧돼지는 영어를 한 마디도 못해서 페르시아말로 이야기를 하는데 내 짧은 실력으로는 여권 번호와 페이지 번호는 같은 나라도 있고 다른 나라도 있다는 걸 설명해줄 수가 없다.

"나는 너희 나라 비자를 받았어. 내 여권이 진짜인지 가짜인지는 너희 영사가 비자 내줄 때 체크하는 거니까 너희들은 비자를 보고 입국만 시켜주면 되는 거야. 내 말이 틀려?"

페르시아어 사전을 열심히 찾아가며 되지도 않는 페르시아말을 두서없이 주워섬기면서 영어 하는 사람 데리고 오라고 길길이 뛰는 척했다.

하도 거세게 나가니까 그럼 이 나라 수도인 아슈하바트에 전화해서 내 비자에 대한 기록이 있는지 확인해보겠다며 사무실로 들어갔다. 그리고는 또 감감 무소식. 도대체 공산당 하던 놈들은 일을 하는 건지 마는 건지. 거의 한 시간이 지나서 그 멧돼지가 다시 나오더니 이번에는 딴 소리를 한다.

"비자는 확인했다. 여권도 진짜다. 그런데 이 국경은 아프가니스탄 사람과 투르크메니스탄 사람만 다니는 곳이다. 다른 외국인은 출입 금지니 통과시키지 말라는 상부의 지시다."

"아니, 하루 종일 기다리게 해놓고 그게 무슨 소리야?"

"나도 어쩔 수 없다. 너는 다시 아프가니스탄으로 돌아가야하고 반드시 비행기를 타고 들어와야 한다."

길길이 뛰어보기도 하고 찬찬히 애원도 해보았지만 이 막무가내 멧돼지에게는 통하지 않는다. 내 50개국이 넘는 세계여행에서 처음으로 국경에서 퇴짜를 맞고 돌아서는 수모를 당하고 말았다. 진짜 여권과 정식 비자를 가지고서도 말이다.

'그럼 이제 어떻게 한다? 여기까지 와서 다시 이란이나 파키스탄으로 돌아가 비행기를 타란 말인가.'

번거롭기도 했지만 그건 정말 억울하다.

다음날 아침 일찍 국경에서 덜덜거리는 지프를 타고 헤라트로 돌아오자니 속이 확확 달아오른다.

'여기서 돌아설 수는 없지. 해 볼 때까지 해 보는 거야. 내 물귀신 작전으로.'

여기서 말하는 물귀신 작전이란 일말의 가능성에도 끝까지 물고 늘어지는 내 특유의 전법이다. 이렇게 하면 대부분의 경우는 뜻대로 되는데 안 되어도 나중에 미련과 후회는 없다. 지금 있는 가능성이란 투르크메니스탄 영사에게 떼를 써 보는 일이었다.

헤라트에 돌아와 영사관을 찾아가니 아직 문이 열리지 않았다. 문 앞에 쪼그리고 앉았다가 출근하는 영사에게 매달렸다. 국경에서의 이야기를 하고 내 비자 옆에 '이 사람은 국경 통과를 허락한다'는 보증문구를 써달라고 졸랐다. 영어를 잘 하는 영사는 내가 하도 어거지를 쓰니까 할 수 없이 내 여권에 메모를 써주면서도 힘없는 소리를 한다.

"아가씨가 원하는 대로 써주기는 하겠소만 그 국경경찰이 원칙을 따진다면 별 효과가 없을 거요. 우리나라에서는 외교권보다 경찰권이 더 강하거든."

그래도 그걸 소중히 모셔들고 울퉁불퉁 전쟁으로 망가진 길을 다시 달려갔다. 가는 길에는 눈이 펄펄 날리고 낡은 지프 안으로 칼바람이 인정사정 없이 들어온다.

가지고 다니는 옷이란 옷은 다 껴입었는데도 차에서 내릴 때는 완전히 얼음동태가 되어 뻣뻣해진 팔다리가 잘 움직여지지 않는다. 육로여행이라는 원칙을 지키기 위해 얼음동태가 되다니.

어떤 원칙이라도 그것을 지키는 일은 고통이 항상 뒤따르게 마련, 그러나 나는 그 고통 뒤에 올 '원칙고수'의 즐거움도 알고 있었다.

눈이 내리는 국경사무소에 쑥 나타나니 직원들이 너무나 놀란 표정이다. '아이구 저 귀신이 왜 또 왔나?' 하듯.

"너희 영사가 여기로 넘어가도 좋다고 이렇게 허가증을 써주었다, 임마."

나는 의기양양해가지고 영사의 메모를 코 앞에 들이대며 큰소리를 뻥뻥 쳤다. 그랬더니 국경사무소가 또 벌집을 쑤셔놓은 듯 소란스러워진다. 온 직원이 나서서 허둥대며 어디엔가 전화하는 사람, 내 여권을 들고 이 방 저 방으로 왔다갔다 하는 사람, 차를 타고 누군가를 부르러 가는 사람, 모두 총알처럼 움직인다.

한 시간도 지나지 않아 어제의 멧돼지가 데리러 간 직원과 함께 나타났다. 그런데 관상을 보니 저건 된다는 건지 안된다는 건지 좀체 감이 잡히지 않는다.

그가 뭐라고 하자 부하 직원이 내 여권을 들고 종종걸음으로 달려온다. 영사에게 들은 소리가 있어서 이 멧돼지가 또 안된다고 하면 어떡하나, 중앙아시아를 포기해야 하나 하고 있는데 그가 내 여권을 내주면서 하는 말.

"웰컴 투 투르크메니스탄."

아이구, 오빠. 입국을 허락하는 것만도 황송한데 게다가 영어까지? 영어를 할 줄 아느냐고 물으니 영어는 이 한 마디밖에 모른다고 페르시아말로 대답하며 어제는 그렇게도 딱딱하던 멧돼지가 금니를 드러내고 웃기까지 한다.

"스파시바."

나도 어제 겨우 한 마디 배운 러시아말로 고맙다고 인사하고 얼어붙은 손으로 뺏듯이 여권을 받아 쥐었다.

웃음을 잃은 사람들

이토록 국경에서부터 홀대받는 투르크메니스탄에 왜 내가 기를 쓰고 들어가려고 하느냐? 그건 실로 사소한 동기에서 비롯된다. 나는 꼭 이란을 들어가보고 싶었는데 이란 경유 비자를 받자면 반드시 이웃나라 비자가 필요하다. 이란 이웃 나라 중에 이라크는 갈 수 없는 나라고 파키스탄은 우리에게 무비자니까 투르크메니스탄 비자를 받을 수밖에 없었다. 그래서 순전히 이란에 들어가기 위해 거금 30달러를 내고 이 나라 비자를 받아두었던 거다.

그때까지만 해도 내가 가지고 있는 정보가 하나도 없는 이 나라에 들어갈 생각이 없었는데 이란에서 영국인 여행가이드북 저자를 만났다. 그는 세계여행 중이라면 꼭 실크로드의 중심지인 우즈베키스탄을 가 보아야 한다고 강력히 추천했다. 그래서 기왕에 받아둔 비자도 있으니 이 나라를 거쳐 우즈베키스탄을 가려는 게 내 목적이었다.

이 중앙아시아 지역에 있는 나라들 이름 끝에는 꼭 '스탄'이란 말이 들어가는데 그것은 다름 아닌 땅이라는 뜻이다. 예를 들어 투르크메니스탄은 투르크 족이 사는 땅이고 우즈베키스탄은 우즈베크 족이 사는 땅이라는 말이다.

이 투르크 족 땅에 오니 영어는 물론 페르시아 말도 안 통해서 내 처지는 그야말로 하루 아침에 눈뜬 장님이요 말하는 벙어리 신세. 볼펜과 메모지로 그림을 그리고 손짓발짓을 다해도 의사소통이 쉽지 않다. 교통표 사기도 쉽지 않고 식사할 곳이나 묵을 곳을 찾는 것도 인내와 노력, 그리고 운이 필요했다. 게다가 사람들은 얼마나 쌀쌀맞고 무뚝뚝한지 뭘 물어 보기도 겁나는 분위기였다. 그러다가 웃는 사람을 보면 어찌나 반가운지.

계절이 겨울로 접어들어 날씨는 춥고 다른 여행자들을 만나서 정보를 얻기도 어려울 테니 앞으로 터키로 돌아갈 때까지는 춥고, 외롭고 답답한 나날이 예상되었다. 이런 상황이 불편하기도 하고 정신적으로 육체적으로 고생스러울 것이 뻔했지만 나는 그것이 두렵지는 않았다.

여행을 할때 오히려 친절하고 자세한 여행책자가 여행의 재미를 반감시키는 경우가 있다. 안내책자에 의존해서 그대로만 다니고, 그만큼만 체험하기 십상이기 때문이다. 그래서 이렇게 여행정보가 전혀 없는 상태에서 마르코폴로나 리빙스턴 같은 탐험가의 마음으로 여행해 보는 것도 나름대로 의미가 있으리라 여겨졌다. 설령 아주 중요하고도 신기한 것을 정보부족으로 놓쳐 버린다고 해도 말이다.

이 나라의 첫인상은 '텅 비어 있다'다. 호텔도 비어있고 길거리도 비어있고 가게 선반들도 텅텅 비어있다. 꽃무늬 모자를 쓰고 다니는 투르크 족이나 털모자를 쓰고 다니는 러시안 계나 다 따뜻한 눈길이나 미소 없이 얼굴이 텅 비어있기는 마찬가지다.

왜 안그렇겠는가. 러시아 공산당 강압정치를 벗어나자마자 투르크멘 바시라고 이름까지 바꾼 일당독재 대통령이 들어서서 경제에는 무능하면서도 무시무시한 철권을 휘둘러대고 있으니 살인적인 인플레 속에서 어떻게 웃을 마음이 생기겠는가.

국경에서 돈을 바꾸고 일주일이 지나자 달러값이 딱 배로 뛴다. 보통 월급쟁이 한달 봉급이 두루마리 휴지 열통값. 풍부한 지하자원이 있는 데도 경제가 영 엉망이다. 공산주의의 후유증에 독재정치의 해독이 겹쳐 어느 나라보다 생활환경이 열악하다. 그런 나라가 대개 그렇듯이 외국인에게는 엄청난 바가지. 현지인 물가의 열 배가 보통이고 별것도 없는 박물관 입장료는 서른 배나 된다. 그래봐야 달러로 계산하면 얼마 되지는 않지만.

시장에 가니 물건 사기가 힘들다. 서울운동장만큼 큰 공터에 사람들이 바글바글 들끓고 있고 꽃무늬 수건을 쓴 아줌마들이 두 줄로 등을 맞대고 앉아 물건을 파는 모습은 장관인데 우선 물건이 별로 없고 돈 세기가 보통 일이 아니다. 각종 잡동사니를 다 모아놓고 파는 가게마다 물건보다 돈을 더 많이 쌓아놓고 물건 팔기는 딴전이고 돈세기에 여념이 없다. 장사가 잘 돼 그런 게 아니라 돈가치가 없기 때문이다.

투르크멘식 덧버선을 하나 사고 돈을 주고 거스름을 받는데 십여분, 암달러상에게 10달러 바꾸는데 몇십분이 걸린다. 10달러에 2만 5천 마네트. 100마네트짜리로 250장을 주는데 그 사람이 하나씩 세어서 주고 내가 하나씩 세어서 받고. 그래도 그의 본업이 카펫 장사라 제일 큰 돈단위인 100마네트짜리가 있었기에 망정이지 덧버선 장수처럼 5마네트짜리로 주었다면 나는 그 장이 다 파할 때까지 집에도 못가고 돈을 세고 앉았을 뻔했다.

시장에는 이 세상에 있는 온갖 얼굴이 다 모여있다. 머리가 노랗고 얼굴이 하얀 러시아인, 털북숭이에 이목구비가 뚜렷한 중동인, 찢어진 눈에 노란 피부가 빤질빤질한 몽골인종 비슷한 사람, 이것도 저것도 아닌 갖가지 혼혈들. 얼굴도 가지가지, 옷치장도 가지가지다. 현지인보다 30배 더 주고 본 박물관보다 이 시장의 인종박물관이 더 신기해서 한나절 내내 보고 있어도 지루하지 않았다.

시장에서 만난 동포 '고려인 무채 아줌마'

아슈하바트에서 간단하게 우즈베키스탄 비자를 받고 그 옛날 실크로드의 로터리였던 마리라는 도시를 찾아갔다. 낙타허리가 휘어지도록 비단과 차와 도자기를 가득 실은 비단길 대상들이 여기 마리에 집

결했다가 인도나 페르시아, 유럽, 러시아로 갈라져 갔다는 것이다.

그러나 물어물어 찾아간 올드 마리는 몇 개의 허물어진 건물만 남아 있을 뿐인 벌판. 융성한 오아시스 마을이었다는 것을 겨우 입증이나 하듯 허허벌판 옆에 작은 강줄기가 흐르고 있다.

수십일 동안 목마르게 사막을 지나왔을 대상들에게 이 강이 흐르는 마리는 그야말로 천국이었을 것이다. 벽만 앙상하게 남아있는 사원과 성벽을 따라 걸으며 맑은 공기와 따뜻한 햇빛만 즐겼다. 이런 줄 알았다면 안 왔을텐데. 가이드 북 없이 다니는 값을 치르는 것이라며 툴툴거렸다.

그러나 그날 오후에 예상치 않은 소득이 있었다. 중앙아시아에 살고 있는 고려인을 만난 것이다. 오후에 버스 터미널에서 '태권도'라고 한글로 쓴 운동복을 입은 러시아 남자를 보았다. 그 사람도 나를 보더니 "카레앙카?"(한국인?)하고 묻는다.

"비 카레예스?"(당신도 한국인?)

"사부님 카레예스."

운동복을 가리키며 '사부님'이라고 한국말을 한다. 사부님이 어디 있느냐니까 지금 모스크바에 출장을 갔다며 여기에도 카레앙카가 많이 산다고 한다. 지금 시장에 가면 한국 아줌마들을 많이 만날 수 있다는 거다.

택시를 타고 단숨에 시장으로 달려갔다. 그 사람이 써준 대로 '마르코 살라드 카레앙카'(무채 파는 한국인)를 몇 번 물어보지도 않고 고려인 아줌마 네 명을 만났다. 40대 후반의 이 아줌마들은 무채 김치 등을 만들어 파는데 영락없는 옆집 아줌마다. 그 중의 한 사람은 어눌하기는 하지만 북한어투로 한국말을 잘한다. 내가 성이 한씨라니까 자기도 한씨라며 내 어깨를 두드리며 좋아한다.

이 한씨 아줌마의 할아버지는 한국에서 흉년을 피해 블라디보스토크로 갔다가 1937년 강제로 이주당해 여기로 왔다고 한다. 유사 이래 내버려진 척박한 땅에 맨몸으로 버려진 것인데 한국인 특유의 근면성과 인내로 늪지였던 불모지를 옥토로 바꾸고 농사를 짓기 시작해서 지금 대부분 한국인들은 알부자라고 한다. 먹고 살만한데도 놀지 않고 이런 장사를 하고 있었다. 구소련에는 한국동포들이 50만명 정도 있는데 그중의 3분의 2가 이 중앙아시아에 살고 있다고 한다.

"이렇게 길에 다니면 고려 음식 그럽지 아니하오?"

아줌마는 좌판에서 팔던 무채와 김치를 싸주며 걱정을 한다.

"어찌 남자도 없이 혼자 다니오? 칩지는 아니하오?"

그러면서 이 한씨 아줌마는 내일 자기가 집에서 밥이랑 찌개랑 끓여내올테니 아침에 밥 먹으러 오라고 한다. 다음날 갔더니 정말 밥에다 김치, 감자와 고기를 듬뿍 넣은 된장찌개를 해왔다. 몇 달만에 흰쌀밥과 김치를 갖춘 한국 음식을 눈 앞에 두고 있으니 보기만 해도 배가 부르다. 아줌마는 많이 먹으라면서 미처 다 먹지도 않은 밥그릇에 밥을 자꾸만 퍼준다.

"혼지 다니메 힘이 들틴데."

자기는 밥도 안먹고 내 얼굴을 빤히 쳐다보며 걱정만 한다. 시장바닥 길거리에 앉아 배부르게 밥을 먹고 차까지 한잔 마시고는 근처에서 파는 과일과 땅콩을 조금 사다 드렸더니 손을 내젓는다.

"아이, 도이 없을 틴데 무시기 이런 것을."

사마르칸트의 귀한 사랑
배금자목사님

'중앙 아시아의 진주' 사마르칸트에는
이런 아름다운 사원들로 가득하다.

여인숙 지배인 놈의 더러운 짓

다음날 우즈베키스탄으로 가는 기차는 현지인 표값의 열 배를 냈으나 완전한 지옥철이었다. 탈 때부터 모자는 벗겨져 땅에 떨어지고 배낭 커버가 벗겨져 나가고 수없이 발을 밟히며 육탄전을 치렀다. 겨우 자리를 잡고 한숨 돌리고보니 오른손 둘째와 셋째 손톱이 부러져 몹시 아파온다.

우즈베키스탄 캔칸이라는 도시에 내리니 밤이다. 역무원에게 '싸고 좋은' 호텔을 물어보자 내 말을 금방 알아듣고 친절하게 안내해준다. 그러나 그 여관은 싸기만 한 곳이었다. 역무원이 '싸고'라는 말만 알아들었지 '좋은'이라는 말은 알아듣지 못한 게 분명하다.

간 곳은 한 겨울에도 난방이 안되는 여인숙이었다. 너무 추워서 몸을 녹이기 위해 뜨거운 물을 가져다 달라고 부탁을 했더니 사기 주전자에 뜨거운 차를 가져다 준다. 그 주전자의 온기가 얼마나 반갑던지. 차 한 주전자를 거의 다 마시고, 가지고 있던 옷을 몽땅 꺼내 입고 침낭 안에 들어가 누웠는데 누가 문을 두드린다. 귀찮아서 모른척 하고 있으려니까 계속 노크. 왜 그러느냐고 소리를 빽 질렀더니 여인숙 지배인이 주전자를 가지러 왔다고 한다.

짜증은 나지만 할 수 없이 문을 열어 주니, 어째 그가 서있는 품이 좀 이상하다. 차츰 어둠에 눈이 익어서 다시 쳐다보니 아, 글쎄, 이 놈이 잔뜩 발기된 성기를 꺼내놓고 주무르고 있는 게 아닌가.

속으로는 깜짝 놀랐지만 못본 척 하고 재빨리 주전자를 집어 주고는 문을 꼭 잠갔다. 그러고보니 2층에는 나 혼자밖에 들지 않았다. 갑자기 불안해져서 문 잠근 것을 몇 번씩 확인하고 만일의 사태에 대비해 추운데도 불구하고 창문을 활짝 열어 놓았다. 그리고 가스총과 호루라기를 꺼내놓고 방 안에 있는 의자며 테이블이며 물병으로 문 앞에 단단한 바리케이드를 쳐 두었다.

그러나 잠이 오겠는가. 밤기차에 시달렸지, 손톱은 부러졌지, 방은 냉동실이지, 문 밖에는 고추 내 놓고 서 있는 놈이 있지. 더구나 차를 잔뜩 마신 탓에 화장실에 가고 싶어 죽겠는데 문 밖에 나갈 수도 없어 몸을 뒤틀다가 결국은 가지고 다니는 비닐봉지로 간이요강을 만들어 써야 했다. 정말 고생도 가지가지라니까.

중앙아시아의 옥외박물관 부하라

우즈베키스탄은 중앙아시아지역을 여행한 사람이면 이구동성으로 중앙아시아에서 가장 볼 거리가 많은 곳이라고 한다. 실크로드 교역의 중심지요 이슬람교 전파 후 종교와 교육의 중심지였다. 특히 부하라와 사마르칸트는 아름다움을 사랑하는 왕들이 번갈아가며 수도로 정한 뒤 권력과 재력을 총동원해서 경쟁적으로 화려한 사원과 신학교 등 모슬렘 건축물을 세운 곳이라 건축의 걸작과 백미들이 즐비하다. 그래서 이 두 도시의 별명은 옥외박물관.

부하라 구시가지는 무려 140개나 되는 건물이 문화재로 지정되어 보호를 받고 있다. 구시가지는 사방 걸어서 30분 정도니까 넓다고는 할 수 없지만 옛날 대상들이 묵었던 여관들, 수십개의 아름다운 회교 사원들, 마드라세라는 회교 신학교들, 궁전, 역사적 인물들의 간결하면서도 품위있는 묘지들이 있고 실크로드 대상들의 가장 반가운 길잡이였던 탑이 있다. 높이가 47미터나 되는 이 탑은 수백년간 세상에서 제일 높은 탑이었다고 한다.

이 탑은 칭기즈칸의 침략으로 온 도시가 초토가 될 때도 무사히 남을 수 있었는데 거기에는 이런 일화가 있다. 칭기즈칸이 이 탑 앞을 지나갈 때 바람에 모자가 벗겨져서 그 모자를 주우려고 고개를 숙였다. 그 모습을 본 부하들이 칭기즈칸도 고개를 숙인 이 탑은 부술 수 없다며 그대로 두었다고 한다.

부하라는 건축물만으로도 충분히 아름다운 도시다. 그러나 그 도시를 더 아름답게 만드는 것은 옛 도시 안에 오늘이 살아 숨쉬고 있다는 점이다. 4백년 전의 시장 건물에는 아직도 그때 그 조상들이 입었던 옷과 똑같은 옷을 입은 사람들이 물건을 사고 팔고 있고, 그 옛날 지은 모스크와 학교에서는 아직도 사람들이 하루에 다섯번씩 기도를 하거나 학생들이 코란 읽는 소리가 낭랑하게 들려온다.

심지어 10세기에 지어졌다는 공중목욕탕도 현재까지 그대로 영업 중. 올드시티 입구부터 눈에 탁 들어오는 커다란 모슬렘 신학교와 사원에 둘러싸인 호수 공원에는 옛날 그림에서 그대로 튀어 나온듯한 모습으로 동네 사람들이 평상에 앉아 차와 음식을 먹고 장기를 둔다. 나도 장기판 옆에 앉아 우리나라 만두와 똑같은 만티 한 접시에 차 한 주전자로 요기를 했다.

우즈베키스탄에 오니 먹을 것이 많아서 좋다. 양고기국에 감자 당근 무를 넣어 우리 육개장처럼 얼큰하게 끓인 수프, 채친 당근과 다진 고기를 넣고 볶은 기름밥, 온갖 채소를 넣은 쌀국수 그리고 동그랗고 바삭바삭한 빵이며 튀긴 만두 등 입에 맞는 음식이 많다. 옛것과 새것의 조화로운 공존, 그리고 맛있는 음식 때문에 나는 이틀이면 볼 것 다 보는 이 도시에서 나흘이나 머물렀다.

알렉산더 대왕도 놀란 도시, 사마르칸트

부하라가 심플하면서도 품위있는 옛날 미인이라면 사마르칸트는 화려하고도 세련된 현대 미인이라고 할까. 훨씬 도시적이고 컬러풀

하다. 기원 전 알렉산더 대왕이 원정왔을 때 이곳은 이미 육중한 성벽에 둘러싸인 실크로드상의 전설적인 오아시스 마을이었다. 알렉산더 대왕은 여기서 유명한 말을 남겼다.

'사마르칸트에 대해 들었던 그 믿을 수 없이 화려한 소문은 한가지만 빼고는 모두 사실이다. 그 한가지란 이곳이 소문보다 훨씬 아름답다는 것이다.'

그렇게 화려하고 번창했던 도시를 1220년 칭기즈칸이 지나가며 몽땅 파괴해버렸다. 그 후 티무르왕이 이곳을 도읍으로 정하고 그의 손자 때까지 80년간 모든 것을 총동원해 지금의 아름다운 도시로 복구했다.

사원과 모슬렘 신학교, 유명한 시인이나 치정자들의 무덤은 부하라와 다를 바 없으나 그 이름도 찬란한 레지스탄이나 샤이진다는 몇 개의 대형건물이 한 복합건물군을 이루고 있어 그 안에 들어가면 마치 거인 나라의 보석상자 안에 들어온 기분이다.

그 아름다운 타일의 파란색이나 사원 돔의 밝은 초록색이 햇살을 받아 제 빛을 발할 때는 '아, 정말 아름답다'는 감탄사가 절로 나온다. '이슬람제국의 진주'라는 극찬이 전혀 과언이 아니다.

왜 이런 곳이 우리에게는 알려지지 않았을까. 우리가 알고 있는 또는 우리에게 알려지는 세계에 대한 관심과 지식은 너무나 한쪽으로 치우쳐 있었던 것은 아닐까. 중앙아시아를 다니는 동안 나는 진짜 오지 여행을 하고 있구나 하는 즐거움을 함께 맛볼 수 있었다.

중앙아시아로 넘어 온 후에는 한 번도 따뜻한 방에서 자 보지 못했다. 난방이 되는 외국인용 호텔은 내 주머니 사정으로는 어림도 없었기 때문이다. 추운 곳에서 옷을 다 껴입는 것은 물론 모자까지 뒤집어 쓰고 새우잠을 자고 다음날 일어나 기지개를 켜면 우두둑우두둑 뼈 부러지는 소리가 났다.

그런데 사마르칸트에서 따뜻하게 지낼 수 있는 기회가 왔다. 머리에 이가 생길지도 모른다는 걱정 때문에 난방이 되는 호텔 가운데 제일 싼 호텔이라는 곳을 찾아가는 중이었다. 지나가는 50대 부부에게 호텔 이름이 적힌 쪽지를 보여주자 거기는 너무 춥다는 시늉을 한다. 그러면서 자기들끼리 주고 받는 말이 페르시아 말이다.

"페르시아 말 할 줄 아세요?"

내가 너무 반가워 물었더니 부부도 깜짝 놀란다.

"우리는 타지크족이니까 당연히 페르시아 말을 하지만 아가씬 어디서 왔는데 페르시아 말을 하지요?"

"한국에서 왔어요. 이란에서 페르시아어를 조금 배웠어요."

"아 그래요? 그런데 지금 아가씨가 가려는 호텔은 비싸고 난방이 안돼 너무 추워요. 차라리 우리 집으로 같이 가요."

부인이 마음씨 좋게 권하자 남편도 찬성이다.

"저 길모퉁이만 돌면 우리 집이니까 우리 집으로 갑시다."

여기서는 가정 집이 웬만한 호텔보다 따뜻하다는 말을 들은데다 말도 통할 수 있으니 못 이기는 척하고 그 집으로 따라갔다.

전형적인 타지크족 스타일의 큼직한 집에는 열일곱살 된 이 집 딸이 내가 누군지도 모르면서 반갑게 인사를 하더니 배낭을 빼앗아 방으로 들어간다. 무뚝뚝한 세 아들도 호기심을 이기지 못해 방으로 따라 들어왔다. 방 한쪽 구석에는 반갑게도 벽난로가 파란 불꽃을 내며 활활 타고 있었다.

저녁 대접까지 잘 받고 밥값 방값을 하려고 가지고 다니는 그림엽서를 꺼내 놓고 한국에 대한 이야기를 시작했다. 그런데 그들이 한국에 대해서 알고 있는 것이라고는 최근에 열렸던 축구대회에서 우즈베키스탄이 한국이라는 나라를 이겼다는 것 뿐이었다.

한국이 어디 있는지, 어떤 나라인지 그들은 한국에 대해 전혀 아는 바가 없었다. 갑자기 내가 우리나라 4천만동포를 대표하는 사람이라는 생각이 들었다. 언제 어디서건 그들은 '한국'이라는 말이 나오면 그들이 만났던 최초의 한국인으로 나를 기억할 것이기 때문이다. 그래서 나는 한국인으로서 품위도 지키면서도 사소한 일상생활 하나하나에 스며있는 우리 모습을 보여 주고 싶었다. 어른이 주는 물건을 두 손으로 공손히 받는다든지, 어른이 주는 술은 뒤돌아 마신다거나 하는 모습을 보임으로써 말이다.

신학교의 한국인 세 분

이번 연말연시는 운이 좋았다. 사마르칸트의 한국 분들과 함께 보낼 수 있었기 때문이다.

홀로 장기여행을 한다고 하면 사람들은 으레 묻는다.

"외롭지 않으세요?"

외롭다. 나도 사람인데 어찌 외롭지 않겠는가. 다만 보통 때에는 외로움의 강도가 그런 대로 견딜만하거니와 견딜 수 없이 외로울 때는 이것이 여행이 주는 즐거움에 대한 마땅한 대가겠지 하고 스스로를 위로하곤 한다. 그러나 나도 연말년시만큼은 홀로 보내는 걸 피하고 싶은 심정이었다. 그런데 사마르칸트에서는 한국분들과 함께 보낼 수 있었으니 참으로 즐겁고 행복했다.

사마르칸트 시내정보센터에서 이 도시에도 한국문화원이 있다는 뜻밖의 소리를 들었다. 그래서 찾아간 곳이 사마르칸트 신학대학. 거기에는 미국에서 오신 세 분 한국인 목사님이 강의를 하고 계셨다. 이성윤, 김세찬, 배금자 목사님. 특히 60대 초반의 배금자 목사님은 다정한 이모같이 나를 위해주셨다.

열흘 간 그분들과 함께 생활하면서 나는 배목사님에게서 성직자로서 교육자로서 또 인생의 선배로서 한 사람의 여자로서 많은 가르침을 받았다. 이름 높은 법조인의 딸로 태어나 우리나라 10대 재벌 집으로 시집을 가서 파란만장한 삶을 살다가 빈털터리로 미국에 가서 40대에 기독교에 귀의, 신학공부를 시작해 신학박사가 되신 배목사님. 지난해부터 이곳 신학대학의 부학장으로 계시면서 풍요롭고 아름다운 인생의 후반기를 보내는 분이다.

"당신은 누구십니까?"

한껏 상냥하게 "안녕하세요." 인사를 하며 학교에 들어서자 배목사님은 깜짝 놀라면서도 차분하고 사무적인 말투와 딱딱한 분위기의 정장차림으로 손님을 맞았다. 깐깐한 분일 거라는 느낌에 차 한잔만 마시고 가야겠다고 생각했는데 한 시간도 지나지 않아 그만 의기투합해버렸다. 내 여행담을 들으면서 내내 입을 다물지 못하며 놀라기도 하고 어린아이같이 깔깔 천진스럽게 웃으신다.

"비야야. 너는 어찌 그리 간도 크고 재미있니? 너는 바로 청량제구나. 너를 보니 너무너무 시원하고 힘이 난다."

남은 생은 남을 위해 살기로 작정을 하신 분. 자신을 위해서 쓰는 돈과 시간은 아까워하면서도 주일이면 아무도 찾지 않는 고아원과 양로원을 돌며 일일이 노인과 어린아이들에게 안수기도를 해 주시는 배목사님. 그들 가운데는 병자도 많아 자칫하면 병이 옮을 수도 있을텐데.

높고 높은 곳에서 낮고 낮은 곳까지 다 살아 본 배목사님은 내게 희망을 버리지 않는 삶, 주어진 삶 안에서 길을 찾고 최선을 다하는 삶, 그런 삶이 바로 아름다운 것임을 가르쳐 주었다. 여행으로 지친 내 몸과 마음을 활짝 풀어주신 배목사님. 그분은 내가 떠날 때 나에게 꼭 맞는 곡이라며 성가 하나를 가르쳐주셨다.

주 나를 지키리 언제든지 어디서나
주 나를 지키리 늘 지켜주시리

연분홍 치마가 봄바람에 휘날리더라

투르크메니스탄에서 제일 큰 일요시장.
돈 가치가 없어 물건은 없고 돈은 많다.

러시아 경찰 물리치고 영웅 되다

우즈베키스탄에서 시베리아 횡단 열차의 출발지인 모스크바까지는 기차를 타고 3일이면 갈 수 있으나 터키에 짐과 여행자 수표를 두고 왔기 때문에 부득이 터키로 돌아갈 수밖에 없었다. 육로로 다시 그 지긋지긋한 투르크메니스탄에 가서 배를 타고 카스피해를 가로질러 아제르바이잔으로, 거기서 러시아와 한창 전쟁을 치르고 있는 체첸과 인접한 흑해 연안의 그루지야를 거쳐 터키로 돌아가기로 했다.

지프 버스 기차 배 등 탈것들을 총망라해서 쉬지 않고 가더라도 5일은 족히 걸리는 길이다. 비행기를 타면 다섯 시간도 안되는 거리. 춥기도 하고 지치기도 해서 비행기로 날아가고 싶은 달콤한 유혹에 넘어갈 뻔하다가 입술을 깨물며 길을 떠났다.

'전쟁터도 지나왔는데 조금 힘이 든다고 날아갈 수야 있나?'

그러나 터키까지 가는 길은 그저 조금 힘든 정도가 아니라 정말로 몇번이고 내 눈에서 눈물을 쏙 빼는 힘들고 힘든 길이었다.

사마르칸트에서 투르크메니스탄으로 가는 기차표를 사려고 역원에게 여권을 보이니 내 비자를 훑어보고는 여권을 들고 사무실로 따라오라고 한다. 내 여권에 타슈켄트, 부하라는 목적지로 쓰여있는데 사마르칸트는 쓰여있지 않으니 벌금을 내야한다는 거다.

이게 무슨 생트집인가. 타슈켄트에서 부하라까지 가려면 마치 서울 남대문에서 광화문을 가는데 시청을 거치지 않으면 안되는 것처럼 사마르칸트는 꼭 거쳐가야 하는 곳이다. 기가 막히지만 우겨서 될 일도 아니다. 그 직원 손에 내 여권이 들려있으니.

"벌금이 얼마요?"

"100달러"

"10달러로 하지요. 영수증은 안달랠 테니."

이 사람은 별로 생각도 안해 보고 곧바로 흥정에 들어간다.

"그럼 30달러. 그 이하론 안됨."

"에이 그건 너무 비싸잖아요. 아저씨 월급이 얼만데."

월급 이야기를 꺼내자 씁쓸한 입맛을 다시더니 마지못해 고개를 끄덕거렸다. 실제 이곳 일반 공무원 월급이 10달러 정도이고 그나마 그것도 정부 재정이 바닥나 넉달째 한푼도 못받고 있다는 것을 세 분 목사님께 들어 알고 있었다.

그러니 내가 준 뇌물 10달러가 당분간 이 역무원 가족들을 먹여살릴 거라고 생각하니 그 돈이 전혀 아깝지 않았다. 돈 빼앗기고 적선한 기분이 들기는 또 처음이다.

일요시장으로 더 유명한 투르크메니스탄 수도, 아슈하바트에서는 또 이런 해프닝도 있었다. 여기서도 기차표 사기는 하늘의 별따기여서 우리나라 추석 귀성열차 표 사듯 몇 시간씩 줄을 서야 한다. 아침 여섯시에 도착해서 열시가 되도록 배를 쫄쫄 굶으며 하염없이 줄에 서 있었다. 그러나 아무리 기다려도 줄이 줄어들 기미를 보이지 않았다. 앞에서 자꾸 새치기를 하기 때문이다.

그래도 새치기 하는 사람이 말도 안 통하고 힘도 없는 파파 할머니들이라 뭐라고 할 수도 없고 속만 북북 끓이고 있는데 정복을 입은 러시아 경찰이 하나 나타나 보란 듯이 줄을 무시하고 창구 앞으로 간다.

'옳지, 너 잘 만났다. 너 오늘 맛 좀 봐라.'

"어이, 경찰. 너 뒤로 가서 서. 네 눈에는 이 줄이 안 보이냐?"

손가락으로 경찰을 가리키며 영어로 크게 소리질렀더니 이놈이 돌아보면서 자기는 영어를 모른다는 어깻짓을 하더니 경찰이라는 견장을 가리키며 눈을 부라린다.

"영어 못 알아듣는 건 네 사정이고 경찰 아니라 투르크멘 바시(이 나라 대통령 이름)라도 새치기는 안돼. 여기 있는 사람들 모두 네 시간 씩이나 기다렸어."

내가 질소냐 더 크게 소리지르자 "넌 도대체 누구냐? 저리 비키지 못해?" 하고 러시아말로 화를 내며 내 팔목을 꽉 잡는다.

"야, 너 나 건드리지 마. 나는 너희 나라에 온 관광객이야. 손님이 라구."

팔을 거칠게 뿌리치며 나도 그동안 배운 러시아말로 소리를 질렀더니 팔목을 놓아주었다. 그러면서도 창구에 가서 표를 사려고 한다. 그 손을 잡아끌며 악을 악을 썼다.

"너 절대로 안돼. 나 표사기 전에는 너 표 못산다구."

이번에는 페르시아말. 몸 싸움을 하는 바람에 돈이 바닥에 떨어져 널리고 그 놈은 나를 한 대 칠 듯한 험악한 얼굴로 쳐다본다. 너 한 대 치면 나도 한 대 친다는 각오로 있는 대로 인상을 쓰며 그 놈을 쏘아보았다. 그랬더니 그동안 아무 동요도 없이 묵묵히 시비를 지켜보고 있던 줄에서 소리들이 터져 나왔다.

"아가씨 말이 맞아. 당신 경찰, 뒤로 가."

"그래, 뒤로 가."

한 대 칠듯한 기세로 서있던 경찰은 이 말이 터져 나오자 흠칫하면서 무안한 듯 돈을 주워 나를 다시 한번 무서운 눈초리로 노려보고는 도망치듯 사라졌다. 경찰이 사라지자 줄에 서 있던 사람들이 일제히 야하! 하는 환호를 지르며 박수를 쳤다. 내 바로 앞에 서 있던 투르크멘 할머니는 나를 껴안고 뺨까지 맞춘다.

나는 네 시간이나 기다리면서 화가 잔뜩 나서 다른 사람 새치기 못하게 화풀이용 시비를 걸었던 건데 이 사람들에게는 속을 시원하게 해주는 일대 사건이 되었다. 지난 수십년간 백인 러시아 사람들에게,

특히 경찰들에게 꼼짝없이 당하고만 살아온 설움을 어디서 나타났는지 모를 조그만 동양여자가 한번 제대로 풀어주었으니 아주 통쾌하다는 표정이다. 소 뒷걸음질에 쥐 잡은 격이었다.

눈물의 밤기차 15시간

역에서 밤차를 기다리며 근처 썰렁한 식당에 들어갔으나 누구 하나 나와보는 사람이 없다. 부엌 쪽에서 소리가 나서 기웃거렸더니 차를 마시던 뚱뚱한 아줌마 하나가 벌떡 일어나 손을 허리에 갖다대고 삿대질까지 하며 무어라고 소리를 버럭버럭 지른다.

이곳을 여행하는 동안 주눅이 많이 든 나는 내가 뭘 또 잘못했나? 둘러 보았다. 알고보니 식당이 저녁에는 일곱시에 문을 여는데 왜 그 전에 허락도 없이 들어왔느냐고 화를 내는 것이다. 결국 밥도 못 얻어 먹고 쫓겨 났다.

기차에서는 또 어떤가? 북새통 속에서 표를 사고 기를 쓰며 기차에 올라 간신히 침대칸 내 자리를 찾아갔더니 벌써 일가족 네 명이 내 자리를 차지하고 앉아서 비켜줄 생각을 안한다. 나는 내 자리라고 비켜달라는 시늉을 했더니 귀찮다는 표정으로 아저씨가 아이 하나를 무릎에 앉히며 겨우 앉을 수 있는 자리를 내 주었다.

저녁도 먹지 못하고, 표를 살 때부터 기차에 오르기까지 너무 힘이 들었기 때문에 나는 좀 자고 싶다는 시늉을 했더니 무표정한 얼굴로 들은 척도 하지 않았다. 어이가 없어서 차표를 내 보이며

"아저씨, 이 칸은 내 침대칸이에요. 당신들보다 30배를 더 내고 산 표라구요."

소리를 빽 질렀다. 사실 언성을 높일 생각은 아니었는데 몸이 피곤해서인지 신경이 날카로워져 본의가 아니게 소리가 커졌다.

그제서야 그 아저씨는 마지못해 건너편에 아이를 안고 있는 부인과 함께 앉았다. 그런데 내가 자리를 비우라는 것에 비위가 틀렸는지 큰 배낭을 자리 밑에 놓으려고 애를 쓰고 있어도 도와 주기는커녕 걸거치는 다리를 치울 생각도 않는다. 그러면서 자기 아내에게 뭐라고 말하면서 나를 자꾸 째려 보았다.

마음이 불편하다. 나도 인정이라는 게 있는 사람이다. 부부와 어린 아이 두 명이 15시간 이상 한 침대칸에서 간다는 게 힘들다는 걸 왜 모르겠는가. 보통 때 같으면 저 작은 아이를 내가 데리고 자겠다고 하겠지만 내가 이미 큰 소리로 화를 내버렸고 저쪽에서도 기분이 나빠있어 더 이상 친절해지고 싶지 않았다.

적의에 찬 눈길과 목소리를 들으며 침낭 안에 들어가 누우니 나도 모르게 눈물이 주루룩 떨어졌다. 아, 힘들다. 얼어붙은 계절에 얼어붙은 나라를 지나는 나그네 마음이 꽁꽁 얼어붙는다.

아제르바이잔으로 가는 배를 타기 위해 항구 도시 크라스노봇스크에 도착하니 새벽 5시. 너무 이른 시간이라 다니는 버스가 없어 앞뒤 배낭으로 완전무장한 채 부두까지 40분을 철둑길을 따라 걸었다. 깜깜한 밤중에 달을 벗삼아 아무도 없는 길을 걷는데도 무서운 생각이 안드는 걸 보면 내가 그동안 간이 커지기는 많이 커진 모양이다.

3일 동안 제대로 먹지도 자지도 못해 피로에 찌들대로 찌들었지만 저기 부두에 정박해 있는 배를 타면 아제르바이잔과 그루지야를 거쳐 터키에 갈 수 있다는 생각에 힘이 생기는것 같았다.

흥겨운 파티하며 밀항

선창가 대기실은 발을 들여놓을 수 없을 정도로 지저분하고 구내화장실은 무서울 정도로 더럽다. 그런데 그보다 더 큰 문제는 돈이 떨어진 거다. 뱃삯이 25달러라고 해서 그 돈만 남기고 다 썼는데 여기 와서보니 뱃삯이 외국인은 현지인의 세 배, 75달러라고 한다.

중앙아시아에서는 1990년 이전의 미화는 위조지폐가 많다는 이유로 절대 받지 않기 때문에 25달러만 남겨놓고 쓸 수 있는 달러는 다 써버렸다. 큰일이다. 여행자수표나 신용카드는 물론 전혀 쓸 수 없는 무용지물. 이 나라 수도에 가도 사정은 마찬가지다.

돈이 없어 배를 못 타게 되다니. 그럴 수는 없지. 돈이 없어도 저 배는 타야 한다. 그렇다면 방법은 단 한 가지. 무임승선, 소위 밀항이다.

투르크메니스탄 출입국 관리에게 사정 이야기를 했더니 자기는 눈 감아주겠으니 배 직원에게 이야기를 해 보라며 그 배에서 영어를 할 줄 아는 사람은 선장과 일등기관사라고 귀띔까지 해 준다. 화물 선적을 감독하고 있는 사람에게 물어보니 선장과 일등기관사는 벌써 배 안에 들어가 있다고 한다.

이건 곤란하다. 바로 코 앞에 검표원이 눈을 시퍼렇게 뜨고 있는데 어떻게 배에 오르나? 기운이 탁 빠져 방법을 모색하고 있는데, 아까의 화물감독원이 "어, 일등기관사는 아직 안 탔네. 그가 저기 와요." 하고 가르쳐준다. 잘 생긴 키 큰 남자가 바로 내 뒤를 지나간다. 망설일 사이도 없다. 다짜고짜 일등기관사에게 다가가 마치 오래 전부터 잘 알고 있는 사람이라도 되는 양 친한 체했다.

"안녕하세요? 저는 한국에서 온 한비야라고 합니다. 중앙아시아를 여행하고 있는데…"

일등기관사 옆에 바짝 붙어서 검표원은 알아듣지도 못하는 영어로 자연스럽게 이야기를 하며 개찰구를 지나가자 이 멍청한 검표원, 내가 기관사와 동행인 줄 알았는지 힐끗 한번 쳐다보고는 표를 보자고도 않는다. 성공! 개찰구를 일단 무사히 통과해 배 안에 발을 들여놓는 데까지는 성공이다.

배에 올라 일등기관사에게 내 사정을 자세히 말했더니 의외로 순순히 알았다고 한다. 그러면서 선장이나 검표원 대장에게 걸리면 곤란하니까 자기 방에 숨어있으라고 한다. 그 방은 사무실 반 침실 반으로 되어있는데 조수와 함께 쓰고 있었다. 그런데 이게 웬 일. 공교롭게도 그날은 바람이 몹시 불어 밤 열두시에 떠나기로 한 배가 출항 연거다. 출항을 하지 않으니 선장을 비롯한 항구의 높은 사람들이 하필 이 방에서 놀자고 찾아온 것이다.

일등기관사와 그의 조수와 함께 조용히 차를 마시고 있는데 문이 벌컥 열리며 선장이 들이닥쳤다.

"어, 이 외국인은 누구야? 이 방에 어떻게 들어왔지?"

무심코 들어왔다가 내가 있는 것을 발견한 선장은 깜짝 놀라서 방 안을 두리번거린다. 우리 세 명도 갑자기 당한 일이라 대답을 못하고 우물쭈물하고 있는데 이어서 호랑이 검표원 대장이 들어서며 또 큰소리를 낸다. 그 뒤에 따라들어온 사람은 해안경찰서장. 그는 앞선 사람들보다 더 놀란다. 외국인은 배를 탈 때 반드시 이 검표원 대장과 해안경찰서장 앞을 거쳐야 되는데 몰래 올라탄 내가 그걸 알았을 리 있나. 이런 때는 솔직하게 고백을 하는 게 상책이다.

"안녕하세요? 저는 한국에서 온 한비야예요. 돈이 모자라서 몰래 탔어요. 외국인은 뱃삯이 세 배나 비싸다는 걸 몰랐거든요. 그렇지만 여권과 비자는 있으니 밀항은 아니예요."

영어를 할 줄 아는 일등기관사가 마음을 진정시키고 내 말을 몇십배로 늘려서 자세히 통역했다. 그러자 놀란 사람들은 또 의외로 너그러워져서 모두 그럴 수도 있겠다는 표정을 짓는다. 나중에 알고보니 이 착한 일등기관사가 평소 사람들에게 점수를 많이 따놓아 그게 통한 거다. 게다가 그들은 그 날 일등기관사의 냉장고를 노리고 쳐들어왔던 거니까.

그 날 저녁 우리는 그 냉장고를 싹싹 비웠다. 나도 모른 체할 수는 없는 일. 이들이 맹물처럼 입에 부어대는 45도 보드카를 사는데 뱃삯 25달러를 모두 투자했다. 배 안에서는 직원들에게 반값에 팔아 25달러로 이 사람들 모두를 몇 번씩 흠씬 취하게 하고도 남았다.

우리는 저녁을 근사하게 차려먹고 밤이 늦도록 춤추고 노래 부르며 흥겨운 파티를 했다. 술이 얼큰하게 들어갔는데 노래 안나오면 한국 사람 아니지. 이 항구의 핵심인물들에게 멋있는 한국 노래를 한 곡 선사했다.

연분홍 치마가 봄바람에 휘날리더라
오늘도 옷고름 입에 물고
봄나비 넘나드는 성황당 길을….

나는 언제부터인가 노래를 하라고 하면 구닥다리 한국 뽕짝을 부른다. 그래도 내 노래는 어딜 가나 항상 인기만점. 가장 한국적인 노래가 가장 국제적이었던 것이다.

호텔방에 팬티 바람 사내 침입

아제르바이잔의 수도 바쿠, '바람의 도시'라는 바쿠에서 바람을 맞은 탓인지 몸살기가 슬슬 생기더니 밤기차를 타고 그루지야의 수도 티블리시에 내리니 완전히 그로기 상태다. 몸은 쉬어가자고 아우성인데 마음은 하루 빨리 터키로 떠나자고 보챈다.

터키에 간다고 뭐 뾰족한 수가 있는 것도 아니다. 거기도 물 설고 낯선 이국 땅이고 따뜻한 가족이 없기는 매한가지. 그런데도 마음이 터키로 터키로 가는 건 무엇 때문일까? 거기는 적어도 따뜻한 방에 깨끗한 침대, 뜨거운 물이 있기 때문일까? 지나다니는 사람들의 따뜻한 눈길 때문일까? 아니면 내게 더없이 친절하게 해주는 대사관 무관 부인 오정희씨와의 따뜻한 대화 때문일까?

그러나 좀더 곰곰 생각해보니 정작 그리운 건 자유였다. 구소련을 지나오는 동안에는 언제 여권을 다시 꺼내 보여야 할지, 또 무슨 서류가 부족하다고 내 발목을 잡는 관리가 나타날지 늘 마음이 불편했다. 보이지 않는 틀에 갇혀 있는 것 같은 갑갑함으로부터의 자유, 자유인들과 함께 숨쉬며 웃을 수 있는 자유. 이런 자유를 터키에 가면 되찾을 수 있으리라 생각했다.

그루지야의 트빌리시에서 터키로 가는 국제간 버스를 탈 때부터 이건 무리라는 생각이었다. 딱딱한 의자는 뒤로 젖혀지지도 않는데 옆자리 뚱뚱한 아줌마는 내 자리 반을 침범한다. 밀폐된 공간에서 살인적으로 피워대는 담배. 울어대는 아이들. 스피커가 터질 것 같은 잡음 카세트.

열 여덟 시간 동안 이런 불편한 버스를 타고 아주아주 지루한 국경 넘기를 했다. 국경에 닿으니 출국료를 내라고 한다. 경유비자에 무슨 출국료냐, 한차례 아귀다툼을 치르고 터키의 항구도시 트라브존에 내리니 내가 움직일 수 있다는 게 신기하다. 일주일이 넘게 제대로 된 방에서 자보지 못했다.

새벽에 버스에서 내리니 다니는 차가 없어 안내책자에 나와있는 숙소를 찾아갈 수가 없었다. 배낭을 앞뒤로 메고 터미널 근처를 누비는데 언덕빼기에 호텔이라는 빨간 글씨가 눈에 들어온다. 역시 솟아날 구멍은 있단 말야! 더운 방, 더운 물을 외치며 호텔에 들어가자 겨우 깨어난 종업원이 졸린 눈을 비비며 짜증스럽게 대답한다.

"방문을 잠그고 자면 40만 리라. 열고 자면 20만 리라."

새벽에도 손님이 계속 오기 때문에 방문을 잠그면 침대 하나를 쓸 수 없으므로 방 하나값을 다 내야하고 방문을 잠그지 않으면 침대 하나값만 받는다는 말이다. 몸은 하난데 왜 침대가 두 개 필요해? 하고 문을 잠그지 않고 잠이 들었는데 자다가 날벼락을 맞고 말았다.

너무나 피곤해서 이빨만 겨우 닦고 침대에 기어들어가 곤한 잠에 떨어졌는데 새벽녘에 이상한 낌새에 눈을 떠보니 웬 놈이 팬티바람으로 방에 들어와 서성거리는 게 아닌가. 혼비백산해서 여기는 여자 방이라고 소리를 있는대로 질렀지만 이 뻔뻔한 놈이 나갈 생각을 않는다.

"나타샤, 나타샤"

어두운 데서 더듬거리며 침대 쪽으로 다가온다.

"나는 나타샤가 아냐. 한국사람이야. 빨리 나가. 빨리 나가지 못해?"

영어로 더욱 큰 소리를 지르자 이놈이 말은 못 알아듣고 고개를 갸웃거리더니 나간다. 재빨리 문을 잠그고 창문까지 살피는데 창문에서 계속 부른다.

"나타샤 나타샤, 쟁기 쟁기."

쟁기란 러시아말로 돈이다. 다른 때 같으면 가스총을 고려했겠지만 다른 방에도 사람이 많이 들어있는 걸 알기 때문에 좀 안심을 하고 누웠지만 영 잠이 오지 않았다.

아침에 주인에게 밤에 있었던 일을 이야기하고 막 화를 냈지만 주인은 태연한 얼굴로 뭐 그런 걸 가지고 그러느냐는 식이다. 알고보니 이 집은 여행자들의 여관이 아니라 러시아 창녀들의 비즈니스 센터, 일명 나타샤 여관이다. 팬티만 입은 터키남자가 이 여자가 손님은 안 받고 왜 저 난리인가 고개를 갸웃거린 것도 당연한 일이다.

이른 아침 별 셋짜리, 이 동네에서 가장 좋은 호텔로 옮겼다. 나비 넥타이를 제대로 맨 매니저가 있는 고급 호텔에 짐을 풀고 나서 방 안에 있는 거울 앞에 앉아 내가 나에게 말했다.

"비야, 그동안 고생 많았지? 갖가지 어려움을 잘 견뎌줘서 고맙다. 오늘은 부담없이 편히 지내라. 내가 한턱 낼게."

우선 찬 맥주를 한 잔 마시고 뜨거운 물에 목욕을 하고 레스토랑에 내려가 저민 연어에 생굴, 수프, 샐러드, 다진 양고기에 과일 디저트를 골고루 갖춰 먹고 방에 올라와 서울 집에 전화까지 한통 걸고 침대로 다이빙! 죽은 듯이 1박2일을 잤다. 동면하는 곰처럼 먹지도 않고 마시지도 않고.

눈물범벅 터키 꼬마친구가 준
이별의 지우개

터키 넴루트 산꼭대기 조각들.
나는 벨기에 호모들과 함께 이 산에 올랐다.

여행자에게는 터키만큼 좋은 나라가 없다

시리아·국경에서 터키 동부 에르줄룸까지 20시간 가는 버스삯이 100만리라, 간단한 샌드위치가 7만리라, 휴게실 화장실 사용료가 1만리라. 터키에 발을 들여놓는 순간 엄청난 돈단위가 정신을 빼놓는다. 공식환율이 1달러에 6만리라라니 가뜩이나 숫자개념이 약한 나는 거스름돈을 받을 때마다 계산이 빨리 안돼 쩔쩔 맨다.

그래도 언제나 주머니 속에 수백만 리라가 들어있으니 마음까지 든든해진다.

터키는 여러모로 아주 특이한 나라다. 국민의 99프로가 회교도인 점에서는 중동의 일부로 볼 수 있으나 지리적으로는 국토의 3%가 유럽쪽에, 97%가 아시아쪽에 붙어있다. 세계지도를 펴놓고 보면 이스탄불은 세계의 동서남북을 잇는 교차로라는 걸 한눈에 알 수 있다.

동쪽으로는 이란 인도 중국으로 이어지는 아시아, 서쪽으로는 유럽 대륙, 남쪽으로는 시리아 요르단 이집트를 거쳐 아프리카로, 북쪽으로는 흑해를 넘어 거대한 러시아가 있다.

인류 역사상 찬란한 꽃을 피웠던 수많은 문명이 터키를 거쳐가며 전 국토에 그 흔적을 뚜렷이 남겨놓았다.

그리스 로마 문명이 시작되기 전인 기원전 2,000년에서 1,200년 사이에는 앙카라를 중심으로 발달했던 히타이트 문명이 그 찬란했던 영화의 파편들을 흩뿌려놓았고, 에페소스 등에는 그리스 로마문명의 자취가 선명하게 남아있으며 이스탄불에는 옛날 콘스탄티노플을 중심으로 천년간 번창했던 비잔틴 문화의 유적들이 세월의 흔적없이 고스란히 보존되어 있다.

남서부 지대에는 초기 기독교 교회의 흔적이 흩어져있고 동부 에르줄룸 등에는 서기 600년경에 번성했던 셀주크 터키의 화려한 명성이, 이스탄불에는 그 뒤를 이은 막강한 오스만 터키가 제국의 실력을 유감없이 과시하고 있다.

이런 역사적 배경 때문일까, 터키는 참으로 다양한 얼굴로 흥미와 관심거리가 서로 다른 방문객들을 골고루 만족시켜준다. 역사면 역사, 문화면 문화, 종교면 종교, 건축이면 건축 어느 것 하나 모자람이 없다. 산에 가고 싶은 사람에게는 흑해 연안의 기기묘묘한 명산들이 기다리고 있고 바다가 그리운 사람에게는 지중해 에게해 흑해로 연결되는 맑고 푸른 물결이 손짓을 한다.

신비로운 자연경관을 좋아하는 사람들은 카파도키아나 파묵칼레에 가면 반드시 경악하게 되고 이것도 저것도 아닌 휴가객은 이스탄불에서 값싸고도 맛있는 음식과 배꼽춤에 흥을 돋울 수 있다.

이런 외형적인 것 보다도 터키여행을 더 즐겁게 하는 것은 사람들이다. 말도 우리 어순과 같은 우랄계이고 얼굴 모습은 달라도 끈끈한 정이나 성격이 한국인 그대로다. 순수하고 인정 넘치는 터키 사람들. 터키는 정말 매력적인 나라다.

외국 손님에게는 찻값을 안받겠다고?

나는 이번 여행에서 터키를 두 번 가게 되었다. 처음에는 순전히 이란 비자를 받기 위해서고 두 번째는 중앙아시아를 돌고 나서다. 그런데도 두 번 다 좋았으니 자연 사설이 길 수밖에.

반팔 티셔츠로 시리아 국경을 넘어 에르줄룸에 도착하니 먼 산에 눈이 덮여 있다. 이처럼 기후도 다르지만 말도 달라서 5개월간 중동을 돌아다니면서 익힌 아랍어가 하루 아침에 무용지물이 된다.

"또 한동안 손짓 발짓 그림 설명이 총동원되어야겠군."

좀 돌아다니다가 몸이나 녹이려고 찻집에 들어서니 시선이 일제히 내게로 쏠린다. 사람들이 쳐다보는 데에는 이제 이력이 나서 대수롭지 않게 여기며 겨우 자리를 차지하고 앉았다. 여기는 말로만 듣던 남성전용 찻집, 법적으로 여자가 못들어가는 곳은 아니지만 회교도 여자들은 찻집에 오지 않기 때문이다. 그 안은 담배연기로 눈을 뜰 수 없을 지경인데 대낮에도 빈자리가 없었다.

일하는 소년을 불러 "비르 차이"(차 한잔) 하니 일초도 안돼 냉큼 한손아귀에 잡힐만한 크기의 유리컵에 든 차와 각설탕을 가져온다. 각설탕을 넣고 저으려는데 스푼이 없다. 스푼을 달라는 표시를 했더니 그 소년 어리둥절 무슨 말인지 못 알아듣는다.

옆에 있는 사람들을 보니 각설탕을 찻잔에 넣는 게 아니라 먼저 입에 넣고 차를 마시면서 녹여먹고 있다.

'아하, 저렇게 하는 거로구나.'

나도 그렇게 따라 했다. 될 수 있으면 현지인처럼 생활한다는 원칙. 이것이 내 여행의 기본이다. 겉으로 흉내만 내려고 한번 해 보는 게 아니라 정말 현지인처럼 느껴보자는 것이다. 이렇게 하면 현지인들은 한발짝 성큼 내게 다가서며 마음의 문을 연다. 터키의 그 찻집에서도 나를 쳐다보던 사람들의 입가에 미소가 떠올랐다.

몇 잔을 거푸 마시고 계산을 하려는데 주인이 돈을 안 받는다. 손님이어서 안 받는다는 투다. 무슨 소리야? 손님이니까 받아야지, 옥신각신하고 있는데 뒤에서 영어로 "주인 아저씨가 하라는 대로 하세요" 하는 말이 들린다. 이렇게 알게 된 이 아저씨의 이름은 누리.

조그만 카펫 가게를 하고 있단다. 누리는 여기서 손님만 만나면 일이 끝나니 시내 구경을 시켜주겠다고 자청한다. 그리고 추운 여관에 있지 말고 자기 집에 와서 묵으라고 권한다.

터키 첫도시인 에르줄룸은 이름 그대로 상당히 예쁜 도시다. 붉은

색을 주조로 한 셀주크 터키의 첨탑들, 사원 겸 회교 학교 등 아름다운 건축물이 파란 하늘과 멋지게 조화를 이룬다. 빵떡 모자를 쓰고 길가 찻집에 옹기종기 모여앉아 한담을 나누는 남자들 모습에서 느긋한 여유가 엿보인다.

'비야 이모 따라 한국 갈래'

하루빨리 앙카라에 가서 이란 비자를 받아야겠던 조급증은 이 한가한 도시에서 단란하게 살아가고 있는 누리네 가족을 만나고 나서 싹 사라져버렸다. 대충 시내구경을 하고 누리를 따라 그 집에 들어가자 부인 키멧이 터키식 닭고기 요리에 시골에서 가지고 온 요구르트와 버터, 체리절임 등으로 진수성찬을 차려낸다.

내 나이가 서른일곱살이라니까 자기는 서른 살이라며 당장 "비야 아블라"(비야 언니)라고 부른다. 토끼같이 귀여운 이집 딸들도 부끄럼 타지 않고 내 무릎에 먼저 앉으려고 아우성을 치며 '비야 이모'라고 부른다.

상이라고 식탁이 따로 있는 게 아니라 커다란 천으로 둘러앉은 사람들의 무릎을 덮고 그 가운데 둥근 쟁반을 놓는 게 상이다. 그 쟁반에 준비한 음식을 차려놓고 식기는 따로 없이 난이라는 얇은 빵을 스푼삼아 먹는다.

내게는 특별히 스푼을 갖다주는데 나도 "스푼 필요없어요" 하고 손으로 먹으니 온식구가 좋아한다. 우리나라에 온 외국인이 젓가락으로 뭘 먹어 보려는 모습이 좋아 보이는 것과 같은 이치일 것이다.

누리와 그 부인에게 여러나라 여행담과 한국이야기를 해주는데 이집 딸들이 착 달라붙어 앉아서 떨어질 줄 모른다. 초등학교 1학년인 둘째딸 다리야는 내가 한 마디도 못 알아듣는 터키말로 무엇인가 열심히 설명하고 질문한다.

아버지가 통역해주는 걸 들어보니 자기가 오늘 숙제를 깜빡 잊고 해가지 않아서 선생님에게 혼났는데 언니가 보고 있어서 정말 창피했다는 이야기다. 눈을 반짝이며 숨도 안쉬고 열심히 이야기하는 모습이 천진하고 귀엽다.

"너 이모 따라 한국에 가자."

내가 장난삼아 물었다.

"엄마한테 물어보구요. 엄마가 된다고 하면 물론 가지요."

한국이 어딘지도 모르고 이웃집 가듯이 대답한다. 아이들은 그렇다 치더라도 엄마도 한국이 어디에 붙어있으며 어떤 나라인지 통 모르고 있다. 한국과 중국 일본을 모두 같은 나라로 생각하고 있다. 우리나라 소도시 아줌마들도 터키라면 잘 알까?

지도를 꺼내고 그림엽서도 보여주면서 열심히 설명해주었지만 별로 안 것 같은 반응이 아니다. 그렇지만 이제 그들도 어디서든 한국 이야기가 나오면 나를 떠올리게 되리라.

누리가 하도 자고 가라고 권해서 주저앉긴 했으나 이 집에 난방이 되는 방이라곤 벽난로가 있는 이 방 하나 뿐. 여기서 온 식구가 자는데 끼어자기도 미안하고 이제 와서 간다고 할 수도 없어 불이 안드는 건넌방으로 피했다.

"그 방은 냉골이에요. 비야 언닌 이 에르줄룸이 얼마나 추운지도 모르면서."

"아냐. 나는 원래 추운데서 자요. 따뜻하면 골치도 아프고 잠을 잘 못 자거든."

억지로 건넌방으로 옮기자 다리야가 베개를 들고 따라나선다.

"나는 오늘 비야 이모랑 같이 잘 거다."

몇겹을 깔고 덮고 다리야와 함께 누웠다. 낄낄대고 좋아하던 아이는 곧 잠이 들고 잠결에도 추운지 내 가슴 속으로 파고드는 아이를 꼭 품어주었다. 아이의 몸은 어쩌면 그렇게 조그맣고 부드럽고 따뜻한지. 조그만 아이와 체온을 나누면서 서로 따뜻해지는 사이 그동안 거기에 있는 줄도 몰랐던 모성애가 내 안에서 살짝 모습을 드러내는 듯 했다.

다음날이 키멧 어머니 생일이라 이 사람들이 권하는 대로 두 시간쯤 떨어진 시골집에 따라갔다. 그 동네는 이야기책 속에나 나옴직한 오래된 집들이 있는 작은 마을이다. 도시에서 두 시간의 거리가 무색하게 2백년은 더 떨어져있는 것 같다. 젊은 여자들은 눈만 겨우 내놓고 나이 든 여자들은 황토색 부대자루 같은 옷을 그대로 뒤집어 쓰고 다닌다.

이 동네 주업은 소 키우기. 집집마다 문 앞에 마른 풀을 산더미처럼 쌓아놓고 대문에 들어서면 외양간이 먼저 눈에 들어온다. 하얀 회칠을 한 집안은 검소하지만 단정하다.

키멧 친정 식구들은 나를 아주 반갑게 맞으며 활활 타는 난로 앞에 앉혀놓고 끝도 없이 차와 우유를 내놓는다. 키멧은 열한 형제 중의 맏딸. 집에 가니 아직도 기어다니는 동생이 있다.

키멧의 딸 다리야와 훌리야는 기저귀를 차고 있는 이모와 잘 놀아준다. 그러면서도 다리야는 한시도 내게 눈을 떼지 않고 있다가 누가 내 옆으로 오기만 해도 어디선가 쏜살같이 달려와 얼른 내 무릎에 앉으며 '고지선점'을 선포한다.

누리 덕분에 시골집에서 하룻밤 자기도 하면서 에르줄룸에서 예상치 않게 나흘이나 묵었다. 만약 이란을 가게 된다면 가는 길에 꼭 다시 들르겠다는 약속에 약속을 하고 가족들에게 작별인사를 하는데 다리야가 보이지 않는다.

키멧이 찾아보니 방안에서 혼자 울고 있더라며 데리고 나오는데 얼굴이 눈물범벅. 이 쬐끄만 아이가 나름대로 정이 들었나보다.

"안녕히 가세요 해야지."

키멧이 말하자 울먹이며 "쿼레 쿼레(안녕 안녕) 비야 이모" 한마디
하고는 다시 방으로 뛰어들어간다. 모두에게 인사를 마치고 뒤돌아
서는 데 다시 나타난 다리야가 내 손에 뭔가를 쥐어준다. 토끼모양의
분홍색 새 지우개! 내 터키 꼬마친구로부터 받은 소중한 마음의 선물
이다.

"잘 있거라, 귀여운 다리야."

산산산산 단풍단풍단풍
산 속 고운 인심

유스펠리 산속 민박집의 개구장이 아이들.
머리깨진 아이가 형, 팔부러진 아이가 동생이다.

벨기에 호모 한쌍의 열렬한 애무

터키의 수도 앙카라에 가는 길에 꼭 들러보고 싶은 곳이 넴루트 산. 해발 2,000미터 산꼭대기에 2,000년 전 코마진(commagene)의 안티오추스 1세 사당이 있다. 세계의 몇 번째 불가사의에 든다던가. 여행자마다, 가이드북마다 추천하는 곳이라 그냥 지나칠 수가 없다.

이 거대한 유적지에 가는 제일 쉽고도 싼 방법은 이 지역 관광청에서 운영하는 1박2일 투어에 끼는 거다. 적어도 세 명은 되어야 떠난다는 데 다행히 20대 후반의 벨기에 남자 두 명과 같이 가게 되었다. 10인승 관광버스 운전사 싸브리와 인사를 하고 버스에 오르니 이 젊은이들이 자기 소개를 한다.

"나는 이 사람의 애인이에요."

둘이 똑같이 서로 애인이라고 해서 참 친한 사이인 모양이라고 생각했는데 알고보니 진짜 호모다. 덩치가 크고 말도 시원시원하게 하는 청년과 몸도 자그마하고 코를 찡긋거리며 웃는 모습이 애교만점인 청년이 버스 안에서도 손을 꼭 잡고 붙어앉았다가 시간만 나면 껴안고 서로 머리를 쓰다듬어주고 열렬히 입을 맞춘다.

나도 처음에는 눈을 어디에 두어야할지 몰라 당황했지만 회교도 운전사 싸브리는 간이 떨어진 사람처럼 놀라가지고 어쩔 줄 모른다.

동성연애자를 만나니 2년 전 캐나다 밴쿠버에서의 일이 생각난다. 미국 시애틀에서 그레이하운드를 타고 밴쿠버에 도착하니 너무 늦은 시간이라 터미널 근처의 자원봉사 안내자를 찾았다. 싸고도 안전한 숙소를 소개시켜 달랬더니 바로 자기네 동네라고 하면서 집에 가는 길에 태워주었다.

밤이라서 그곳이 어딘지 몰랐는데 아침에 알고보니 해변의 그 동네는 밴쿠버 최대의 남자 동성연애자촌. 그날 밤 국가대항 불꽃놀이 축제에는 보기에도 다정한 호모커플들이 쌍쌍이 거리에 나와 있었다. 수많은 남자들 속에서 거의 유일한 여자인 나는 추파를 받기는커녕 완전 찬밥신세를 면하지 못했다. 그러니 여자에게는 세계의 어느 곳보다도 안전한 동네임은 분명했다.

일몰 직전 정상에 도착해 아폴로, 헤라투스 등 그리스와 페르시아 신들의 석상이 지진으로 깨져 널려있는 유적지를 돌아보았다. 산꼭대기가 피라미드처럼 뾰족한데 그것을 사람들이 손으로 만들었다고 하니 믿기 어렵다.

운좋게 날씨가 좋아서 멀리 메소포타미아 평원으로 떨어지는 오렌지빛 일몰을 보았다. 이곳은 세계 가이드북 표지에 단골로 나오는 경치답게 사진발이 잘 받는 곳이라 열심히 사진에 담았다. 벨기에 호모커플도 꼭 신혼여행을 온 부부처럼 조각 사이를 숨바꼭질하며 서로 사진을 찍어주느라 여념이 없었다.

관광호텔에 들었는데 말이 호텔이지 방에 난방이 전혀 되지 않는다. 운전사와 호텔 매니저들이 자는 홀에는 벽난로에 밤새도록 불을 때니까 거기 간이침대를 놓고 자라고 해서 나는 그렇게 했으나 벨기에 호모들은 자기들 방으로 올라간다.

"괜히 담요 수십 장 덮고 자다가 압사하지 말고 여기서 자요."

내가 권했으나 덩치 큰 녀석이 아무렇지도 않게 말하며 일어선다.

"우리는 밤차를 타고 오느라고 이틀 동안이나 섹스를 굶었거든요. 우리는 방에서 잘래요."

호모들이 사라지자 싸브리는 아주 흥분한다. 그의 이야기를 듣고 있던 사람들도 점점 표정이 일그러지며 혀를 찬다. 싸브리는 내게도 맞장구를 쳐달라고 의견을 물었다.

"뭐 어때요. 둘이서 행복해 보이니 그러면 됐잖아요?"

"뭐요? 아니 남자끼리 저러는 게 괜찮다고요? 저놈들은 정신병자들이야. 저건 반드시 천벌을 받을 짓이라구요."

나는 아무 대꾸도 하지 않았다. 자기가 이해할 수 있는 것만 받아들이려는 운전사의 태도를 나무랄 생각은 없다.

그러나 인간의 최대과제가 행복을 찾는 일이라면 남에게 피해주지 않는 한도 안에서 최대의 행복을 추구할 권리는 누구에게나 있는 것 아닐까.

그 과정이 다행히 많은 사람들이 인정하는 것이라면 문제가 없겠지만 때에 따라서는 남들이 이해하지도 인정하지도 못하는 경우도 있게 마련이다. 사람마다 행복의 조건과 기준이 다르니까 말이다.

동성 연애자들의 경우도 마찬가지다. 어떤 이는 남녀가 같이 살아야 행복하고 어떤 이는 혼자 사는 것이 좋고 또 어떤 이는 동성에게서만 사랑을 느낄 수 있다는 걸 인정하지 않으면 안된다.

쿠르드 족 마을에서 민박

돌아오는 차 안에서 싸브리는 내가 4년째 세계 민박여행을 하고 있다니까 당장 자기 집에서 며칠 묵어가란다.

이 사람은 요즘 터키 족과 피터지게 싸우고 있는 쿠르드 족. 나라도 없이 2천 5백만 정도의 인구가 동부 터키와 시리아, 이라크 북부, 이란 북서 지방 등에 살고 있다.

그들은 푸른 눈의 수니 모슬렘인데, 사는 곳마다 쉬크 모슬렘에게 박해를 당하고 있다. 터키에서도 박해가 심해 쿠르드족은 PKK라는 해방군을 조직해 치열하게 맞서고 있는데, 내가 안탈리아에 올 때도 반 호수 근처에서 전투가 벌어져 여러명이 죽었다고 한다.

산에서 내려와 싸브리네 집으로 직행. 동네에 닿으니 신기한 외국인이 왔다고 어른 아이 할 것 없이 사람들이 몰려들어 차에서 내릴 수조차 없다. 싸브리 노부모는 집 앞 뜰에서 살구를 말리고 있다가 아주 반갑게 맞는다.

살구 멍석 위에 털썩 주저앉으니 싸브리 부인이 어느새 유명한 원단 터키 커피를 끓여내온다. 볶은 커피콩을 갈아 거르지 않고 아주 작은 잔에 넣고 그냥 뜨거운 물을 부어 마시는데 나는 아무리 설탕을 많이 넣어도 도저히 마실 수 없을 만큼 쓰다. 이 독한 걸 마시면 적어도 6박7일간은 잠을 못잘 것이다.

할머니는 말리고 있던 주황색 큼직한 살구를 먹어보라고 권한다. 대식구를 거느렸던 흔적이 고스란히 묻어 있는 거친 손으로 집어 주는 살구를 한입 깨무니 새콤달콤 쫄깃쫄깃 와, 정말 맛있다.

집어 주시는 하나로는 성에 안 차 멍석 위에 널린 말린 살구를 마구 주워 먹었더니 할머니는 흐뭇해 하시며 가지고 다니면서 먹으라고 비닐봉지에 가득 담아주신다.

"데쉐케르 에데름"(고맙습니다)

사양하지도 않고 주는대로 덥석 받아 며칠간 아껴가며 잘 먹었다. 알고보니 이곳 안탈리아는 살구로 유명한 고장인데, 이 말린 살구가 이들 최대의 수입원이라고 한다. 그러면 할머니가 싸 주신 살구도 싸브리네 집의 중요 수입의 일부였을텐데….

다음날에는 싸브리 처남의 결혼식. 그런데 결혼식은 제대로 보지 못했다.

결혼식 전날 신부집에서 하는 촛불행사, 신랑집에서 먹고 마시는 행사, 결혼식 아침 아이들에게 돈을 뿌리는 행사에 동네를 돌며 어깨를 들썩이는 쿠르드족 춤을 추는 행사 등 절차가 복잡하기도 하지만 어디를 가나 많게는 30명씩 나를 따라다니는 아이들 때문에 제대로 몸을 움직일 수 없어서였다.

유스펠리에 가보지 않고 가을산을 말하지 말라

나는 한국에서도 매주 한번씩은 반드시 산에 올라야하는 산중독자. 여행 중에는 그게 잘 안된다. 언제 마지막으로 본격적인 등산을 했던 가. 기회가 있을 때마다 산을 오르기는 하지만 서너시간 오른 것으로 는 등산이라고 할 수도 없으므로 지난 5월 에티오피아에서 시미엔산 을 오른 것이 마지막이니 벌써 다섯달 째 산냄새를 못맡았다.

나는 오랫동안 산에 가지 않으면 허전하기도 하고 마음도 불안해진 다. 내 사주에 토기와 목기가 성하다던데 그 때문에 정기적으로 산에 가서 그 기를 받아야 되는게 아닌가 싶다.

앙카라에서 이란 비자를 받고 이란으로 가는 길에 마음은 바쁘지만 가을 산의 유혹을 뿌리칠 수 없었다. 터키 홍보 책자에 나와있는 터 키 동부 산들은 산모양이며 색깔이 모두 설악산 오색약수터.

'그래, 한번 올랐다 가는 거야. 이란 갔다가 돌아오면 날씨가 추워 져서 등산 못할 거 아냐.'

가이드북을 보고 찾아간 곳이 유스펠리. 흑해 연안 트라브존과 에 르줄룸 중간쯤 되는 곳이다. 동네 식당에서 만난 대학생 파티르는 자 기 친구가 산 속에서 산장을 하고 있는데 거기 가면 잘 수도 있고 산 안내도 받을 수 있다고 한다. 그러면서 자기도 친구를 만날 겸 같이 가겠다는 것이다.

산 밑 마을로 가는 길은 영락없는 내설악. 산에는 노란 아스펜과 붉 은 단풍이 한창이다. 산장인 산 속 오두막집 앞마당에는 사과며 호 두, 콩 등을 말리고 있는데 이집 아들녀석 둘이 많이도 아니고 한번 에 한 두개씩 풀방구리에 생쥐 드나들 듯 들랑거리며 집어먹느라고 마루가 닳을 지경이다.

산동네에는 서너 채 집이 나무를 해다 팔며 살아가고 있는데 모두 친척들이다.

끄무레하던 하늘에서 가랑비가 내리기 시작하자 그윽한 산 냄새가 더욱 깊어진다. 비가 오니 등산은 글렀고 부엌 난로가에 앉아 사과차를 마시며 느긋한 저녁을 보냈다.

그집 아들 녀석 둘중 하나는 나무 위에 올라갔다가 떨어져 팔을 다쳐 붕대를 감았고 한 녀석은 산길에서 돌이 날아와 머리가 깨져 붕대를 감고 있다. 작년에는 다친 부위가 서로 반대였다고 하며 해마다 이 녀석들은 이렇게 다친다고 혀를 끌끌 차는 젊은 아버지의 눈에 사랑이 가득하다.

친구만 소개해주고 간다던 파티르는 자기도 산에 가본 지 오래라며 같이 등반길에 나섰다. 시커먼 돌산에 노랗고 붉게 물들어가고 있는 단풍, 계곡에 콸콸 흐르는 물, 푸른 하늘과 흰구름, 신선한 공기, 가난하지만 웃으며 사는 산동네 사람들. 여기 오길 잘했다는 생각이 든다. 산에 오니 정말 살맛이 난다.

파티르 말로는 그대로 번역하자면 여섯 손가락봉이 되는 알트 팔마르크 봉과 가라골이라고 부르는 검은 호수가 이 지역의 하이라이트라고 하는데 그 기준이 어떤 것인지는 모르겠으나 내게는 사방 모두가 하이라이트다.

산산산산 단풍단풍단풍 물소리물소리. 모든 가을 빛깔의 잔치. 아침 일찍부터 밤늦게까지 걸어도 피곤하기커녕 기운이 펄펄 난다.

내일 아침에는 꼭 돌아가야 한다는 파티르를 꼬드겼다.

"내일은 꼭 가이드가 필요하다던데 어떻게 해. 하루만 더 묵고가라. 내가 맥주 한턱 낼게."

다음날은 길은 예쁘지 않았지만 능선 등산이라 시야가 탁 트여서 좋았다. 점심 때 빽빽한 삼림을 벌채하는 사람들을 만났다. 양고기를 굽고 라키라는 소주같은 술을 마시던 이들은 우리를 무조건 잡아끌며 술과 고기를 내놓는다.

유쾌한 자리에다가 산에서 술 마셔보는 것도 오랜만이라 주는 대로 맥주컵 두 컵을 꿀꺽꿀꺽 받아마셨더니 이런, 취기가 올라온다. 아니나 다를까, 나중에 깨어보니 나는 나무 톱밥 위에서 두 시간이나 인사불성으로 곯아떨어졌던 거다. 취하면 세상 모르고 자는 게 한비야의 숨은 약점. 약간 멋쩍어져서 굿모닝 하며 사람들에게 인사를 하니 파티르가 시계를 가리키며 오늘은 호수에 못가겠단다. 오늘만 날인가 뭐, 내일 가면 되지.

학교 때문에 파티르는 돌아가고 나는 이튿날 길도 없는 등산을 했다. 이곳에는 가끔씩 곰이나 야생동물이 나온다는데 '가끔씩'이 오늘이 아니길 빌며 여섯 손가락봉으로 향했다. 그 경치는 더 말하면 잔소리. 한껏 여유를 부리며 6일 동안이나 이 골짜기 저 능선을 헤매며 가을산의 정취를 만끽했다.

떠나는 날 집주인에게 숙식비를 하루에 10 달러씩 쳐 터키 돈으로 주니 주인이 펄쩍 뛴다.

"이렇게 많이 주면 안돼요. 나는 이 돈 다 못받아요. 자는 건 빈방에서 잤으니까 정 그렇다면 음식값만 받을게요."

그러면서 30달러는 돌려준다.

"받으세요. 아저씨 덕분에 산구경 정말 잘했어요. 제발 받아두세요. 아이들이 또 어디가 부러질지 모르잖아요."

나 준다고 자신들도 실컷 먹고 싶은 말린 사과며 실에 꿴 호두, 석류가 든 봉지를 들고 있는 아이들을 가리키며 돈을 억지로 건네고 돌아서는 데 가슴이 저릿하다.

나는 터키에서 아름다운 가을산의 정기만 받은 게 아니라 아름다운 산사람들의 정도 듬뿍 받고 떠났다.

터키혼탕
남자 마사지사의 스펀지 같은 손길

지구상에는 이런 곳도 있다. 터키의 환상적인 관광지
카파도키아. 바위에 난 구멍이 모두 사람 살던 집이나 기도원.

세계 최초의 광고주는 매춘부

누가 일주일간 터키를 여행하려는 데 어디를 가보는 게 좋으냐고 묻는다면 나는 서슴지 않고 이스탄불, 카파도키아, 파묵칼레, 에페소스 라고 말하겠다.

신기하게 생긴 원통형, 버섯형, 굴뚝형 등 바위들로 유명한 카파도키아는 수천년 전부터 부드러운 화산암으로 된 큰 돌산을 깎아 사람이 사는 집은 물론 교회, 요새, 수도원까지 지어왔다. 심지어 돌을 깎아 내려가면서 만든 7층짜리 거대한 지하도시도 있다.

인도의 아잔타와 엘로라, 에티오피아의 랄리벨라, 요르단의 페트라 등 돌로 깎아만든 여러 곳을 돌아보았기 때문에 뭐 별다르게 신기한 게 있을까 싶었으나 막상 가보니 입이 다물어지지 않는다. 여기서는 다른 곳과는 달리 산의 원형을 그대로 둔채 그 돌을 최대한 이용하여 걸출한 작품을 만들어 놓았다.

내가 갔을 때는 마침 눈이 많이 내려 아기자기한 이 지역 전체가 마치 동화속의 배경, 아니 디즈니랜드 만화 세트 같았다. 내가 묵은 방도 바위를 깎아만든 작은 원통형 동굴방. 방 안이 무척 아늑하고 따뜻하다. 네비세르에 있는 7층짜리 지하도시는 초기 기독교인들이 모슬렘의 박해를 피하기 위해 지은 곳, 최대 2천명을 수용할 수 있다는 규모와 짜임새가 그저 놀랍기만 하다.

온천지대 파묵칼레에는 산꼭대기에서 절벽으로 흐르는 칼슘 성분 온천물로 만든 천연풀이 있다. 30층 정도의 절벽에 오랫동안 칼슘 성분이 달라붙어 하얀 테를 두른 반달 모양의 풀이 층층이 붙어있다.

그 크기는 어른 다섯명이 들어갈만한 것부터 스무명 정도 들어갈만한 큰 것까지 제각각. 칼슘 성분 때문에 이 지역 전체가 사시사철 눈이 온 것처럼 하얗고 온천물은 또 풍부한 무기질 때문에 밝은 초록색이라 색상대비가 선명하고 아름답다.

반들반들한 하얀 절벽에 지는 해가 반사되어 일순간 온 세상이 밝은 오렌지 색으로 변하는 것도 파묵칼레에서만 볼 수 있는 황홀함이다.

카파도키아와 파묵칼레가 진기한 자연경관이라면 에페소스는 진기한 문화유적. 사도 바울이 그 유명한 에페소서를 쓴 곳이다. 이곳은 그리스 시대에는 아테네 다음 가는 최고의 도시였고 로마시대에는 아시아의 수도였다. 2만4천 명을 수용할 수 있는 로마시대 원형극장과 부자들의 거주지인 대리석 길, 대형 도서관과 화려한 신전들이 그 옛날의 영화를 대변하고 있었다.

여기 시장으로 가는 대로의 네모난 돌에는 학계가 공인한 세계 최초의 광고가 새겨져 있다. 광고 내용은 네가지 그림. 여자 얼굴과 하트, 돈과 화살표.

'여자가 마음을 다해 서비스합니다. 돈을 들고 화살표 방향으로 오세요.'

광고주는 세계 역사에서 가장 오래된 직업인 매춘부였다.

혼탕에 여자가 들어가니까 남자들이 더 놀라

셀주크에서 말로만 듣던 남녀혼탕 터키탕에 '경험의 폭을 넓힌다'는 차원에서 가보았다. 캐나다 대학생 커플과 브라질에서 온 세바스찬과 함께.

물어물어 찾아간 곳은 터키 어디서나 볼 수 있는 하맘이라는 동네 목욕탕. 다른 곳에는 여탕 남탕이 따로 있거나 들어가는 시간이 다른 데 비해 여기는 그야말로 완전한 남녀혼탕이다. 그러나 때밀이와 마사지하는 사람, 표받는 사람이 몽땅 남자인걸 보면 원래는 남탕이었나 보다. 현지인 여자들은 절대로 혼탕을 않으니 결국 남자들과 외국인 여자들이 혼탕을 하는 셈이다.

요금은 우리 돈으로 5천원 정도. 때미는 것과 마사지까지 포함이다. 큰 타월을 받아들고 탈의실에 들어가니 먼저 와서 옷을 갈아입던 현지인 남자 둘이 깜짝 놀라면서 어쩔 줄 모른다. 겉으로는 놀라는 척 하면서도 속으로는 오늘 땡잡았다 했을 것이 뻔하다.

욕탕 중앙에는 타일로 된 대형 찜질방이 있고 욕탕 둘레에는 칸칸이 비닐 커튼이 드리워져 있다. 우리가 욕탕에 들어가자 남자들이 모두 놀라면서 허리에 두른 수건을 추스른다. 커튼이 드리워진 작은 목욕실에서 비누로 몸을 씻고 중앙의 타일 찜질방에 누웠다. 일고여덟 명 남자들이 찜질방 여기저기에 누워있다가 자리를 비켜준다.

허리에 흘러내릴듯 작은 수건을 겨우 가린 30대 초반의 남자 때밀이는 가슴에 시커먼 털이 잔뜩 나있고 배는 임신 5개월은 될만큼 불룩한데 우리를 쳐다보고 웃는 얼굴이 그런대로 순진해보인다.

찜질방 타일 위에 누워있는 남자들도 모두 진화가 덜된 원시인처럼 가슴은 물론 온몸이 털투성이. 타일방은 뜨거워서 5분도 안돼 땀이 나는데 더워서 이리저리 뒤척이는 남자들 몸에서 움직일 때마다 양고기 삶을 때 나는 노릿한 냄새가 난다.

때밀이는 샌드페이퍼처럼 생긴 까만 때밀이 수건으로 노련하게 때를 민다. 때밀이에게 몸을 맡긴 사람은 몸을 앞뒤로 뒤척일 때마다 수건이 미끄러져 보여서는 안될 부분이 자꾸 드러나니까 여간 신경 쓰이는 게 아닌 눈치다.

때를 미는 사람 역시 신경 쓰이기는 마찬가지. 손님을 엎어놓고 때를 밀 때는 아예 수건을 벗고 알궁둥이를 내 놓고 밀다가 앞을 밀 때는 수건을 아담 위에만 겨우 걸쳐놓고는 안보는 체 곁눈질을 하고 있는 내 눈치를 슬슬 살핀다. 어쩌다 나와 눈이 마주치면 서로 못 본 체하며 어색한 웃음을 웃는다.

드디어 내가 때를 밀 차례.

'에라, 모르겠다. 잡아먹기야 할라구.'

때밀이가 팔다리를 미는데 때미는 수건은 보기뿐만 아니라 아프기도 한 샌드페이퍼.

"아저씨, 좀 살살 해요."

내가 아픈 시늉을 하자 '아가씨는 허리가 한손아귀에 다 들어오니 잘 할 수가 없네' 하는 손짓을 한다. 다리를 밀면서 왜 한 손은 엉덩이에다 올려놓아야 하는 건지 손으로 엉덩이를 쥐고 만진다. 팔다리가 끝나자 위통을 밀어야하니까 수건을 벗으란다. 팬티는 입었지만 위는 알몸인데.

"앞은 내가 할테니 뒤만 해줘요."

수건을 벗고 돌아누웠더니 이 아저씨, 등을 밀면서 자꾸만 가슴 근처로 손이 왔다갔다 한다.

'보기엔 순진한 녀석이 속이 응큼하기는.'

때를 밀고 나자 그 다음은 거품 마사지. 놀랍게도 그 아저씨 손바닥이 한국 목욕탕 아줌마 저리 가라로 스펀지처럼 부드럽다. 기분이 좋아져서 등허리만 하고는 끝내려는 아저씨 앞으로 돌아누우면서 "앞도 해주세요" 했더니 당황해 하는 모습이라니. 열과 성을 다한 마사지를 기분좋게 받았음은 물론이다.

마사지하니까 인도에서의 일이 생각난다.

부다가야쯤에서였던가. 작가 이경자 고모와 동행이었다. 호텔 지배인이 피곤하면 마사지를 받아보란다. 고모와 함께 호기심이 발동, 반신마사지를 받으러 식당 뒤 밀실로 갔다.

간편복 차림에 예쁘장한 20대 남자가 들어왔다. 몇년 경력의 마사지 전문가라는데 처음에는 머리에 맥을 집어넣는 것 같은 손놀림을 보이더니 이내 목이며 가슴이며 허리를 매만지며 마사지와는 관계도 없는 부위만 골라 손끝으로 말초신경을 건드린다.

"기분 어때요? 기분 좋지요?"

"그래, 기분 아주 좋은데."

어쩌나 보려고 하자는 대로 했더니 점점 대담하게 배꼽이며 귓불, 젖꼭지 등 성감대를 애무한다.

"기분 좋으면 방으로 올라갈까요?"

"그렇게 할까? 그럼 저녁에 만나요."

그 마사지사, 얼굴까지 상기되어가지고 자기방은 몇호실이라고 가르쳐준다.

"방으로 가는 손님 많아요?"

"그럼요, 아시아에서 오는 여자 손님들은 대부분 그러지요."

이 녀석, 머리를 마사지하는 척 하면서 내 허리에 옷 안에서 발기된 성기를 문지르며 대답한다. 나 다음으로 마사지를 받고나온 고모와 말을 맞춰보았더니 어쩌면 그 수법이 그렇게 똑 같은지. 우리는 하루 종일 깔깔대고 웃었다.

"그 녀석, 정력 좋게 생기지도 않았던데 하루 저녁에 손님 둘 받으려고 지금 어디 가서 뱀 잡아먹고 있는 거 아냐?"

세계 장기여행자들의 사부가 되다

나는 세계에서 가장 이름값을 하는 도시를 꼽으라면 서슴없이 예루살렘과 이스탄불을 들겠다. 그중의 하나, 이름도 신비로운 이스탄불. 서기 330년 로마 황제 콘스탄틴이 콘스탄티노플로 이름을 바꾸고 수도를 로마에서 이곳으로 옮긴다.

그 후 비잔틴으로 다시 이름이 바뀌어 천년간 세계의 중심이 되었다. 십자군의 4차원정으로 철저히 파괴된 비잔틴 문화 위에 1453년 오스만 터키가 들어와 그 유명한 술레이만 대왕 때 이 도시, 이스탄불의 전성기를 맞는다. 이스탄불의 아름다운 건물들도 모두 이때 세워진 것이란다.

1차대전 후 연합군에 점령당한 뒤 공식적인 수도를 앙카라에 물려주었지만 유구한 1,600년간의 도읍지 이스탄불은 아직도 명실상부한 경제, 문화, 언론의 중심지이다.

'이스탄불에 가면 적어도 계획보다 두 배는 더 오래 있게 된다.'

여행자들 사이의 정설이다. 볼거리가 많기도 하지만 이스탄불은 사람을 느긋하게 만드는 매력이 있다. 물가가 싼데다 여행정보의 요충, 각 대륙을 여행하는 장기여행자들이 모이는 곳이다. 그들은 여기서 밀린 일도 처리하고 필요한 물건도 구입하며 이곳에서 새로운 에너지를 충전한다.

이 대륙의 교차로에서 나도 내 다음 여정을 점검했다. 어떻게 모스크바까지 갈까? 거기에서 시베리아 횡단철도를 타고 북경까지 가서 천진에서 인천으로 배를 타고 건너가기로 했기 때문이다.

원칙대로 하자면 시베리아 횡단철도의 출발점인 모스크바까지 육로로 가야했지만 여권의 남은 페이지가 적어 동유럽쪽으로 돌아가기가 어렵고 흑해 건너 우크라이나로 갈 수도 있었지만 가는 배가 부정기선이라 무작정 배를 기다릴 수도 없는 노릇이었다. 게다가 설까지는 집에 간다고 식구들과 철석같이 약속을 했으니 시간도 빠듯하다.

여러가지를 고려한 끝에 모스크바까지는 비행기를 타고 가기로 했다. 그러고는 영하 30도, 동토의 나라 러시아에 갈 준비를 단단히 했다. 러시아는 물가가 비싸다는 걸 알고 있었다. 두꺼운 옷도 사고 먹을 것도 컵라면만 빼고는 충분히 준비했다. 이란에서 만난 야스오 말이 모스크바에도 한국산 컵라면이 있다는 거다.

모스크바에서 북경까지 7박8일 기차를 타려면 먹을 것도 먹을 것이지만 책이 필요하다. 장기여행자들을 상대로 다 읽은 책을 바꾸고 중고책방에 들러 5권을 구했다. 티벳 달라이라마의 자서전 〈자유로의 피신〉, 쉽고도 재미있게 풀이한 〈문답식 이슬람 교리〉, 미국의 장기 베스트 셀러 〈할리우드의 남편들〉, 문학소설 〈가시나무새〉, 그리고 유명한 여행작가 폴 솔로우의 〈중국 여행기〉.

여정을 점검한 후 느긋하게 이스탄불 구경에 나섰다. 도시는 아름다운 볼거리로 가득 차 있었다. 천년간 유럽 대성당의 영예를 누린 로마 시대 때 지은 빨간 색 아냐 소피아 성당. 크고 작은 돔 스타일 지붕에 펜대같이 뾰족한 미너렛이 잘 어울리는 블루 모스크. 겉은 회색인데 내부가 나무 무늬의 파란 타일로 되어 있어 이 이름을 얻었다고 한다.

비잔틴 시대 마차 경기장이었던 히포 드롬. 이 안에는 이집트 룩소에서 가져온 오벨리스크와 그리스가 페르시아의 공격을 막아낸 기념으로 세운 뱀 기둥이 서 있다. 그뿐인가. 술탄의 막강한 부를 과시하며 그 자체가 박물관인 화려한 토카피 궁전은 한나절 가지고는 어림도 없다.

눈이 오면 눈이 오는 대로 바다가 잘 보이는 카페에 앉아 수십잔의 차를 마시고 맑은 날은 배를 타고 유럽과 아시아를 왔다갔다하며 아시아 해안을 거닐다가 밤이 되면 유럽으로 돌아오기도 했다. 그것도 싫증 나면 숙소의 아이들을 꼬드겨 배꼽춤을 보러 간다.

나는 그 숙소에서 10일 정도 묵으면서 아주 유명인사가 되었는데 그건 순전히 내 입심 때문이었다. 각국의 배낭 여행자들과 갖가지 정보를 주고 받는 과정에서 나는 언제나 정보를 주는 편인 베테랑 여행자. 언제나 처음에는 그저 옆에 앉은 사람과 수다 차원에서 나의 무용담을 이야기 하면 어느새 내 주위에는 5, 6명이 모이게 되고 어느 때는 10명 이상이 나의 아프리카, 중동, 중앙 아시아 이야기를 넋을 놓고 듣는다.

이런 일이 거의 매일 있으니 자연히 이름이 날 수밖에. 다음 갈곳이 내가 다녀온 곳인 아이들은 내 방까지 가이드 북을 가지고 와 내가 주는 정보에 밑줄도 치고 꼼꼼히 메모도 해 넣으며 깍듯이 사부님으로 모신다.

한번은 식당에 올라갔는데 전혀 모르는 아이가 아는 체한다.

"한국에서 오신 그분이시지요? 소문 듣고 옆 유스호스텔에서 왔어요, 이란 얘기 좀 물어보려구요."

민간차원의 국위 선양을 단단히 한 셈이다.

앙카라의 활력소 오정희씨

터키를 더욱 잊을 수 없는 곳으로 만든 사람이 있다. 앙카라 주재 한국 대사관 무관부인 오정희씨. 이란 대사관을 찾다가 지쳐서 목이나 축이러 들어간 쇼핑센터에서 우연히 만나게 되었다.

오정희씨는 내가 그토록 찾아 헤매던 이란 대사관도 찾아 주고 터키 말을 유창하게 해 이란 비자 일도 도와주고 집에 데려가 미역국에 밥도 차려주었다.

나보다 한살 위인 그녀와 함께 있으면 언제나 즐겁고 재미있어 앙카라에 있는 동안 매일 저녁 그 집에 가서 놀았다.

정희씨는 수다에 관한 한 둘째가라면 서러워 하는 나도 기가 죽을 만큼 수다퀸의 모든 조건을 가지고 있었다. 큰 목소리, 독점방송, 남이 말하는 중에는 지방방송, 적당한 순간에 들어가는 맞장구.

그러나 그녀는 단지 수다스럽기만 한 것이 아니었다. '장기여행자들의 싸부' 이 한비야도 한 수 접어야 할만큼 풍성한 화제는 물론 세상에 대한 깊은 이해와 애정을 가지고 있어서 그의 말에는 항상 들을 게 있었다. 그녀는 넘치지도 모자라지도 않는 절제와 조화도 가지고 있었으며 따뜻하기까지 하다.

"나는 사람들에게 친절하고 정성스러운 게 천성이자 직업이지만 내가 기쁜 마음으로 할 수 있을 때까지만 하려고 해요. 친절도 도가 넘치면 버겁고 부담이 되는 건 물론, 하고 나서도 내가 이만큼 해주었는데 하는 마음이 생겨 어떤 형태로든 반대급부를 기대하게 된단 말예요. 망국적인 한국병 '섭섭증' 은 여기서 비롯되는 것이지요."

지금도 가끔씩 되새겨 보는 이 말은 얼마나 옳은 얘긴지 모른다. 그러니까 섭섭하다는 감정은 생각대로 해주지 않는 상대방 때문이 아니라 기쁘게 줄 수 있는 이상의 것을 준 내게 문제가 있는 거다.

'마음에서 우러나서 하고 싶은 만큼만 하자. 그러나 그 우러나오는 마음의 폭과 깊이를 키우자' 는 그녀의 지론이 모든 인간관계에서 지켜진다면 세상사는 게 훨씬 쉽고 부드러워지리라.

이번 세계일주여행을 하면서 나는 무수한 사람들을 만나 인연을 맺어 왔다. 여기 앙카라의 오정희씨와도 큰 인연이 닿아 만난거다. 나는 인연의 싹은 하나님이 준비한 것이라면 이 인연의 싹을 잘 키워서 굵고 튼튼한 뿌리를 내리는 것은 순전히 우리의 몫이라고 생각한다. 오정희씨와의 인연 역시 뿌리 깊은 나무로 키워가고 싶은 마음이다. 그래서 죽을 때까지 교분을 나누며 서로의 인생을 풍요롭게 만들어 나가기를 기대해 본다.

오늘 저녁에도 오정희씨의 그 호쾌한 목소리가 듣고 싶다.

아프리카 첫날
강도에게 목졸려

아프리카 동물 사파리 중에 만난 마사이족 아이들.
나는 이 아이들 때문에 하루종일 깔깔거렸다.

배낭족 숙소에는 항상 따끈따끈한 정보가 있다

이야기를 이번 여행의 처음으로 되돌아가자. 나는 3년간 세계여행을 하기로 결심하고 다니던 직장에 사표를 낸 후 제일 먼저 네팔에서 여행을 시작했다. 그래서 반년 가까이 네팔, 방글라데시, 인도를 돌았다. 그 다음 북미 끝 알래스카에서 남미 끝 칠레까지 육로로 1년간 여행했다.

그런 후 이번에 세 번째로 아프리카 케냐에서 시작해 1년 반에 걸쳐 동아프리카, 중동, 중앙아시아를 훑어보고 모스크바에서 시베리아 횡단열차를 타고 중국 북경을 거쳐 돌아왔다.

이 책은 이 세 번째 여행 이야기다. 그런데 왜 이야기를 중간쯤인 이란서부터 시작했는가? 거기에 특별한 뜻은 없고 다만 이란에서 시작되는 중앙아시아 쪽이 아프리카보다는 우리에게 덜 알려져 있어서 독자들이 더 궁금하게 여길 것 같아서 였다. 그러나 실은 아프리카와 중동에서도 재미있는 일, 볼만한 곳도 풍부했고 느끼는 점도 아주 많았다.

1994년 12월도 다 간 하순에 서울을 떠나 기나긴 여정에 올랐다. 이제 거기서부터 시작해보자.

"잠보(Jambo)!"
비행기 안에서 익힌 스와힐리어로 '안녕하세요'를 외치며 케냐의 나이로비에 있는 뉴 케냐 로지(호텔) 문을 힘차게 밀고 들어서니 종업원 셋이 모두 까만 얼굴에 하얀 이를 드러내며 '잠보' 하며 반가워한다.

'잠보!'

이 한마디에 아프리카가 성큼 내 앞에 달려왔다. 아프리카, 나는 이곳이 인간 본성의 체취를 맡을 수 있고 그 뿌리의 끝을 들여다 보게 하는 대륙이라고 오랫동안 생각해 왔다.

인간이 동물과 분리되기 이전의 모습대로에 자연의 한 부분으로서 존재하는 곳이며 원시습속이 남아 있는 벌거벗은 인간의 흔적을 찾아 볼 수 있는 대륙, 아프리카. 과연 이곳은 내가 생각해 왔던 그런 대륙일까, 이런 호기심이 아프리카에 도착한 내 마음을 설레게 했다.

영화 〈야성의 엘자〉나 〈아웃 오브 아프리카〉에서 그 청명한 하늘과 빛나는 초원으로 내 눈을 시리게 했던 태양의 땅이 바로 눈 앞에서 까만 얼굴의 하얀 웃음으로 현실이 되었다.

뉴 케냐 로지는 전세계 배낭 여행자들의 입에 전설처럼 오르내리는 나이로비의 명물. 나이로비에는 서울에서 내가 다니던 회사의 미국인 상사 부부가 살고 있는데 내가 도착했을 때는 공교롭게도 크리스마스 휴가로 미국에 가고 없었다.

그러나 그들을 만났다고 해도 나는 처음 하루나 이틀 동안은 이런 유명한 여행자 숙소에 묵었을 것이다. 이곳에서는 온갖 중요하고도 유용한 아프리카의 최신 여행 정보를 얻을 수 있기 때문이다.

무거운 배낭을 메고 두 발로 걸어다니는 나같은 도보 여행자들에게 정보는 생명과도 같다. 물론 대강의 정보는 안내 책자에 소개가 되어 있지만 처음 밟는 땅의 사정에 어두워 길을 잘못 들거나 처신을 잘못해서 돈과 시간을 낭비하고, 강도를 당하거나 심지어 목숨까지 잃는 일들도 있다.

게다가 급변하는 정치 상황과 책에도 나와 있지 않은 오지에 대한 정보는 현지에서만 얻을 수 있는데 이런 정보들을 얻기에 가장 좋은 곳이 배낭족 숙소다. 그곳에 가면 언제나 여러 여행자들이 항상 따끈따끈한 정보를 가지고 기다리고 있다.

뉴 케냐 로지에는 남아프리카 공화국에서 거슬러 올라오고 있는 독일 여자아이, 모로코로부터 훑어내려오고 있는 이탈리아 남자아이, 동아프리카를 돌아보고 이제 집으로 가려고 하는 이스라엘 아이들, 지금 막 에티오피아에서 도착했다는 일본 남자 아이들 등등이 들어 있었다.

이들은 아프리카에서는 흔히 보기 어려운 한국 처녀를 구김살 없이 반기며 자기들이 가진 정보 보따리를 모두 풀어놓았다.

"지금 수단은 내전 중이라 육로로는 국경을 넘을 수 없어요."

"우간다는 갈 생각도 마세요. 물가가 어떻게 비싼지 아프리카에서 제일 지내기 힘들어요."

"물가는 고사하고 우간다 빅토리아호 부근에는 말라리아가 극성을 부려서 여행객마다 말라리아에 걸려요. 우리도 말라리아에 걸려서 혼이 났어요."

일본 아이들은 빅토리아 호수에 갔다가 말라리아에 걸려서 죽을 고생을 했다고 한다.

"어떻게 아프리카에 오면서 말라리아 예방약도 안 먹었지?"

"말라리아가 그렇게 심할 줄 몰랐었죠. 말라리아 예방약이 몸에 나쁘다고 의사가 먹지 말라고 하잖아요."

내 의사는 예방약을 먹지 않았다가 말라리아에 걸리면 치명적일 수도 있다고 반드시 먹으라던데.

이들에게서 들은 정보와 애초의 계획을 종합해 5, 6개월의 새로운 여정을 짜야했다. 그러나 이것은 어디까지나 '계획'일 뿐이다. 여행 도중에는 너무나 '변수'가 많기 때문에 언제 어떻게 여정이 바뀔지 모른다. 그것은 자유롭게 여행을 하고 있는 '나홀로 여행객'만의 특권이기도 하다. 가고 싶으면 가고, 있고 싶으면 있는 그야말로 바람 같은 나그네가 되는 것이다.

대낮의 무법천지, 케냐 나이로비

새로운 대륙의 여행 계획에 들떠있는 내게 아프리카는 도착하자마자 뜨거운 맛을 보여주었다. 거리에 나서자마자 두 명의 흑인이 나를 덮친 거다.

물과 휴지를 사려고 숙소 앞 가게에 가는데 갑자기 몸집이 집채만한 흑인 한 놈이 뒤에서 내 목을 조르고 다른 한 놈이 내 윗도리를 마구 더듬었다. 그놈들은 내게서 보통 여행객들이 목에 걸고 다니는 전대를 빼앗으려던 것. 그러나 나는 전대를 목에 걸고 다니는 아마추어 관광객이 아니다. 전대는 바지안 팬티 속 허리에 꽁꽁 묶어 어느 때라도 몸에서 떨어지지 않게 한다.

태양이 환한 벌건 대낮에, 그것도 큰 길거리에서 그런 일을 당하는데도 글쎄, 행인들은 빤히 보고만 있다. 목이 졸려 소리를 지를 수도 없었지만 소리를 지른다 해도 마찬가지였을 거다.

놀란 중에도 등 뒤에서 목을 조르고 있는 흑인놈의 겨드랑이에서 나는 지독한 냄새 때문에 금방 질식할 것 같다. 전대를 찾고 있는 놈 손을 있는 힘을 다해 손톱으로 할퀴며 바둥댔다. 그 놈은 내 목에 전대가 없는 것을 확인하고는 목을 조른 놈과 함께 뭐라고 욕을 하며 손을 감싸쥐고 달아났다.

젠장, 아프리카 첫날 그것도 백주 대로에서 강도를 만나다니. 가게고 뭐고 숙소로 뛰어들어와 사시나무 떨듯 떨리는 손으로 청심환주머니를 찾았다.

겨우 마음을 진정시키고 생각해보니 나는 강도들의 좋은 표적이었다. 외국인 숙소 근처에서 가이드북을 들고 두리번거리며 거리를 걷다니. 그건 바로 '나는 이 나라에 처음 왔으니 아무것도 모르고 돈은 좀 있네' 하고 광고를 하고 다닌 거나 마찬가지였던 거다.

이런 일은 내가 평소에는 좀처럼 안하는 실수였다. 특히 숙소에서 그 거리에 강도가 많다는 정보를 들었으면 나는 그곳을 잘 아는 것처럼 행동했어야 했다. 새로운 대륙, 낯선 대륙에 왔다는 강렬한 감동과 호기심 때문에 잠깐 방심해서 생긴 일이다. 이번 강도미수사건을 통해서 이제부터 긴 기간 아프리카, 중동 등을 혼자 돌아다니면서 좀 더 신중하라는 옐로 카드를 받은 셈이다.

사랑은 구속이 아니잖아요?

아프리카 여행 계획을 세울 때 내가 꼭 보고 싶었던 곳은 케냐, 탄자니아, 르완다, 에티오피아였다. 그러나 나이로비에서 수집한 정보를 종합 분석, 탄자니아에서 시작해서 육로로 케냐, 에티오피아, 수단을 거쳐 이집트로 가자는 계획을 세웠다. 아프리카 도착 며칠 후 버스를 타고 아프리카 여행의 첫나라인 탄자니아 국경을 넘었다.

탄자니아에서는 한달 가량 있으면서 동물의 왕국 사파리를 한 후 아프리카 최고봉 킬리만자로를 등반하고 세계 최대의 노예시장이었던 전설의 잔지바르섬을 갈 계획이다. 그리고 꼭 기회를 잡아 원주민 집에서 한 일주일간 민박도 하고 싶었다.

말로만 듣던 동물 사파리(사파리란 현지어로 여행이란 말). 지붕이 터진 차를 타고 국립공원을 돌아다니며 자연 그대로 살고 있는 온갖 동물들을 구경한다. 닷새 정도 국립공원 네댓 곳을 돌아보는데 국립공원이라는 데가 규모가 엄청나서 차를 타고도 한나절 넘게 걸린다.

팀을 짜면 훨씬 싼 가격으로 사파리를 할 수 있기 때문에 탄자니아로 가는 버스 안에서 만난 오스트레일리아인 한 쌍과 숙소에서 만난 네덜란드 커플을 모아 그룹을 만들었다.

오후 내내 마을에 있는 사파리 회사를 돌아다녀 계약을 했는데, 운전사 겸 가이드, 요리사 겸 심부름꾼을 데리고 다니며 먹고 자고 하면서 구경을 하는 데 하루 55달러, 여기 가치로는 550만원 쯤 되는 큰 돈이지만 워낙 비싼 공원 입장료까지 포함된 가격이니 싸게 계약을 잘 한 셈이다.

탄자니아 사파리를 하려면 반드시 거쳐야 하는 아류사는 30분 정도면 한번 훑어보고도 남을 작은 마을인데 그날 따라 거리에는 활기가 넘쳐난다. 사람들이 모두 깨끗하고 예쁜 옷들을 입고 가족끼리 거리에 나와 있다.

알고보니 이 날이 바로 크리스마스. 탄자니아는 내륙 깊숙이까지 이슬람문화가 침투해 있어서 이 마을에도 반 이상의 남자가 하얀 터번을 쓰고 여자들은 검은 천을 두르고 다니는데도 나름대로 예수의 생일을 축하하고 있었다.

사람들은 모두 순박한 것 같았다. 만나는 사람마다 남녀 모두 눈이 마주치면 '잠보' 하고 먼저 인사를 해왔다. 나도 '잠보' 하고 인사를 받아주면 까만 얼굴에 하얀 이를 드러내며 수줍게 웃는다.

첫날은 마냐라 국립공원. 차 지붕을 열고 두더지처럼 상체를 지붕 위로 내놓고 공원을 돌았다. 원숭이, 코끼리, 기린, 임펠라, 플라밍고…, 그렇게나 많은 동물들을 한꺼번에 가까이에서 보게 되니까 이곳이 자연상태로 방치된 곳이 아니라 디즈니랜드나 쥐라기공원처럼 인공적으로 조성된 공원 같았다.

첫날 묵은 숙소는 야외 텐트가 아니라 공원 근처 마을이었다. 초원이나 숲 속에서 별을 보며 잠들기를 기대했던 내게는 실망스러운 일이었으나 찬물 샤워를 할 수 있고 화장실까지 딸려 있어 편리하기는 했다. 잔뜩 먼지를 뒤집어쓴 몸을 찬물로 씻고 새옷을 갈아입고 맥주 한 잔을 들고 선선한 저녁바람 속에 나앉으니 몸과 마음이 날아갈 듯

상쾌하다.

자연히 이야기 꽃이 피지 않을 수 없지. 여행에서 가장 흥미로운 건 사람들의 살아가는 모습이고 생각이다. 새로운 사람과 만나는 것은 그래서 항상 재미있고 그들과 나눈 이야기에서는 많은 것을 얻게 된다.

사파리를 위해 같은 팀이 된 20대 후반의 오스트레일리아의 소니아와 크리스 커플은 5년동안 동거를 하다 헤어졌었는데 이번 아프리카에 오면서 다시 만나 한달동안 여행을 함께 하고 있다고 한다. 그러나 여행을 끝내고 돌아가면 또 헤어질 예정이란다. 두 사람 다 잠깐은 괜찮은데 오랫동안은 같이 못살겠다고 한다.

네덜란드에서 온 양보심 많은 마흔살 하인과 서른 아홉살 엘리는 이번이 두 번째 아프리카 동물 사파린데 지난번보다 훨씬 많은 동물을 보았다고 좋아한다. 둘 다 학교 선생님으로 지금까지 60여국을 가보았다는 여행광. 겉보기에는 평범한 중년부부였으나 알고보니 대단히 독특하게 살아가는 커플이다.

이들은 15년 전 어느 파티에서 만나 지금까지 오로지 남자친구, 여자친구로만 지내고 있다고 한다. 결혼할 생각은 전혀 없고 아이도 가지지 않기로 했단다. 15년간 다른 남자와 여자를 사귀지도 않고 오직 그대 뿐인데 지금도 따로 살고 있단다. 한때는 함께 살기도 했었지만 생활패턴이 달라 몇 년 전부터 따로 살면서 주말커플로 지낸다는 것이다.

주말커플은 자신들에게 가장 잘 맞는 형태로 금요일 저녁에 두 사람이 만나서 하인 집에서 토요일과 일요일을 함께 보내고 일요일 저녁에 엘리가 자기 집으로 간단다. 주중에는 각자 좋은대로 살며 취미생활과 자유를 즐기고 주말에 만나 사랑을 나누는 게 얼마나 좋은지 모르겠단다.

유럽이나 미국에서는 부부 세 쌍 중 한 쌍이 파경으로 끝나고 헤어지고 싶어하면서도 마지못해 사는 이들이 많은데 자기들은 그런 트러블 없이 살아가는 완벽한 커플이라고 자신있게 말한다.

"그렇지만 무언가 부족한 것 같지 않으세요?그게 일반적인 부부형태는 아니잖아요?"

"전혀 그렇지 않습니다. 꼭 남들처럼 살아야 한다는 법이 어디 있습니까. 우리에게는 이게 가장 알맞은 방식입니다. 지금 우리는 최고로 행복하니까요."

나는 지금까지 세계를 돌면서 많은 형태의 남녀관계를 보아왔다. 결혼하여 아이들 기르며 잘 살고 있는 부부도 많지만 다른 독특한 형태도 드물지 않다.

결혼은 하지 않은 채 수년간 동거하는 커플, 결혼은 했으나 아이를 원치 않는 부부, 동거하면서도 아이를 여럿 가진 커플, 남자끼리 살면서 아이까지 입양해 키우는 호모들, 여자끼리 살면서 인공수정을 해서 아이를 낳고 행복해하는 레스비언 커플 등. 세상에 사람 사는 모습은 참 가지가지다. 하지만 이들처럼 결혼도 하지 않고 함께 살지도 않으면서 15년이나 행복해하는 커플은 또 처음이다.

"서로 구속력이 있고 만인이 인정하는 사이가 되고 싶지는 않으세요? 이러다가 더 좋은 다른 사람이 나타나서 헤어지게 되면 남은 사람이 너무 불행해지잖아요?"

"글쎄요. 그런 일이 일어나더라도 어쩔 수 없는 일이지요. 상대가 행복해진다면 받아들여야 하지 않을까요."

사자도 장난으로 약자를 죽이지 않는다

정말 아프리카에 왔다는 느낌이 강하게 와닿은 것은 둘째날. 동아프리카 최대의 국립공원인 세랑게티로 가는 길에서다.

세랑게티란 아프리카 말로 끝없는 평원이라는 뜻. 케냐의 마사이마라 국립공원과도 연결된 이 공원은 이름처럼 가도가도 끝이 없는 평원이다. 금방 우기가 끝난 직후여서 아프리카라고는 도저히 믿기 어려울 정도로 선명한 초록 숲이 눈이 닿는 데까지 양탄자처럼 부드럽게 펼쳐져 있다.

눈이 시리도록 한없이 펼쳐진 초록 들판 가운데로 붉은 실가닥처럼 한줄기 황톳길이 이어진다. 가슴을 씻어내리는 푸른 들판과 붉은 황톳길, 그리고 하얀 먼지, 이것이 바로 아프리카의 빛깔인가!

한참 황톳길을 달리다보니 길가에서 마사이 족 어린이들이 바이올린 비슷한 전통악기를 팔고 있다. 나무로 만든 탈바가지를 쓰고 다리를 좌우로 흔드는 개다리 춤을 추며 악기를 연주하는 그 모습이 하도 우스꽝스러워서 세랑게티로 가는 길 내내 몇시간을 두고 깔깔대고 웃었더니 일행은 그러는 내 모습이 더 우습다면서 웃는다.

그 들판에 양이나 소의 큰 무리가 있는 곳에는 어김없이 붉은 옷을 걸쳐입고 가축몰이용 긴 작대기를 들고 있는, 다리가 유난히 길고 가는 마사이 족 남자들이 점점이 박혀있다. 아프리카에서만 볼 수 있는 아름다운 장면이다.

이 마사이 족은 전통과 명예를 목숨보다 소중히 여기며 목축을 하며 산다. 귓불에 아주 커다란 구멍이 나있는 것으로 쉽게 구별할 수 있는데 이들은 어렸을 때 귓불을 뚫어 자라면서 귓불을 늘려 큰 고리 모양을 만드는데 이 귓불은 주머니 역할도 한다.

실제로 마사이 마을에서 이들이 종이돈이나 담배쌈지를 귓불에 구겨넣는 장면을 심심치않게 볼 수 있었다. 그러나 이런 관광객용 마을이 아니라 정말 무공해 마사이 족 마을에서 민박을 할 수 있으면 얼마나 좋을까 생각했다.

세랑게티로 가는 도중 양산처럼 커다랗게 퍼진 아카시아 나무 밑에서 점심을 먹었다. 키작은 나무들이 듬성듬성 박혀있고 얕은 능선들이 이어붙은 주위 풍경이 영락없이 영화 〈아웃 오브 아프리카〉다.

경치에 취해 망원경으로 이리저리 돌아보는데 저 멀리 들판 끝에 수백수천의 키작은 나무들이 박혀있다. 자세히 살펴보니 놀랍게도 그 나무들이 한쪽으로 움직인다. 깜짝 놀라 가이드 아다우트에게 물어보니 나무가 아니라 아프리카어로 '누'라 부르는 윌드 비스트라는 동물이라고 한다. 지금이 윌드 비스트의 이동철이어서 저렇게 큰 무리를 지어 움직인다는 거다.

작은 소만한 이 동물은 온몸이 짙은 회색에 얼굴은 말처럼 긴데 양처럼 하얀 수염이 나있고 뿔소처럼 억센 뿔이 달려 있다. 몸통에 비해 머리가 몹시 커서 전체적으로 불안정해보이는 이상한 모습. 그런데 윌드 비스트 속에는 어김없이 얼룩말이 섞여있다.

윌드 비스트는 냄새는 잘 맡지만 멀리 볼 수 없고 얼룩말은 멀리 보는 눈은 있으나 냄새를 잘 맡지 못해 사자나 치타같은 맹수의 공격으로부터 자신들을 보호하기 위해 공생하는 것이란다. 사람이나 짐승이나 살아남기 위한 지혜는 대단하다.

동아프리카 동물보호구역으로 가장 유명한 곳이 세랑게티 국립공원과 응고롱고로 자연보호구다. 명성에 걸맞게 세랑게티에는 온갖 동물과 아름다운 새들이 초원과 밀림, 하늘에 가득 차 있다. 랜드로버를 타고 해가 지기 전까지 열심히 공원을 돌며 내 생전에 다시는 볼 수 없을 모든 종류의 신기한 동물들을 구경했다.

그날 저녁 초원에서 야영을 했다. 텐트를 치고 누워있는데 초저녁에는 새들이 제 집을 찾아가느라고 한바탕 요란스럽게 떠들어댄다. 밤으로 접어들자 새 소리는 잦아들고 대신 온갖 짐승들의 울부짖음이 들려왔다. 아침에 일어나자 텐트 가까이에 수많은 동물 발자국이 새로 나있다. 우리는 동물의 영토에 들어와 동물들 속에서 잠을 잔 거다.

동물 백화점 응고롱고로 자연보호구는 남북 16킬로미터, 동서 19킬로미터에 깊이가 600미터나 되는 대형 분화구로 말 그대로 온갖 동물과 식물이 살고 있다. 원래는 킬리만자로보다 높았던 산이 화산활동으로 이렇게 큰 분화구를 만들었다는데 그 안에는 한라산 백록담같은 호수가 있어서 동물들에게는 천혜의 서식지. 하도 많은 종류의 동물이 들어있으니까 노아의 방주를 여기에 쏟아부은 게 아닐까 엉뚱한 생각이 들 정도다.

동물보호구역을 사파리하면서 내가 본 것은 단지 희한하고 다양한 동물들만이 아니었다. 그 안에서 사람들의 세상보다도 엄정하게 지켜지고 있는 자연의 법칙도 보았다. 동물의 세계를 유지하는 것은 약육강식의 법칙이다. 이 법칙은 공생과 집단방어, 서로의 고유영역을 불침한다는 세부적인 규칙 등으로 이루어져 있었다.

그리고 여기서 아주 중요한 사실은 먹이사슬의 가장 위에 있는 사자도 배고프기 전에는 장난으로 혹은 자기 힘을 과시하기 위해서 약자를 죽이지 않으며 꼭 필요해서 사냥을 할 때에는 아무리 힘이 없는 초식동물이라도 그것이 마치 최대의 난적인 양 최선을 다한다는 것이다.

이런 자연의 법칙이 약육강식의 세계로 표현되는 우리 인간사회에서도 그대로 지켜진다면 지금의 사회에서 벌어지고 있는 수많은 불필요한 희생을 줄일 수 있지 않을까라는 생각을 사파리 내내 하면서 다녔다.

현지인들 마음의 빗장 여는 열쇠

그날 저녁 가이드 아다우트, 요리사 바실과 함께 호롱불 밑에 앉아 늦게까지 이야기를 나눴다. 가이드 경력 5년인 서른여섯 살 아다우트는 지내볼수록 믿음직한 사람이다.

두 아이의 아버지라는 그는 여행객에게 팁이나 바라고 비위를 맞추는 사람이 아니라 자기 직업에 대한 긍지를 가지고 가난하지만 당당하게 살아가는 사람으로 보인다. 고향을 물어보니 마침 킬리만자로 근처, 시골 중에서도 상시골이라니 귀가 솔깃해진다.

"그 마을에 아다우트처럼 영어 잘하는 사람 있어요?"

"그럼요. 영어는 중학교만 다니면 다 배우는데 우리 마을에 중학교 나온 사람 많아요. 시골이지만 교육 수준은 높다구요."

옳다. 내가 민박을 하면서 탄자니아의 생활을 체험할 곳은 이곳이다.

"나는 며칠이라도 탄자니아 사람들과 함께 살고 싶어요. 그러니 아다우트네 시골 집에서 일주일 정도 묵을 수 없을까?"

"당신 같은 외국인이 어떻게 시골 집에서 산단 말이오? 음식도 그렇고 잠자기도 쉽지 않을텐데."

"모르시는 말씀. 나는 지금까지 4년동안 세계를 여행했는데 어떤 거친 음식이나 거친 잠도 다 견딜 수 있다구. 호텔에서 잠자고 레스토랑에서 밥 먹는 걸로 어떻게 그 나라를 제대로 알 수 있겠어요? 아다우트, 부탁이야. 그 동네에서 일주일만 지내게 해줘요."

이런 부탁을 하는 데는 도가 트였다. 아다우트는 잠깐 생각해보더니 나만 괜찮으면 문제가 없다고 한다. 그러면서 나보고 '당신 굉장히 이상한 사람'이라고 하면서도 호감을 가지는 것 같다. 이렇게 해서 탄자니아의 일주일 민박은 가이드네 고향집에서 하게 되었다. 얏호!

시내에 도착해서 저녁식사 초대를 받아 아다우트네 집에 갔다. 아다우트 부인 비다는 서른세살 된 뚱뚱하고 마음씨 좋은 시골 아줌마로 무조건 나를 반가워한다. 두칸짜리 집은 아주 간소했으나 아들 딸과 함께 사랑이 넘치는 가정이라는 걸 첫눈에 알 수 있었다.

처음 만나는 나를 환영하느라고 아프리카 전통음식을 정성껏 차려 놓았다. 옥수수 가루로 만든 빵 우갈리와 콩, 고기로 만든 음식들이다. 여기서도 물론 포크나 숟가락 없이 손으로 밥을 먹는데 나는 인도에서 이미 수개월간 손으로 밥을 먹어본 경험이 있어서 주저없이 손을 씻고 맨손으로 밥을 집어먹으니 온가족이 좋아한다.

현지에 가면 현지인처럼 살자. 적어도 이렇게 하려는 노력이 현지인들 마음의 빗장을 여는 지름길이라는 것이 그동안 터득한 민박여행의 노하우이다.

나를 고향에 묵게 하는 일로 아다우트랑 비다가 한참동안 의논하더니 시골에 있는 비다네 친정집에서 지내는 것이 좋겠다는 결론을 내렸다. 비다네 친정집이 킬리만자로 등정 출발지에서 더 가깝기도 하거니와 친정아버지는 그 지역 부족인 차가족 역사를 연구하는 학자고 친정어머니는 그 마을 족장의 18명이나 되는 부인 중 정실 부인의 딸이기 때문에 지내기가 편할 것이라고 한다.

그 킬리만자로 산자락 마을은 온 동네가 삼촌 고모 이모 조카로 연결된 씨족마을이란다.

'한국 딸'에 애정쏟는 맘바 마을 엄마

나를 친딸처럼 아껴준 킬리만자로 산자락의
차가족 엄마 로즈(가운데), 그의 친딸 비다(왼쪽), 그리고 나.

미혼모가 더 인기있는 이유

이튿날이 정월 초하루 공휴일이라 공무원인 비다가 직접 나를 데리고 몇 번이나 버스를 갈아타면서 자기네 친정집에 데려다 주었다. 아무 연락도 없이 불쑥 나타난 내가 누군지도 모르고 그 집 식구들은 반가워하면서 손을 잡고 껴안고 한다.

"시카무?"(안녕하세요?)

"마라하바."(잘 지냈어요)

"아싼떼 싸나."(고마워요)

동네 사람들은 남녀노소 보는 사람마다 악수를 하면서 이렇게 인사한다. 내가 묵은 곳은 킬리만자로 등산 출발지 마랑구에서 1킬로미터쯤 더 들어간 맘바 마을. 사방에 바나나 숲과 키 큰 나무들이 우거지고 그 그늘에 커피나무들이 촘촘히 자라고 있는 탄자니아의 전형적인 농촌마을이다.

이 마을 주요 경작물은 커피와 바나나. 이것을 팔아 탄자니아 수준으로는 비교적 윤택한 생활을 한다.

나는 진흙으로 벽을 바른 전통 가옥에 거친 음식, 불편한 잠자리를 각오했었는데 이 집은 너무나 황송하게도 깨끗하게 빤 침대보가 깔린 침대에 수도가 있는 화장실, 찬물이지만 샤워장까지 갖춘 현대식 가옥이다. 비록 빈대가 극성을 부리긴 했지만 말이다. 마당을 가운데 두고 빙 둘러 있는 부엌과 축사, 수돗간 등이 나무와 진흙으로 만든 옛날 집이라 겨우 시골냄새를 풍긴다.

예순일곱 살인 이 집 엄마 로즈는 인구 40만이나 되는 차가족 족장의 큰 딸이다. 족장은 아들 딸 합해 57명이나 두었는데 이 집 엄마가 맨 위다. 족장의 맏딸다운 위엄도 갖추었지만 일도 열심히 하고 마음도 정말 따뜻한 엄마같은 아줌마다.

나를 보자마자 딸이 하나 더 생겼다며 좋아했다. 노부부 사이에는 자식이 열하나나 되는데 모두 출가를 시키고 집에는 아들이 하나 딸린 채 미혼모인 막내딸과 역시 아버지가 각각인 애가 셋이나 있는 미혼모 손녀와 함께 살고 있다. 여기서는 미혼모가 그리 흉이 되지 않으며 시집을 가는데도 전혀 문제가 없단다. 미혼모는 아이를 잘 낳을 수 있다는 증명이 되므로 오히려 더 환영받는다고 한다.

거실인 본채는 상당히 현대적이면서도 정작 편리해야 할 부엌 등 가사노동 공간은 몇백년 전과 다름없는 재래식이다. 이런 가옥구조는 이 나라 남자와 여자의 사회적 지위를 한눈에 보여준다.

본채는 남자들의 공간이고 안채는 여자들의 공간이다. 본채에는 응접탁자며 의자에 전깃불과 수세식 화장실까지 있는 반면 부엌에는 수돗물과 싱크대는 커녕 찬장도 없이 장작을 때서 밥을 짓는다. 부뚜막도 없어서 바닥에 큰 돌을 적당히 모아놓고 불을 지핀다.

부엌은 칠흑같이 캄캄하다. 창문이 있어도 먼지가 들어올까봐 열어놓을 수 없다고 한다. 이렇게 캄캄한 곳에서도 이 집 여자들은 하루 세끼 맛있는 음식을 만들어낸다.

탄자니아 시골 음식은 정말 맛있다. 바나나가 흔한 탓에 음식은 바나나를 재료로 한 것이 대부분. 바나나와 콩을 섞어 만든 키움보, 바나나를 삶아 찐 은간데, 바나나에 신 우유를 섞은 키타와, 바나나에 쇠고기를 넣어 만든 수프 은디지 등 이름도 예쁘고 맛도 좋은 바나나 요리. 이 밖에도 튀기거나 삶거나 구운 바나나에 간식으로 생바나나를 먹으며 음베베라고 부르는 바나나로 만든 술을 저녁마다 즐긴다.

집집이 젖소를 키워 아침 저녁 젖을 짜서 신선한 우유를 한잔씩 마시는 것도 빼놓을 수 없는 식생활전통. 또 하나 신기한 건 아무리 늦더라도 저녁은 꼭 먹고 자는 거다. 한밤중 열두시에라도 예외는 아니다. 차가족은 하루 세끼 식사를 그만큼 중요시한다.

바나나 술은 막걸리같이 걸쭉하여 몇 잔만 마셔도 배가 부른데 배가 아무리 불러도 반드시 밥을 한숟가락이라도 먹어야 한다. 한번은 로즈 엄마에게 술을 많이 마셔서 배가 불러 밥을 안 먹겠다고 했더니 "네가 밥먹기 전에는 나도 이 방에서 안나간다"며 정색을 하신다.

식사는 온가족이 모여 함께 하는 게 아니라 남자들은 바깥의 어디든지 좋은 장소에 식탁을 차려놓고 큰소리로 여자들을 불러 하인처럼 부리며 느긋하게 먹는 반면 여자들과 어린 아이들은 부엌에서 밥을 먹는다.

나는 어디까지나 이 집의 '귀한 손님'이기 때문에 절대로 부엌에서 여자들과 밥을 먹어서는 안되고 그렇다고 여자가 가장인 음네네씨하고 함께 먹을 수도 없어서 늘 혼자 따로 밥을 먹어야 했다.

일만 하는 여자들이 더 즐겁다

여기서는 여자들이 새벽부터 밤늦게까지 쉴새없이 일을 한다. 이 집에서 가사를 돌보는 사람은 엄마와 막내딸 엘랴. 두 여자는 새벽에 일어나 꼴을 베어 소를 먹이고, 소젖을 짜서 그 우유로 아침 식사용 차를 만들고, 빨래를 하고, 집 안팎 청소를 하고, 그 일이 끝나면 우유나 바나나 등을 머리에 이고 나가 시장에 내다판다.

그러고는 돌아와 그 원시적인 부엌에서 점심식사를 만들고, 그 사이사이 아이를 돌보고, 아무것도 안하는 집안 남자 시중까지 든다. 닭과 염소와 소를 돌보는 것까지 여자들 몫이다. 그야말로 숨 쉴 시간도 없이 바쁜 일상이었다.

반면 남자들은 그늘에 앉아 이야기를 나누거나 비싼 청량음료나 맥주를 마시며 놀기만 한다. 커피 수확기가 되면 여자들이 커피 열매를 따서 말린 후 껍질을 까서 서너번 찌고 말리고 하는 과정을 거쳐 자루에 담아놓으면 그제서야 남자들이 자루를 시장에 들고나가 판다. 그러니까 남자가 생산적인 일을 하는 날은 일년 중에서도 손에 꼽을 정도.

그런데도 재미있는 건 놀기만 하는 남자들 표정은 그다지 밝지 않은데 비해 하루 종일 정신없이 바쁜 여자들은 언제나 명랑하다는 사실이다. 저녁에 여자들이 모이는 부엌에 가보면 웃음소리와 아이들 떠드는 소리에 생기가 저절로 솟는다.

팔자 편하게 놀고 먹는 것이 상팔자가 아니라는 건 여기서도 알 수 있다. 언제나 활기차게 일하는 사람들이 생활의 즐거움을 누릴 수 있는 법. 편한 것과 삶의 질과는 아무 상관이 없는 모양이다. 불공평한 노동의 안배에도 이들은 불만을 가지거나 바꾸려고 하지 않고 인생을 그대로 받아들이며 평화롭게 살아간다.

아침에 동네를 한바퀴 산책하고 오면 막내 엘랴가 차와 망고, 빵 등으로 차려진 아침 식사를 내놓는다. 이 차는 금방 짠 우유에 차잎을 띄워 만드는데 고소하고 달콤한 게 아주 맛있어서 나는 이 차가 마시고 싶어 아침이 기다려지곤 했다.

마침 영어를 할 줄 아는 이 집 조카 여고생 나나가 와 있어서 정오쯤 되면 엄마 로즈를 따라 함께 시장에 간다.

시장은 마을 아래 위에 하나씩 있는데 거의 이틀 걸러 하루씩 번갈아가며 장이 선다. 시장에서 엄마가 물건을 팔고 사는 동안 나랑 나나는 시장을 돌아다니며 과일이나 집안에서 필요한 물건들을 샀다.

시장에서 집안의 생필품을 사다주는 것은 숙박료 대신이다. 눈치를 보아하니 내가 돈을 주어도 절대로 받지 않을 것 같기 때문에 이 집 식구들에게 무엇이 필요한지 눈치껏 잘 살펴두었다가 슬쩍 사다 놓아야 했던 것이다.

그동안 다녀본 세계 곳곳 어디에서나 바깥 세상에 때묻지 않은 시골로 들어갈수록 사람들은 친절하게 나그네를 먹이고 재워주면서도 한사코 돈을 받지 않으려 한다. 이런 사람들에게는 돈을 주려고 아무리 밀고 당겨봐야 소용이 없다. 그래서 사람들의 눈에 뜨이지 않는 곳, 그러나 결국은 그 집 식구들이 발견할만한 곳에 밥값 정도를 몰래 놓아두고 나오곤 했다.

시장은 빨리 걸으면 10분이면 갈 수 있는 거리, 그런데도 보통 30~40분이 걸린다. 오고가는 사람들과 일일이 인사를 하기 때문이다. 한 동네에 살면서 매일 보는 사람들인데도 사람마다 손을 부여잡고 10년 만에 만난 사람처럼 그렇게 반가워할 수 없다.

내게 소개해 주는 사람들은 모두 고모 삼촌 이모 조카. 아버지 하나에 엄마가 열여덟이니 그 자식에 또 그 자식을 합쳐 일가가 얼마나 될지 상상이 안간다.

늦은 오후가 되면 음네네씨는 마을을 가고 엄마 로즈는 동네 선술집에 가서 친구들과 함께 큰 표주박같은 잔으로 바나나술을 마신다. 나도 매일 로즈를 따라 선술집에 가는데 여자들끼리 어찌나 재미있게 이야기를 하는지 무슨 말인지도 모르면서 덩달아 즐거워했다.

거만한 전외무장관에게 한마디

온동네 친척들은 빈번하게 왕래하면서 아주 친하게 지내서 보기가 좋다. 마을에 온 셋째날 현재 부족장을 맡고 있는 외삼촌네 집에서 열린 연초 파티에 초대받아 갔다.

부족장답게 널찍한 현대식 집에 마당 가득히 모인 백명이 넘는 사람들이 모두 친척이다. 이 부족장은 북한 정부 초청으로 최근에 북한에도 다녀온 적이 있는 탄자니아 정부요인.

이 날, 전에 탄자니아 외무장관을 지내고 현재는 이 지역 국회의원으로 있다는 인사도 참석했는데 사람들을 무시하고 혼자 잘난체 거들먹거리는 태도가 영 비위에 거슬렸다. 그는 내게도 같은 태도를 보여서 가소롭다고 생각했다.

'지가 탄자니아 외무장관이면 외무장관이지 나한테까지 잘난 척할 게 뭐람.'

우습게 생각하고 있는데 부족장이 나를 불러 남한에서 온 손님이라고 그에게 소개했다. 그랬더니 그는 대뜸 이렇게 물었다.

"신문기자슈?"

"아뇨. 그냥 여행잡니다."

"그래, 나에 대해 무엇을 알고 싶으슈?"

기자가 아니라는 데도 그는 거만한 태도로 묻는다. 그 꼴이 어이가 없다.

"나는 댁에 대해서는 궁금한 것도 없고 알고 싶은 것도 없수다. 나는 댁이 아니라 이 파티에 초대받지 못한 대문 바깥 사람들에게 더 관심이 많은 사람이올시다."

집 주인 체면 봐서 참을까 했으나 체질상 이런 꼴은 못보는 성격이라 한마디 쏘아주었더니 머쓱한 표정을 지으면서도 거만한 태도를 버리지 못하고 다시 아는 체 한다.

"남한은 잘 살면서도 왜 남북한 통일을 하지 못하는 거요?"

"댁이 외무장관이면 더 잘 아실 텐데 뭐 이런 자리에서 그런 쓸데없는 걸 물으시오?"

다시 쏘아주었더니 두 말 못하고 입을 다물었다. 내가 너무 심했나? 집 주인이 가장 귀하게 생각하는 손님에게는 좀 비위를 맞춰주어야 하는 건데. 사람들은 누구든 지위가 높고 돈과 명예가 있으면 인간 냄새가 나는 따뜻한 사람이 되기 어려운 건가, 아니면 따뜻한 사람은 지위와 돈과 명예를 얻기 어려운 건가.

매일 보는 사람도 죽은 사람 살아 돌아온듯 반기고 내가 누군지도 모르면서 손님이라고 극진히 대하던 시골 사람들과 함께 어울려 지내다가 이 장관이라는 사람을 보니 높은 지위나 명예도 탐이 나기는 하지만 그것이 따뜻한 인간미와 함께 할 수 없다면 나는 평범하더라도 따뜻한 인간으로 사랑하면서 살고 싶다는 생각이 들었다.

이별 없는 마을은 없을까

하루 중 가장 멋진 시간은 오후 늦게 베란다에 앉아 지나가는 동네 사람들과 저녁 인사를 주고 받으며 멀리 보이는 킬리만자로를 배경으로 아름답게 물들어가는 저녁 노을을 바라보는 때다. 그러나 노을은 오래 가지 않는다. 아름다운 것은 늘 저렇게 잠깐 피었다가 사라지는 걸까?

그 때가 되면 내 앞을 지나가는 사람마다, 머리 속을 스쳐가는 사람마다 사랑스럽고 그립다.

"시카무." (잘 자요)

지나가는 사람들은 목청을 돋워 인사를 하고 어린 아이들은 아침이고 저녁이고 나만 보면 '굿 모닝' 하면서 킬킬댄다. 어느 때는 동네를 돌아다니다 보면 어느새 동네 아이들이 열 명 정도나 모여서 내 뒤를 졸졸 따라다니기도 한다. 어느 나라나 아이들은 무공해. 순진하고 정이 간다.

해가 지면 여자들은 호롱불을 들고 소젖을 짜러 간다. 나는 젖을 못 짜니까 호롱불 들고 있는 불당번. 이 곳 사람들은 여자가 소젖도 못 짠다는 것이 도대체 믿어지지 않는 모양이다.

소젖을 짜가지고 저녁을 짓는다. 땔나무에서 나는 연기 때문에 모두 눈물을 줄줄 흘리면서도 끊임없이 이야기가 솟아나고, 입이 찢어질 듯 벌린 채 죽자 하고 웃어대는 즐거운 여자들만의 시간. 이 시간이 이들에게는 힘든 노동이 아니라 즐거운 놀이처럼 보였다. 매캐한 연기를 마시면서도 가족들이 먹을 저녁을 짓는 일을 즐거워했다는 우리 어머니들의 옛날이 떠오른다. 이 마을 연기 나는 부엌에는 바로 우리들의 잊혀진 고향이 고스란히 살아있다.

이 동네 여자들은 웃으면 그냥 웃는 게 아니라 손바닥을 쫙 펴서 다른 사람 손바닥과 맞추면서 웃는다. 나는 연기 속에서 눈물을 흘리랴, 기침을 해대랴, 무슨 이야기를 하는지 나나에게 통역 해달래랴, 손바닥 맞추며 웃으랴 나름대로 저녁마다 아주 바쁜 시간을 보냈다.

저녁이 다 지어지면 나는 부엌에서 내쫓겨 본채에서 혼자 밥을 먹고 저녁에 짠 우유를 한 잔 마시고 일찌감치 잠자리에 든다. 여기는 전깃불이 안 들어오는 날이 들어오는 날보다 훨씬 많다. 그런 날은 깜깜한 하늘에 어찌나 별이 많은지 마당에서 고개가 아프도록 별을 쳐다보기도 했다.

이 집 엄마는 내게 전통음식을 골고루 만들어 먹이고 잠자리며 다른 것은 불편한 게 없나 세심히 신경을 쓰신다. 하루는 내옷을 빨고 있었더니 자기 막내 딸을 불러 삿대질까지 해가며 야단을 친다. 손님한테 일을 시킨다고.

내가 다 먹은 음식 그릇들을 부엌에 날라다주며 스와힐리어로 아주 맛있게 먹었다고 하면 이렇게 잘 먹어주어서 고맙다고 한다. 어쩌다가 너무 저녁이 늦어 다 먹지 못하고 남기면 무엇이 맛이 없었느냐고 걱정을 크게 한다.

한번은 아침 댓바람부터 딸이 혼나고 있기에 또 무슨 일인가 했더니 내가 아침에 먹을 달걀을 구해오지 못해서 야단을 맞고 있는 중이란다. 너무 놀라서 로즈 엄마에게 "나 달걀 안 먹어도 된다"고 했더니 외국인은 아침에 꼭 달걀을 먹는 것 아니냐며 눈을 굴리며 오히려 반문한다.

말도 안 통하면서 매일같이 시장이나 친척집에 데리고 가서 '한국에서 온 내 딸'이라고 소개하는 아프리카 엄마. 아침에 일어나 안녕히 주무셨느냐고 하면서 껴안으면 차가족 여자들이 즐거울 때 내는 입소리라는 '히리리리리리' 하는 소리를 지르며 좋아하는 맘바 마을 어머니. 아이들을 열한 명이나 낳아 키운 프로패셔널 엄마여서일까, 민족이 다른데도 어머니의 따뜻한 마음이 여과없이 전해져 온다.

베란다에서 잡지에 송고할 글을 쓰고 있으면 꼴 베던 손을 멈추고 마당 주위에 피어난 꽃을 잔뜩 따와서 책상에 놓고 간다. 꽃냄새 맡으면서 좋은 글을 쓰라는 마음이다.

가난하지만 웃음을 잃지 않고 즐겁게 사는 사람들, 낯선 나라 나그네에게도 친절하기만 한 맘바 마을 사람들, 특히 로즈 엄마, 나는 그녀의 따뜻한 마음을 영원히 잊지 못할 것이다.

킬리만자로 등정을 위해 맘바 마을을 떠나기 전날에는 오후 내내 지독한 장대비가 왔다. 비가 오고 기온이 떨어져 약간 쌀쌀해지니까 한국 생각이 저절로 난다. 보고 싶은 식구들, 정다운 친구들, 그리운 사람들! 그들에게 엽서 한 장 보내지 못하고 있으니 얼마나 내 걱정을 하고 있을까?

그러나 더 걱정은 맘바 마을을 떠나는 일이다. 일주일 사이에 벌써 정이 들어버린 거다. 어느 때나 그렇다. 어느 대륙, 어느 시골 마을에 서고 며칠씩 담뿍 정이 들고 나면 돌아서는 발걸음이 가볍지 않다.

헤어질때는 언제나 다시 오겠다고 하지만 실제로 다시 오기는 어려운 길을 떠나는 마음. 이게 바로 지구를 걷는 나그네의 애수이다.

킬리만자로 산신령
내 한국병 고쳐주다

킬리만자로 최고봉에 오른 나.
정상을 오르는 사람은 힘이 센 사람이 아니라 자기 페이스대로 최선을 다하는 사람이다.

정상 정복한 후의 행복한 얼굴

눈물로 일그러진 로즈 엄마의 얼굴을 뒤로 하고 킬리만자로로 향했다. 해발 5, 895미터, 아프리카 최고봉임을 자랑하는 이 산은 헤밍웨이의 〈킬리만자로의 눈〉이나 조용필의 〈킬리만자로의 표범〉 때문에 우리에게는 로맨틱한 이미지로 남아있지만 사실은 3, 000미터부터는 대부분의 등반객들에게 두통 구토 식욕부진 호흡곤란 등 고산병을 일으키게 하는 무서운 산이다. 더욱이 나는 몇년 전 네팔에서 에베레스트를 오르다가 지독한 고산병을 만나 죽을 고비를 넘긴 적이 있기 때문에 적이 걱정이 되었다.

전날 오후 늦게 숙소에서 킬리만자로 등정을 끝내고 내려온 미국 여자 둘을 만났다. 보기만 해도 에너지가 솟을 것 같은 쉰살이 넘은 활기찬 아줌마와 2년째 서아프리카에서 평화봉사단으로 일하고 있다는 스물세살의 예쁜 아가씨. 둘 다 최고봉인 우후르봉까지 갔다왔다는데 처음 봤을 때부터 너무나 행복한 얼굴이다.

"아주 행복해 보이네요. 등반에 성공했나 보죠? 축하합니다."

인사를 건네며 등반에 대해 이것저것 물어보았더니 신이 나서 이야기를 한다.

"무조건 처음부터 에너지를 아껴야 해요. 천천히 걸으면서 경치도 감상하고 사진도 찍고 하면서 힘을 아끼세요."

"느린 걸음으로 걸어도 일곱시간 정도면 그날의 목적지에 도착할 수 있으니 전혀 서둘 필요가 없어요. 아침 일찍 시작해서 잘 먹고, 물 많이 마시면서 천천히 가세요. 그러면 별 문제 없을 거예요."

수없이 들은 말이다. 솜바지, 털재킷, 털양말, 겨울침낭, 아이젠 등 숙소에서 빌린 등산장비를 최종 점검한 후 아침을 든든히 먹고 서둘러 국립공원 입구로 가는 차를 탔다. 차창 밖으로 눈덮인 킬리만자로가 나타나자 저절로 기도가 나온다.

"킬리만자로 산신령님, 지금 제가 경건한 마음으로 당신을 찾아가려고 하니 제발 우후르봉까지 올라가는 것을 허락해 주십시오."

공원 입구에서 간단한 등산 수속을 마치고 드디어 4박5일 등정을 시작했다. 나와 동행하는 사람은 가이드 하미시, 그리고 짐꾼 둘. 첫날 목적지는 해발 2,727미터 만다라 산장이다.

제일 먼저 공원 입구에 도착한 덕분으로 호젓이 킬리만자로를 즐길 수 있었다. 많은 사람들이 킬리만자로 등반은 지루하다고 하지만 내 첫날 등산길은 홀로 산길을 걷는 즐거움이 있었다.

만다라 산장까지의 절반쯤 가니까 식물대가 바뀌어 큰나무들은 사라지고 전나무 비슷한 잎이 아주 부드러운 사람 키만한 나무들이 열병식을 하듯 등산로를 지키고 있다. 힘을 아끼려고 천천히 걷고 있자니 스스로 답답해져서 발걸음이 자꾸만 빨라진다.

'뽈레 뽈레.' (천천히 천천히)

그럴 때마다 마음 속에 다짐하면서 발을 멈추고 물을 마셨다. 첫날, 만다라 산장까지 올라오는 길이 유쾌했기 때문에 이대로 가면 우후르봉까지 문제없이 갈 수 있겠다는 자신감이 생겼다.

고산병의 두려움

두번째 목적지는 해발 3,780미터 호롱보 산장. 가이드북에 힘든 오르막길이라고 되어 있어서 되도록 일찍 떠나기로 했다.

둘째날은 식물대 변화가 훨씬 많다. 30분 정도 꼬불꼬불 오르막 길을 오르는데 한국 무당 집 앞에나 있을 법한 연두색 수염을 잔뜩 기른 나무들이 모여있다. 스와힐리어로 '노인 수염'이라고 부르는데 바람이라도 불면 그 흩날리는 모습이 영락없이 '월하의 공동묘지'를 연상케한다.

조금 더 올라가니 굵은 나무 뿌리가 그대로 드러나 엉켜있는 정글이 나오고 정글이 깊어지는구나 여기는 순간 이내 시야가 툭 터지면서 초원이 나타난다.

이곳에서 오르는 킬리만자로는 왼쪽부터 사라 봉, 최고봉이 있는 키보 봉, 그리고 마웬리 봉으로 되어있다. 초원에 나서자 바위봉인 마웬리가 그 위풍당당한 모습을 뚜렷하게 드러낸다.

여기서부터는 갖가지 야생화들이 눈을 즐겁게 해주는 즐거운 하이킹코스. 노란 앉은뱅이꽃이 한시간쯤 계속되다가 동백꽃같이 생긴 커다란 하얀꽃이 이어지고 고도 2,000미터 이상의 물이 있는 곳에서만 자란다는 파인애플처럼 생긴 시네시아가 지천을 이룬다.

셋째 날, 호롱보 산장은 일출과 일몰이 아름답기로 유명하다고 해서 자명종을 맞추어놓고 아침 해뜨는 시간에 대서 일어나기 했는데 화장실이 급해 이제 막 연보라색으로 피어오르는 구름만 보고 정작 일출은 놓치고 말았다. 일출은 못보았지만 해발 4,000미터쯤 올라오니 뭉게 구름이 솜사탕처럼 발 아래 깔리며 선경을 자아낸다. 그야말로 구름 위에 선 기분이었다.

오늘 목적지는 해발 4,703미터 키보 산장. 많은 사람들이 고도적응을 위해 호롱보 산장에서 이틀을 묵는다고 한다. 보통 고산증이 나타나는 지점이 호롱보에서 키보 사이다.

연전에 에베레스트에서도 해발 4,000미터 정도에서 고산증이 나타났기 때문에 내심 걱정이 되었으나 나는 할 일 없이 빈둥거리며 하루를 더 묵고 싶지는 않았다. 그래. 가보는 거야, 여태껏처럼 될수록 물을 많이 마시면서, 천천히 걸으면서.

고산증의 초기증세는 두통이고 점점 진행되면서 구토, 밭은 기침,

코피, 식욕부진, 무기력을 거쳐 입술이 새파래지고 호흡이 곤란해지는데 이 정도면 무조건 하산해야 한다. 다른 약이 없다. 보통은 고산증이 심하다가도 500미터라도 내려가면 씻은듯이 낫는데 무리하게 올라가면 심한 경우 폐에 물이 차서 생명이 위험할 수도 있다.

산장을 떠난 지 얼마되지 않아 들것에 실린 고산증환자들이 여러명 지나간다. 입술은 파랗고 숨을 가쁘게 몰아 쉬는 게 여간 괴로워보이질 않는다. 갑자기 뜨끔해져 걸음을 더욱 천천히 하면서도 혹시 골치가 아프기 시작하지 않나 신경이 곤두세워졌다. 한참 걷다보니 전망대가 나오고 멀리 오늘 갈길과 내일 올라가야 할 급경사 지옥길이 선명하게 보인다.

길은 텅빈 벌판에 곧게 뻗어있지만 빤히 보이는 키보산장까지는 오르막이어서 생각보다 한참 걸어야했다. 길 양 옆은 높은 고도 때문에 풀 한포기 없는 사막이 되어 있고 화산 흙이 짙은 커피 색을 띠고 주위 돌산과 어우러져 마치 화성이나 금성에 온 느낌이었다.

아름다움은 고통을 뛰어넘는다

세시쯤 키보 산장에 도착. 열두 명을 수용할 수 있는 큰 방에 짐을 풀어놓고 옷을 끼어입을 수 있는 대로 끼어입었다. 산장이 춥기도 했지만 내일 있을 새벽 정상등정에 대비해서다. 정상에는 영하 몇도라더라, 올라가는 길에 칼 바람도 세차게 분다고 한다.

위에는 숙소에서 빌린 독일 군용 털잠바 안에 여섯 겹을 껴입고 아래는 조끼가 달린 스키바지를 비롯해 다섯겹을 입었다. 옷을 다 껴입고보니 뒤뚱뒤뚱 통통하게 살진 암펭귄처럼 움직임도 둔하고 화장실 가는 것도 큰 일이다.

저녁이 다되어 수줍은 신부인양 구름 베일에 가렸던 킬리만자로 제

2봉인 마웬리 봉이 잠깐 자태를 드러내어 사진을 찍을 수 있었다. 구름이 많이 끼어 경치를 제대로 감상할 수 없었지만 어떤 사람의 말로는 그것이 습기를 유지시켜 고산증을 덜어준다고 하니 오히려 잘 된 일이다.

우리 방에 든 열명 가운데 한명은 고산증이 시작되어 5분 간격으로 토하며 산을 내려갈 들것을 기다리고 있었고 네명은 내일 아예 올라갈 생각이 없다. 또 두 명은 중간 정상인 길만스 포인트까지 가겠다고 하니 나랑 독일인 부부만 정상 정복의 꿈을 꾸고 있었다.

오후 다섯시 쯤 침낭 속으로 기어들어갔다. 안내서에는 키보 산장에서는 고도가 높아 먹고 자기가 어렵다고 되어있는데 나는 어쩐 일인지 먹기도 잘 먹고 잠도 한밤중에 가이드가 와서 깨울 때까지 달게 잘 잤다. 좋은 징조이다

열한시 반에 하미시가 차와 비스킷을 가지고 왔는데 보통 때는 서너 잔 마시는 차를 오늘은 딱 한 잔만 마셨다.

영하 10도가 넘고 바람까지 세차게 부는 산에서 어떻게 엉덩이를 까고 소변을 보나, 옷 벗기도 쉬운 일이 아닐텐데. 그 생각에 물을 적게 먹고, 떠나기 직전 화장실에 가서 몸 속에 들어있는 마지막 한방울까지 짜내고 나왔다.

밤 열두시, 산장에 묵고 있는 사람들 가운데 일착으로 걷기 시작했다. 밤 하늘에는 보름에서 이틀 모자라는 달이 환하게 빛나고 있어서 달이 질 때까지는 손전등이 필요치 않았다.

떠난 시간으로부터 여덟 시간만에 고도 4,800미터에서 5,895미터까지 1,000 미터 이상을 올라가야 한다. 그러니 경사가 어떻겠는가. 60, 70도는 될 것 같은 경사에 미끄러운 자갈흙길이라 참으로 걷기 힘들다. 옷은 둔하게 입었것다, 산소는 부족해 숨이 가쁘것다, 바람은 또 왜 그리 부는지.

처음에는 앞서 가는 가이드의 발만 보고 리듬에 맞춰 따라갔으나 얼마 지나지 않아 가이드 걸음에 보조를 맞출 수가 없다. 가이드는 제 딴에는 최대한 천천히 가고 있는 것 같은데 나는 처음에는 200걸음 걷고 쉬었다가 조금 후에는 150걸음에 쉬고, 또 조금 후에는 75걸음에 쉬고 급기야는 50걸음마다 한숨씩 쉬어야 했다.

가도가도 갈 길은 까마득히 멀게 느껴진다. 가다가 엉덩이를 붙일 만한 바위가 보이기만 하면 쉬어가는 판이니 이내 뒤에 떠난 '후진'들에게 따라잡혔다. 보통 때 같으면 조급증이 발동해 따라잡히지 않으려고 안간힘을 썼겠지만 오늘의 목표는 일등으로 오르는 것이 아니라 꼴등으로라도 정상을 밟는 것이므로 빨리 올라가고 싶은 마음을 꾹꾹 참으며 내 페이스대로 걸었다.

새벽 세시쯤 되니까 달이 기울고 지금까지는 제 빛을 발하지 못하던 별들이 깜깜한 하늘에 고개를 내민다. 숨이 가빠 심장이 터질 것 같은데도 그 별빛이 눈에 들어오는 게 신기하다.

바위에 앉아 잠시 쉬려고 하면 저승사자 같은 가이드가 빨리 가자고 재촉한다. 이렇게 바람 부는 곳에서는 일분만 앉아있어도 한기가 들어 더 가기 어렵다는 거다. 그 말이 백번 옳다고 여기면서도 저절로 욕이 나온다.

"알았어, 임마. 가면 될 것 아냐."

어느덧 등 뒤에서는 지평선이 짙은 오렌지 빛으로 변하면서 동아프리카의 아침을 준비하고 있다. 그 여명이 어찌나 밝은지 손전등을 꺼도 길이 어슴프레 보일 정도다.

엎어진 김에 쉬어간다고 50걸음 걷고는 뒤돌아 보며 시시각각으로 변해가는 아름다운 여명의 파노라마를 감상했다. 이렇게 힘들고 힘든 순간에도 그것이 아름답게 느껴지는 걸 보니 아름다움은 고통을 뛰어넘는 것인가 보다.

마침내 정상에 그러나 시력을 잃다

울퉁불퉁한 바위를 오르락내리락 하다가 드디어 길만스 포인트에 도착. 아직 좀 어둡기는 했지만 저 멀리 지평선에 먼동이 트면서 바로 코 앞에 보이는 잘 생긴 마웬리봉과 어우러져 지금까지 아프리카에서 본 경치중에 최고의 걸작을 연출한다.

길만스 포인트에서 최고봉인 우후르까지는 한 시간 반에서 두 시간 거리. 길만스 포인트를 돌아가자 경치는 완전히 바뀌어 눈 덮인 분화구가 뚜렷이 보이고 멀리서 빙하가 번쩍거리는 빙산이 보인다. 햇빛에 반사되는 빙하들이 너무나 눈부셔서 선글라스를 끼지 않으면 도저히 눈을 뜰 수가 없다. 이 만년설 빙하가 바로 '킬리만자로의 눈'이 아닌가.

아이젠을 하고 만년설 사이로 난 빙판길을 조심스럽게 걸어가자 푸른 색을 띤 얼음 기둥들이 초대형 커튼처럼 드리워져 있고 하얀 설원이 꿈 속처럼 펼쳐진다. 가도가도 우후르는 나타나지 않고 가이드는 이 봉우리만 돌아가면 보인다, 저 봉우리만 돌아가면 보인다 하고 꼬드기기만 한다.

다리에는 힘이 하나도 없는데 오르막이 나타나면 괴롭기 짝이 없다. 지팡이로 삼고 있는 스키 폴에 간신히 몸을 의지해 또 한 봉우리를 돌아서니 바로 앞에 보이는 봉우리에 사람들이 모여 있다.

"아, 우후르! 저기가 바로 우후르봉이로구나."

가슴이 뛰면서 어디에 숨어있었는지 모를 힘이 절로 솟는다. 언제 패잔병처럼 걸었더냐 싶게 두 팔을 씩씩하게 휘저으며 걸어가자 가이드 하미시가 어이가 없는지 웃는다. 하미시는 참으로 무뚝뚝한 사람이라 그가 웃는 걸 그 때 처음으로 보았다.

정상에는 바람이 몹시 불고 있었다. 거기 정상에서 '아프리카에서 제일 높은 곳(The Highest Point in Africa)'이라고 쓰인 팻말 앞에서 사진을 찍고 주위를 둘러보았다.

내 뒤에 도착했던 사람들은 추운지 얼른 사진만 찍고 잽싸게 내려간다. 평생 잊을 수 없는 경치라는 동아프리카의 목초지 사바나는 이미 구름에 잔뜩 덮여 있어서 눈에 들어오지 않지만 산정 주위에 있는 빙하군들이 정상의 아름다운 백 그라운드가 되어준다.

"킬리만자로 산신령님, 오르게 해주셔서 감사합니다."

합장 삼배가 저절로 나왔다.

돌아오는 길은 그야말로 날듯이 미끄러져 내려왔다. 경사가 심한 미끄러운 흙길에서는 그것이 제일 쉽고 빠르게 내려가는 방법이다. 흙먼지를 일으키며 뛰듯이 내려가는 데 선글라스를 벗으니까 시야가 뿌연 게 눈에 먼지가 잔뜩 낀 것 같다. 하도 힘이 들어서 이렇게 먼지가 많이 들어가는데도 몰랐나? 산장에 돌아와 물로 눈을 씻고 마침 가지고 있던 안약을 넣었는데도 시야는 맑아지지 않는다.

어제 호롱보 산장에서 만났던 영국인 미남들이 반색을 하는데도 나는 한참동안 얼굴을 알아보지 못할 정도로 시야가 뿌옇다.

더럭 겁이 났다. 정상 근처에서 사진을 찍는다고 선글라스를 끼었다 벗었다 했는데 혹시 강렬한 빛을 반사하는 빙하가 내 시력을 상하게 한 건 아닐까? 말라리아 예방약 부작용은 아닐까? 혹시 지금까지 밝혀지지 않았던 고산병의 일종은 아닐까? 이러다가 시력을 잃는 건 아닐까?

걱정이 되어 키보산장 관리인에게 물어보니 높은 고도에 올라갔다 오면 안압이 잘 안 맞아서 그러니 조금 있으면 저절로 괜찮아질 거라고 한다. 썩 미덥지는 않지만 제법 유식하게 안압 어쩌구 하는 걸로 보아 전혀 모르고 하는 소리는 아닌 것 같아서 조금 안심은 되었다.

그러나 키보 산장을 떠나 한참을 내려가도 시야는 뿌옇기만 하다.

"아이구 어떻게 해. 내 시력 돌리도!"

점점 걱정이 커지는 데 키보봉과 마웬리봉이 양 옆으로 보이는 전망대에 와서야 그 이유를 확실히 알 수 있었다. 전망대에서 사진을 찍다가 옆에 있던 사람들에게 지나가는 말로 내 눈이야기를 했더니 마침 일행 중에 의사가 있다면서 불러왔다. 그 의사에게 내 증상을 말했더니 그가 빙그레 웃는다.

"아가씨 오늘 물 몇 잔이나 마셨어요? 충분히 마셨어요?"

아차, 바로 그것이었나. 옷을 많이 끼어입고 추워서 화장실 가기 겁난다고 새벽부터 지금까지 한 잔 밖에 물을 마시지 않았던 거다. 그 때문이란 말인가.

"아가씨 증상은 명백한 탈수증상이에요. 그러니 지금부터 물을 잔뜩 마시면 곧 괜찮아질 겁니다."

이런 바보 같은 사람이 있나. 내려오는 길 내내 열심히 물을 마셨더니 시야는 정말로 다시 맑아지고 신기하게도 그렇게 많은 물을 마셨는데도 화장실 생각이 나지 않는다. 내 몸은 하루 종일 바짝 마른 대지가 단비를 기다리는 상태였던 거다.

항상 빨리만 살아서는 안돼

1박2일 하산길 내내 혼자 걸으면서 이번 등반을 찬찬히 되새겨보았다. 이 킬리만자로 등반은 단순히 아프리카 최고봉을 올랐다는 성취감 뿐만 아니라 너무나도 소중한 교훈을 내게 주었다. 우선 사람은 세상을 살면서 빨리빨리 해야할 것과 천천히 해야할 것이 따로 있다는 사실이다.

나도 지금까지 살면서 누구 못지 않게 빨리빨리를 외쳐왔던 사람이다. 나는 다른 사람들과 비교해서 무엇이든지 조금씩 늦게 시작했다. 대학도 늦게 다니고 첫 직장에도 늦게 들어가고 결혼도 이미 늦었고. 이런 늦었다는 생각 때문에 마음은 더욱 조급해지고 무엇이든 속전속결 빨리빨리 해치우려고 해왔다.

그런데 내가 킬리만자로 등반을 하면서 평소처럼 '남보다 빨리, 남보다 먼저'를 외쳤다면 나는 아마 정상은 쳐다보지도 못하고 주저앉았을 것이다. 실제로 중요한 건 남과 비교해서 내가 얼마큼 왔는가가 아니라 내가 지금 확실한 목표를 가지고 힘을 제대로 축적하면서 알맞은 속도로 가고 있는가라는 것이라는 중요하고도 고마운 자각을 하게 되었다.

자기 목표가 뚜렷하다면 남이 얼마나 빨리 가는지, 가면서 무엇을 하는지 비교하지 않고 자기 페이스를 지키는 게 어렵지는 않겠지. 불경에서도 모든 번뇌의 근본은 남과 비교하는 데에서 비롯된다고 하지 않았던가.

또 한 가지, 나는 내 몸에 대해 진심으로 고마운 생각이 들었다. 닷새간 등반을 잘 견뎌준 다리, 두통을 일으키지 않아준 머리, 높은 고도에서도 먹을 것을 잘 소화시켜 준 위, 산소부족을 잘 견뎌준 폐, 마지막 여덟시간 지옥길에 터지기 직전까지 갔던 내 심장, 그리고 어쩐 일인지 모르지만 등산 중에 있어야 했으나 고맙게도 등산 후로 미루어진 생리.

나는 그동안 내 외모에 대해 얼마나 많은 불평을 해왔던가. 좀더 매끄러운 피부를 가졌으면, 키가 좀더 컸으면, 다리가 좀더 길었으면, 나는 불평만 했지 건강한 내 몸의 고마움은 잊고 살았던 것이다. 거칠어도 알레르기 한번 일으키지 않는 피부, 짧아도 잘 걸어주는 다린데 말이다.

나는 늘 정신이 몸에 우선한다고 생각해왔다. 어떤 극한상황이라도 강철같은 정신력만 있으면 몸은 저절로 따라준다고 믿고 내 욕심대로 몸이 견딜 수 있는 한계까지 몰아붙인 적이 한두번이 아니다. 그러나 킬리만자로와 같은 물리적인 극한상황은 정신력만으로 버텨지지 않는다. 몸과 정신력이 함께 해야만 간신히 극복할 수 있다는 것이었다.

"하나 밖에 없는 몸, 이제부터는 고맙게 여기면서 아끼고 잘 돌봐야지. 잘 먹고 잘 자고 적당하게 운동하고 편안히 생각하며 건강하게 살아야지. 앞으로 적어도 40년은 더 써야 할테니까."

처음 떠났던 숙소에 돌아와 5일만에 뜨거운 물로 샤워를 하고 한 벌 남겨두었던 깨끗한 옷으로 갈아입고 시원한 정원에서 차가운 맥주를 마시고 앉았으려니 갑자기 내 자신이 행복감으로 충만해졌다.

"아주 행복해 보이시네요. 정상까지 성공하셨나보죠? 축하합니다."

누가 말을 걸어왔다. 다음 날 등정을 시작한다는 독일 남자아이들이다. 내가 떠나기 전 미국여자들에게 던졌던 말과 똑같은 인사. 내 얼굴도 그때 내가 보았던 얼굴들처럼 행복해 보였겠지.

조금 후 가이드와 두 짐꾼도 산뜻하게 옷을 갈아입고 나타나 킬리만자로 정상등반 증명서를 전달하는 식을 가졌다. 증명서를 받고 맥주를 마시며 그동안 산에서 있었던 여러가지 에피소드를 이야기 하다보니 이들이 아주 가깝게 느껴진다. 한국에서 가져간 열쇠고리를 하나씩 선물로 주었더니 짐꾼 중 마사이 족인 레코코가 얼른 귀고리처럼 귀에다 달고 인사를 한다.

"아싼떼 싸나."(정말 고마워요)

그 말은 정작 내가 해야할 말이다.

"우에우에, 아싼떼 싸나!"(여러분, 정말 고마워요)

나는 맥주잔을 들며 외쳤다. 고마운 킬리만자로, 그 아주 값진 등반을 기리며!

잔지바르 해변
잊지못할 남자 조나단

잔지바르 눙우위의 아름다운 해변에서 만난 영국 남자 조나단.

잔지바르에 가서 인물자랑 하지말라

탄자니아 수도 다르에스 살람에서 배를 타고 서너 시간쯤 가면 이 나라 최대 관광지 잔지바르 섬에 닿게 된다. 한때 세계 최대의 향료 (클로브) 생산지에다 세계 최대 노예 무역항이었던 섬. 수십세기에 걸쳐 수메리아인, 아씨리아인, 이집트인, 인도인, 중국인, 페르시아 인, 포르투갈인, 아랍인 그리고 최근에는 네덜란드와 영국인이 이곳 을 거점으로 무역을 하거나 정착해 통치해왔다.

당시 이곳에는 동아프리카에서 생포된 흑인들이 연간 5만명쯤 끌 려와 아랍 상인들에 의해 전세계로 팔려나갔다. 이 흑인들은 인간으 로서는 도저히 견딜 수 없는 비참한 상태로 돛단배에 실려 수개월간 항해했고 항해 도중 영양실조와 병으로 죽은 흑인의 수가 살아남은 흑인의 다섯배 이상이었다고 한다.

극한상황에서 살아남은 흑인들은 아주 튼튼하고 건강한 사람들이 었기 때문에 그때 미국 등 신대륙에 팔려간 사람들의 후손인 지금의 흑인들은 대부분 키도 크고 몸집도 크다는 것이다.

1800년대 아랍권의 최고 통치자인 술탄이 이곳으로 옮겨오면서 이 섬은 모슬렘 문화를 깊이 받아들였다. 오마니술탄의 모슬렘 통치는 탕가니카 공화국과 잔지바르가 병합되어 탄자니아 공화국이 탄생하 며 마침표를 찍었다.

그러나 이런 정치적 통합이 정신적 문화적 통합으로 이어지기에는 아직까지 시간이 더 필요한 모양이다. 아직도 잔지바르 사람들은 자 기들을 탄자니안이라고 부르지 않고 잔지바리안이라고 부르는 걸 보 면 말이다. 이런 역사적 배경 때문인지 잔지바르 시내에 가면 아프리 카 흑인에 인도 사람, 아랍풍 사람, 관광객인 백인, 황색인 등 온갖 얼굴들을 볼 수 있다.

이 섬에서 특히 재미있는 곳은 예전 아랍인들이 이 섬을 지배할 때 건축한 지금의 번화가 올드스톤 타운. 이곳은 주요 외곽도로가 삼각형을 이룬 지역인데 이 삼각형 안에 있는 도로는 미친년 머리카락처럼 엉켜있어서 한번 그 미로 속에 들어가면 바깥의 주요도로 세 군데 이외로는 도저히 빠져나올 수 없다.

방향감각이 특히 없는 나는 잔지바르 시내에서 닷새를 지내는 동안 하루도 길을 잃고 헤매지 않은 날이 없었다.

어쩌면 그 미로 속에서 길을 잃고 열심히 헤매는 것이 올드스톤 타운을 제대로 보는 건지도 모른다. 이 올드스톤 타운 안에는 우리나라 시골 구멍가게보다도 작은 가게들이 다닥다닥 붙어서 온갖 물건들을 팔고 있고 길은 두 명이 나란히 걸으면 어깨가 닿을 정도로 좁은데 길 양쪽으로 4, 5층의 석조 가옥들이 빽빽이 들어서 있다.

이 돌집들은 흰색으로 칠한 높은 벽에 이층부터는 방마다 발코니가 있다. 다 쓰러져가는 오래된 집들도 대문만은 티크 목재로 만들었고 여기에 정교한 문양을 조각해두어 눈길을 끈다.

이 미로 속에는 수십개의 이슬람 사원이 있어서 하루에 다섯번 씩 때맞춰 기도 시간을 알려주고 골목마다 코란경을 외우는 어린이들의 낭랑한 목소리가 들려온다. 검은 천으로 몸 전체를 가린 여자들과 하얀 가운에 흰 모자를 쓴 남자들을 보고 있자면 아라비아에 온건가 하는 착각이 들 정도다.

미로 속에는 시장이 있고 술탄의 궁전이 있고 영국 통치의 잔재인 대성당도 두 군데나 있고 페르시아 스타일의 공중목욕탕도 있다.

관광지라고는 해도 아직 자본주의의 때가 비교적 덜 묻어있어서 동네 사람들은 남녀노소를 막론하고 지나치는 사람마다 웃음을 지으며 '잠보' '카리부' (어서 오세요) 하고 먼저 인사를 한다.

수십세기에 걸쳐 여러 나라 사람들이 어울려 살았기 때문에 혼혈이 많아서 그런지 미로 속을 걷다보면 깜짝 놀라 입이 딱 벌어질 만큼 예쁘고 잘 생긴 얼굴들이 많다. 까무잡잡한 피부에 커다란 눈, 뚜렷한 이목구비에 고른 이빨을 다 드러내며 짓는 웃음! 하나같이 할리우드 영화배우 뺨친다.

도시 전체가 역사 박물관, 인종 박물관, 건축 박물관, 가게 박물관이어서 아주 작은 도시지만 며칠을 돌아다녀도 지겹기는커녕 새록새록 자꾸만 새로운 재미가 솟는다.

코란경으로 점치고 부적 만들다

내가 묵은 숙소의 지배인 둘라는 다리가 약간 불편한 장애인인데 대단히 진지하고 성실한 사람이다. 이 얘기 저 얘기 하다가 우연히 자기 할아버지가 코란경으로 점을 치며 액을 막는 점쟁이라는 말을 했다. 장난기로 나도 가서 점을 칠 수 있느냐고 했더니 뜻밖에도 쾌히 승낙. 자기도 지금 주인과 뜻이 안 맞아 다른 데로 옮기고 싶어서 물어보러 가려던 참이었단다.

다음날 둘라와 함께 자전거를 빌려타고 할아버지를 찾아갔다. 할아버지는 버스도 다니지 않는 시외곽에 살고 있었다.

시내를 벗어나자 교외 사람들이 나를 보고 모두 치나(중국인) 혹은 무중구(외국인) 라고 부르면서 예외없이 '잠보' 나 '카리부' 를 외치며 흰 이를 드러내고 환한 웃음을 짓는다. 그들의 인사를 통해서 한없이 따뜻한 마음이 전해진다.

선물로 설탕 한포대와 밀가루 한포대를 사서 아주 좁고 사방이 꽉 막혀 몹시 무더운 할아버지 집으로 들어갔다. 의젓한 외모의 할아버지는 예고도 없이 불쑥 외국인이 들어오니 몹시 놀라면서도 여기 사람들이 으레 그렇듯 얼굴 가득 웃음을 띠고 '카리부' 하고 인사를 한다. 둘라가 간단하게 내 소개를 하고 내게 소원이 많으니 복을 빌어달라고 하자 내 얼굴을 잠시 뚫어지게 바라보더니 '운이 아주 좋은 사람이군' 하고 혼잣말을 한다.

'코란경으로 점을 친다더니 관상도 보는 모양이지?'

물론 운이 좋다는 말이 듣기 싫지는 않았다. 할아버지는 두말없이 내 운세를 봐주고 복을 빌어주겠다고 한다.

우리나라에서는 점을 치려면 생년월일을 알아야 하는데 여기서는 어머니 아버지 이름과 내 이름을 달라고 한다. 이 이름들을 숫자로 만들어 한참 더하고 빼고 하더니 내 숫자는 11인데 아주 좋은 숫자라고 하면서 무슨 소원이 더 있느냐고 묻는다.

나는 아주 소원이 많아서 우선은 내가 지금 하고 있는 여행이 무사히 끝나기를 바라고, 여행이 끝난 다음에는 인생의 동반자를 만나고, 직업으로 내가 하고 싶고 또 잘할 수 있는 일을 했으면 좋겠고, 집안 식구들이 모두 건강했으면 좋겠고… 등등 줄줄이 소원을 말했다.

짧게 짧게 메모를 하던 할아버지는 코란경을 꺼내 읽기 시작했다. 금방 끝나려니 생각했는데 10분 20분을 넘어 한시간이 넘도록 끝나지 않는다. 둘라 말이 지금 내 소원에 대한 비방을 찾는 중이란다. 한참을 이 책 저 책 꺼내 읽더니 드디어 이마에 구슬땀을 뚝뚝 흘리며 종이에 빨간 잉크로 아랍어로 무어라고 한참 적는다. 그러고는 향불을 피워 내 손을 잡고 뭐라고 또 한참 주문을 외운다.

그러더니 그 종이를 엄지 손가락만하게 똘똘 접어주며 늘 몸에 간직하라고 한다. 물에 적시면 주문의 효력이 반감되니 젖지 않도록 주의하고 생리 중에는 몸에 지니지 말라고 당부하셨다

소중하게 받아들고 바로 옆집 대장간에 가서 양철로 조그만 부적통을 만들었다. 절대 물이 들어가지 못하게 납땜으로 아예 꽉 봉해서

늘 지니고 다니는 여권과 돈이 들어있는 전대에 넣어두었다. 그리고
는 속으로 생각했다.

'이런 부적 같은 것에 의지하는 건 다 뭔가 불안해서겠지. 그래. 여
행자들이 아무리 낙천적이라고 해도 몇 년씩 낯선 곳을 돌아다니며
낯선 사람과 만나고 듣도 보도 못한 경험을 하고 있으니 불확실한 내
일에 대해 마음 한 쪽에는 늘 불안이 도사리고 있는 걸 부인할 수는
없어. 내 가장 친한 친구가 수녀니까 천주님께 내 안녕을 빌어 줄 거
고, 불교를 믿는 친구들은 또 부처님께 내 여행이 무사하도록 빌어준
다고 했지. 이제 이슬람 코란경 힘까지 빌리게 되었으니 이 여행은
반드시 무사할 거야.'

땀 흘린 후 마시는 맥주의 첫모금 같은 사람

어느날 아침 같은 숙소에 묵고있는 네덜란드인 부부가 북쪽 해변으
로 수영을 하러 간다고 한다. 북쪽 비치는 관광객들에게 안 알려져
있어서 그야말로 천연의 무공해 해변과 동네 사람들이 있다는 거다.
그래? 그럼 나도 잘 알려진 동쪽 해변 대신 북쪽으로 가볼까? 그날
오전 열한시에 북쪽 해변으로 가는 버스가 있다기에 당장 달려갔다.

버스에는 다른 백인 여행객이 세 명 먼저 타고 있었다. 서른 여섯
살의 영국 사람 조나단, 그리고 40대 초반의 스페인 부부다.

잔지바르에서 버스로 두 시간 거리인 능우위라고 부르는 이 어촌
마을은 듣던 대로 참으로 아름답다. 수 킬로미터나 되는 흰 모래와
옥을 가루내어 풀어놓은 것 같은 초록 바다 빛깔이 눈에 시릴만큼 찬
란하다.

버스에서 만난 사람들과 함께 숙소를 정하자마자 바다 속으로 풍
덩. 몇달 만의 해수욕이냐. 마침 밀물 때라 파도가 높이 밀어닥치고

있어서 파도타기에 안성맞춤이었다. 조나단, 스페인 부부 그리고 동네 아이들과 신나게 놀았다.

시간이 지날수록 파도는 점점 높아지더니 급기야 사정없이 들이닥치는 파도가 나를 휩쓸어 모래밭에 메다 꽂았다. 메다 꽂히는 것도 재미가 있어서 몇번이고 집채같은 파도 속으로 들어가고 또 들어갔다. 파도의 그 업어치기 위력이 얼마나 대단했는지 다음날 오른쪽 어깻죽지에 멍이 들고 오른손을 제대로 쓸 수 없었다.

그날부터 나흘간은 느긋한 해변의 나날. 아침에 일어나면 일찍 고기를 잡으러 나가는 배, 다우의 바람을 잔뜩 실은 하얀 돛과 파란 바다의 절묘하게 어울리는 빛깔을 감상한다. 이 바다 빛깔은 내가 태어나 보았던 바다 중에서 제일 아름답다. 햇빛의 강도에 따라 연한 초록색에서부터 짙은 파란색까지 변하는데 이 두 빛깔 사이에서 시시각각 농도를 달리해 수십가지의 다른 빛깔을 만들어낸다.

이 바다에서 더욱 나를 즐겁게 한 건 편안한 남자 조나단이었다. 유명한 무선통신회사 홍보담당이라는 조나단은 예전에 나와 아주 친하게 지냈던 영국 선교사 윌리엄과 말하는 투나 억양이 너무나 흡사해 처음부터 괜히 호감이 갔다. 그가 상당한 미남자였다는 사실도 그에 대한 호감의 중요요건이 되었을 것이다.

게다가 나이도 비슷하고 전공도 비슷하고 라틴 아메리카 등 여행다닌 경력도 비슷해 이야깃거리가 끊이지 않았다. 이 사람도 지구를 거의 한바퀴 돈 대단한 골수 여행가이며 대단한 입심꾼이다. 또 한가지 내 마음에 든 것은 말끔한 영국식 매너다. 중세 기사들이 숙녀를 대하는 듯한 깍듯한 예의와 배려가 내 기분을 좋게 만들어 주었다.

내가 묵은 숙소 바로 앞에는 자그마한 모래밭이 있는데 바위 그늘이 드리워져 있기 때문에 한낮에도 햇빛을 피해 책을 읽거나 낮잠을 잘 수 있어서 거기가 3박4일간 우리의 아지트가 되었다. 이 해변에서 조나단과 보낸 날들은 즐거웠다.

아름다운 바다와 예쁜 모래사장, 맛있는 바다음식 그리고 매너 좋은 미남자의 절제된 친절과 관심. 마치 오래전 내가 무수히 번역했던 하이틴 로맨스 소설속의 이야기 같았다. 여행을 길게 다니다보면 내게도 이런 조건을 골고루 갖춘, 분에 넘치는 보너스가 주어지는구나 황송한 기분이 들 정도였다. 이 남자도 영국에서 홀로 휴가여행을 와서 예상치 않았던 동양여자와 해변의 로맨스를 만들고 있으니 왜 아니 즐거우랴.

이 곳에서 조나단과 그림자처럼 같이 다녔더니 모두들 우리가 부부거나 오래된 애인으로 짐작했는지 여기에서 처음 만난 사이라고 하면 좀처럼 믿지 않으려 한다. 오랫동안 함께 지내서 아주 편한 사이로 보인다는 거다. 아마도 그와 내가 편한 마음으로 서로에 대해 부담을 느끼지 않았기 때문에 그렇게 보인 모양이다.

혼자 여행을 하다보면 여행객이든 현지인이든 늘 사람을 만나게 된다. 그런 사람들과 짧게는 하루, 길게는 몇 주씩 함께 여행을 하게 되는데 어떤 인간관계나 그렇듯 첫눈에 마음에 드는 사람, 한참을 지내야 좋아지는 사람, 아무리 좋아하려고 해도 끝내 좋아지지 않는 사람, 처음에는 좋았다가 나중에는 빨리 헤어지고 싶은 사람 그리고 무리하게 여정을 바꾸어서라도 될수록 길게 함께 있고 싶은 사람 등 가지가지다.

어떤 경우든 여행 중에 만나는 사람들은 내 여행경험을 풍요롭고 값지게 해주지만 특히 외로운 여행길에 마음에 드는 사람을 만나는 건 마치 한여름 땡볕에서 일을 하다가 잠시 바람부는 시원한 그늘에 앉아 마시는 찬 맥주의 첫모금과 같다고 할까. 짧았지만 조나단이 바로 그런 사람이었고 조나단에게도 내가 그런 사람으로 남게 되기를 바란다.

인생은 유한하나 여행은 무한하다

유수기업의 중역 자리를 박차고 나와 일년의 반은 여행 가이드로,
나머지 반은 여행하며 살아가는 영국인 부부.

옛 범선을 타고 인도양을 달리는 기분

"말라위는 정말 물가가 싸더라. 하루 10달러면 띵호와야."

"무엇보다도 호수가 좋아. 수영도 하고 스킨 스쿠버도 하고."

"거기에서는 모두들 영어를 잘하니까 의사소통 걱정이 없어서 좋더라."

"말라위 마리화나 죽여주더라던데, 싸기도 하고."

숙소의 아침식탁에서 벌어지고 있는 대화에는 말라위라는 말이 자주 나온다. 한국에서는 들어보지도 못한 나라인데 여기 배낭 여행자들 얘기로는 여행천국이라는 것이다.

"거기가 그렇게 좋아?"

"어머. 여기까지 와서 말라위에 안 가려고 했어요?"

내 옆에 앉아 있던 캐나다 아이가 놀라서 묻는다.

"난 거기가 어떤 나란지도 모르는데…."

"내일 모레 나랑 내 친구랑 말라위에 가기로 했는데, 그럼 같이 갈래요?"

이렇게 아침을 먹으면서 나는 간단히 말라위 여행을 결정했다. 이렇게 즉흥적으로 계획에도 없는 여정을 잡는 것이 나같이 자유로운 단독여행자의 특권이다. 그룹여행이나 예약된 여행이라면 엄두나 낼 수 있을까?

우선 다르에스 살람으로 나가는 배를 물색하러 나갔다. 왜 물색이냐 하면 나는 일반여객선이 아니라 순전히 바람으로만 가는 옛날 아랍이나 중국 상인들이 타고 다녔던 배, 지금은 화물선으로나 쓰이는 다우라는 범선을 타려는 거다.

수백년 전 도자기나 향료를 가득 싣고 험한 뱃길을 오로지 돛 하나에만 의지하며 몇달 동안 항해하던 그 목숨을 건 장사꾼들의 심정을 조금이라도 맛보고 싶어서였다.

부두에 가서 화물선 통제실 책임자에게 그 이야기를 했더니 어이가 없는지 웃기만 했다. 여객선은 한시간 반이면 가는데 이 범선은 빨라야 여덟 시간, 길게는 스물 네 시간이나 걸린단다.

게다가 이 배들은 모두 화물선이라 앉을 자리가 불편한 것은 물론 바람이 심하게 불면 뒤집힐 위험까지 있으니 물정 몰라도 한참 모르는 여자라는 표정이다.

"아가씨 도대체 왜 이런 배를 타려고 하슈?"

"나는 원래 좀 특별한 경험을 하고 싶거든요. 이런 범선을 타보는게 멋있고 재미있을 것 같아서요."

"범선이 얼마나 위험한지 알고서나 하는 소리요?"

"그래도 선원들은 다 타고 다니잖아요. 선원들이 탈 수 있다면 나도 탈 수 있어요."

"그것 참. 꼭 그렇다면 여기 출입국 관리소에 가서 허가증을 받아오슈. 그리고 사고가 나더라도 책임을 묻지 않겠다는 각서를 하나 쓰슈. 그래야 애매하게 범선 주인이 뒤집어쓰지 않을 것 아뇨?"

배만 태워준다면 그런 것 백번이라도 못쓸 한비야가 아니다.

"좋은 선장을 찾아 볼 테니 내일 오후에 오슈."

허가증과 각서를 내밀자 통제실 사람은 아직도 못믿겠다는 얼굴로 말했다. 얏호, 나는 영화에서 보물섬이나 찾아가는 고리적 범선을 타보게 되는구나. 기차를 타고 말라위에 갈 아이들에게 이 이야기를 했더니 귀를 쫑긋 세우고 입을 딱 벌리며 자기들도 같이 범선을 탈 수 없겠느냐고 조른다.

앞날을 생각해서 못이기는 척 힘을 써보마고 했다. 다음날 오후 화물선 통제실장에게 갔더니 범선 선장마다 이야기를 해보았으나 아무도 외국인 여자를 태워주려고 하지 않고 내일 새벽에 떠나는, 반은 바람의 힘으로, 반은 모터의 힘으로 가는 화물선 선장만 오케이를 했다는 거다. 기왕이면 순전히 바람과 노로만 가는 배를 탔으면 좋겠으나 그런 배는 태워주지 않는다고 하니 도리가 없었다.

모하메드라는 선장은 영어를 한마디도 할 줄 모르지만 마음씨는 그만. 내일 새벽 일찍 떠날테니 새벽 네시까지 오란다.

그건 너무 이르니까 그러면 아예 오늘 밤 배 갑판에서 자겠다고 했더니 깜짝 놀란다. 우리는 침낭도 있고 야영도 많이 해본 사람들이라 괜찮다고 했더니 항만 관리소에서 허락하지 않을 거라면서 통역을 해주는 사람에게 고개를 설레설레 젓는다. 그래서 우리가 몰래 부두로 들어와 이 배까지 올테니 염려말라고 했다.

그날 밤 우리 셋은 도둑 고양이처럼 부두로 들어와 살금살금 발소리를 죽이고 다닥다닥 정박해 있는 여러 배를 건너 무사히 우리 배를 찾아갔다. 기관실 지붕에 셋이서 침낭을 펴고 누워 밤하늘을 쳐다보며 낄낄댔다. 이게 웬 땡이냐. 하룻밤 숙박비도 절약하고, 보통 여객선의 4분의 1 가격으로 다르에스 살람까지 돛단배도 타보고.

다른 두 아이는 이것이 다 한국 언니를 잘 만난 덕분이라며 종이 비행기를 태운다.

우리가 탄 배는 조리용 기름 깡통을 싣고 가는 배로 선원이 선장을 포함해 열명. 다행히 바람도 잔잔하고 날씨도 맑아서 모터를 쓰지 않고 돛을 펼쳐 순조로운 항해를 시작했다.

선원들은 이 외국인 아가씨들에게 무척 친절했다. '아 지금 뜨거운 차 한 잔 마셨으면' 하는 생각을 하는 순간 "자 아가씨들 차랑 빵 드세요" 하고 아침식사를 가져오고 '아, 슬슬 배가 고파지는데' 하는 생각을 하자마자 "자, 점심 드시죠" 하고 밥 한그릇에 생선 한토막씩 없은 점심을 내놓는다.

기름통 때문인지 뱃멀미가 나 다르에스 살람까지 가는 동안 절반은 누워서 왔지만 열시간의 즐거운 항해였다. 좀 아쉬운 점이 있다면 오는 길이 너무 순조로워서 처음에 생각했던 것처럼 옛날에 험한 뱃길을 오가던 상인들의 심정을 맛볼 수 없었다는 것이다.

그러나 정말로 바람이 몹시 불어 배가 뒤집힐 지경이었다면 이런 말을 할 수 있을까.

국경에서 또 발목 잡혀

다르에스 살람에서 탄자니아 국경 근처 음베야까지는 한 캐빈에 여섯명이 들어가는 2등 침대칸 기차를 탔다. 여섯명이 모두 여행자여서 경험담을 나누느라고 24시간 걸리는 기차여행이 전혀 지루하지 않았다. 그 가운데는 특히 아프리카 동식물에 관해 해박한 지식을 갖춘 사람이 있어서 국립공원을 가로지르며 아프리카의 동식물을 본격적으로 관찰할 수 있었다.

'기차를 타고 가면서도 기린이며 산양이며 사자가족을 볼 수 있다니. 이런 게 아프리카로군.'

말라위 국경 근처는 산도 많고 땅도 기름져서 온갖 곡식이 잘 자라는 탄자니아의 곡창지대. 마치 동남아 어느 나라에 온 듯 과일이 풍부하다. 기차가 역에 서면 차창에 동네 꼬마들이 다닥다닥 붙어 집에서 딴 망고, 복숭아, 바나나 등을 우리 돈으로 5원, 10원에 파느라고 북새통을 이룬다.

그 사이에서 아기를 등에 업은 아줌마들이 찐 옥수수나 군만두 같은 것을 머리에 이고 기차의 이 창문 저 창문으로 왔다갔다 하는 것이 마치 우리나라 50년대 흑백영화의 한 장면 같다.

다르에스 살람을 떠나 만 30시간만에 말라위로 넘어가는 국경에 도착했다. 그런데 여기서 문제가 생겼다.

"당신은 비자가 필요하니 탄자니아 수도로 돌아가 비자를 받아오시오."

'뭐? 다시 다르에스 살람으로 가라고? 짐자전거를 타고, 버스를 타고, 밤기차를 타고 30시간 걸린 길을 다시 돌아가라고? 그럴 순 없지.'

"여보세요. 그럴 리가 없어요. 나는 북한이 아니라 남한 사람이란 말이에요. 나이로비와 다르에스 살람에 있는 말라위 대사관에 두번이나 문의했는데 양쪽 다 남한 사람은 비자가 필요없다고 했단 말예요. 그러니 출입국 규정을 다시 잘 살펴보세요."

대사관에 문의는 무슨 문의, 새빨간 거짓말이지만 여기서는 이렇게 밀고 나갈 수밖에. 사실 잔지바르의 관광청에 물어보기는 했었다. 그 직원 말이 말라위는 무조건 무비자란다. 그렇지만 그건 유럽이나 북미 아이들에게만 해당한다는 걸 그 직원이 몰랐던 것이다.

내가 하도 당당하게 나가니까 그 딱딱한 직원도 자기가 잘못 알았는가 싶어서 규정집을 다시 자세히 들여다 보았다.

"출입국 규정을 잘 읽어보았는데 역시 남한 사람은 비자가 필요합니다. 당신은 입국 불허입니다."

"정말 이해할 수 없군요. 어떻게 두 군데 대사관에서 두번씩이나 똑같은 실수를 한단 말이에요. 이거 안되겠으니 당신 상사하고 이야기를 해야겠어요."

"내 상사도 같은 규정집을 보니까 소용없을 겁니다. 괜히 시간낭비하지 말고 어두워지기 전에 탄자니아로 돌아가는 게 좋을 겁니다."

"돌아가든 말든 그건 내 사정이니 그런 걱정은 하지 말고 어서 당신 상사에게로 안내나 해주세요."

세차게 다그치자 그는 할 수 없이 나를 상사에게 데려다 주었다. 작달막한 체구에 지극히 사무적인 책임자는 부하 이야기를 듣더니 눈길도 주지 않고 한마디로 끊어서 말한다.

"다른 방법이 없습니다. 우리는 출입국 관리만 하고 비자발급은 안 합니다. 탄자니아로 가서 우리 대사관에서 말라위 비자를 받아오십시오."

"이거 보세요. 나는 한국의 여행작가예요. 세계 여러 나라를 돌아다니는 게 직업인데 그 나라에 가기 전에 비자가 필요한지 아닌지도 모르고 다니겠어요? 말라위에 올 때도 나는 분명히 두번 씩이나 물어보고 확인을 했단 말예요. 당신네 대사관에서는 이런 실수를 해서 나를 이렇게 애먹여도 된단 말예요? 그러니 당신은 내게 예외를 인정해주어야 합니다."

"지금 나보고 법을 어기라는 겁니까? 규정대로 당신은 말라위에 입국할 수 없습니다. 이야기는 끝났습니다."

"참으로 유감이군요. 나는 한국에서 가장 유명한 잡지에 이번에는 아름다운 호수의 나라 말라위에 대해서 쓰겠다고 했는데 이렇게 입국 거부를 당하니 별 수 없이 오늘 있었던 일을 자세히 쓰고 한국 독자들에게 말라위는 오지 말라고 해야겠군요."

나는 이 때 실제로 〈여성동아〉에 내 여행기를 연재하고 있었다.

"아니 잠깐, 우리 말라위는 아가씨의 입국을 허가하지 않는 게 아닙니다. 단지 아가씨가 비자가 없기 때문입니다. 비자만 있다면 언제라도 환영입니다."

잡지 이야기를 하자 태도가 조금 누그러졌다. 이 기회를 놓칠 수 없지.

"탄자니아로 돌아가 비자를 받아오려면 적어도 5일은 걸릴텐데 그러면 말라위를 제대로 볼 시간이 없잖아요? 그러니 여기서 내게 임시 비자를 주면 이민국에 가서 정식 비자를 받겠습니다. 당신네 대사

관 잘못도 있지 않습니까? 게다가 나는 아름다운 당신네 나라를 한
국에 소개하려고 온 사람이잖아요?"

거짓말 3분의 1, 협박 3분의 1, 애원 3분의 1을 섞어 밀고 나가자
그는 여전히 눈길을 책상 위 서류에 고정시킨 채 한참 생각하더니,

"좋습니다. 2일 간의 임시 비자를 주겠습니다. 내일 중으로 여기서
일곱시간 떨어진 음주주에 가서 정식 비자를 받으세요. 우리나라에
대해 좋은 기사 부탁합니다."

여행객의 천국 말라위

말라위는 탄자니아 남쪽에 있는 길쭉한 모양의 작은 나라. 동쪽으
로는 모잠비크, 서쪽으로는 잠비아와 국경을 이루고 있다. 전 국토의
20 퍼센트가 말라위 호수로 되어있고 그 밖의 국토는 전부 국립공원
이라고 해도 좋을 만큼 경관이 수려하다. 강수량이 풍부해 항상 푸르
르고 기온은 일년 내내 섭씨 20~27도의 우리 나라 초여름 같다.

무엇보다도 물가가 굉장히 싸서 배낭족들이 좋아한다. 하루 8달러
정도면 잘 먹고 잘 자고 잘 다닐 수 있다. 대나무로 만든 침대와 모기
장이 있는 호숫가 오두막에서 하루 묵는데 1달러 조금 넘게 주면 된
다. 오랜만에 물가가 싼 나라에 오니 갑자기 부자가 된 것 같고 당분
간 돈 걱정은 않아도 된다고 생각하니 마음의 여유까지 생긴다.

아주 편해서 몸과 마음을 푹 쉴 수 있는 곳이긴 한데 한가지 문제는
말라리아 모기가 극성을 부린다는 것이다.

이 호숫가 말라리아 모기는 악명이 높다. 말라위에 오는 여행객은
말라리아 예방약을 다른 나라에 비해 두 배는 강하게 먹는데 그렇게
조심을 해도 많은 여행객들이 말라리아에 걸린다. 이 병에 걸리면 한
사나흘 고열로 앓아누워있어야 하고 후유증도 대단하다.

내가 묵은 게스트 하우스에도 세 명이나 말라리아에 걸려 인사불성이 되어 앓고 있었다. 지난 번 인도에서 말라리아 예방약을 먹고 그 부작용으로 머리가 반 정도 빠진 일도 있고 말라리아 약이 간을 심하게 손상시킨다는 걸 잘 알고 있으면서도 당장 학질에 걸리는 게 겁이나서 여기 오자마자 초강력 말라리아 약을 먹고 있는 중이다.

내가 든 카타베이의 오두막은 호수가 한눈에 보이는 전망 좋은 곳이다. 발가벗은 동네 아이들이 호숫가 바위에 올라 낚시를 하거나 물장구를 치고 나무속을 파내서 만든 통나무를 타고 호수 안쪽으로 고기를 잡으러 나가는 게 침대에 누워서도 빤히 내다 보인다.

꼬박 이틀간 호숫가에 앉아 기사를 썼더니 동네 아이들이 나만 보면 글 쓰는 흉내를 내며 알은 체를 한다.

말라위에서는 특별한 여정도, 꼭 가보고 싶은 곳도 없다. 그저 라르고의 속도로 몸과 마음을 느긋하게 지내보자는 것 뿐. 호수의 나라니호숫가에 있다가 산 경치가 좋다는 리빙스토니아나 가 볼까 하는 정도였다. 그러다가 숙소에서 만난 아이가 말라위 호수를 횡단하는 배가 있는데 그 배의 종점인 멍키베이의 경치가 끝내준다는 얘기를 했다. 그럼 나도 슬슬 거기나 가볼까.

일주일에 한번 다니는 배라 여행객이 많을 거라고 생각했는데 막상 타고 보니 열명 정도밖에 되지 않는다. 현지인들이 타는 아래 선실에는 출퇴근 시간 만원버스 안처럼 앞 뒤 옆으로 꽉꽉 눌린 사람들이 생선짐과 닭, 염소 등 온갖 집짐승들과 함께 섞여 발디딜 틈이 없다. 저렇게 하고 어떻게 2박 3일간의 긴 여행을 할 수 있담.

나는 어떤 교통수단이라도 반드시 현지인칸을 이용하는 것을 원칙으로 하고 있지만 이 배만은 자신이 없어 1등칸을 탔다.

뱃삯이 세 배나 비싼 1등칸은 갑판 위여서 시원하기도 하고 벤치가 놓여있어서 3일간 지내기에도 큰 문제가 없었다. 원래 화물선이라

침실이 없어 밤에는 갑판 바닥에서 슬리핑 백을 깔고 자야 하지만 비만 오지 않으면 오히려 그 편이 더 쾌적하다. 배 위라 바람이 불어 모기에게 뜯길 염려도 없고.

새벽에 깨어보니 동녘에 먼동이 트느라 수평선이 오렌지 색 구름으로 가득하다. 지하 매점으로 내려가 우유를 넣은 따끈한 홍차를 한 잔 마시니 한기가 가시며 뱃속이 따뜻해 기분이 좋다.

나는 이 차이라고 부르는 우유홍차에 중독되었다. 아침에 일어나자마자 마시는 차이는 입안을 달콤하게 적시고 식도를 따라 내려가며 온몸을 따뜻하게 해 주어 하루를 즐겁게 시작하게 한다.

우리나라에서 시판되는 홍차로도 쉽게 사이비 차이를 만들 수 있다. 머그 컵에 뜨거운 물 반, 따끈하게 데운 우유 반을 넣고 홍차 봉지를 넣어 기호에 맞게 우려낸 다음 설탕을 조금 넣으면 맛있는 차이가 된다.

대기업 중역이 여행가이드로

오후 내내 비가 오락가락하고 바람이 심하게 불어 날씨를 염려한 다른 여행객들은 모두 중간기착지에서 내리고 나와 영국인 부부만 남아 종착지까지 가게 되었다. 이 50대 중반의 영국 아저씨는 영국인 특유의 차가운 느낌에 약간 권위적인 태도를 취하기도 하는데 1년 중 반은 일하고 반은 부부동반으로 세계여행을 다니는 독특한 인생을 살고 있었다.

이언이라는 이름의 이 아저씨와 나눈 2박3일의 선상대담은 내 배 여행을 아주 값지게 만들어 주었다.

그는 35년 전 스무살 때 남아프리카 공화국 바로 위에 있는 짐바브웨에서 근무하는 친구를 만나기 위해 영국을 출발, 16개월간 무전 여행을 한 이래 지금까지 다닌 나라가 100개국이 훨씬 넘는단다.

한 때는 영국 유수의 무역회사 중역을 지내면서 온갖 영예와 부를 누렸다고 한다. 그러다가 48세 되는 해에 그만 부인이 병으로 죽고 이듬해 친한 친구 두 명이 교통사고로 죽는 일을 당했단다.

그 충격 속에서 아주 심각하게 인생의 의미에 대해, 삶의 가치에 대해 생각한 끝에 남은 인생을 돈과 지위를 얻기 위해서가 아니라 진심으로 좋아하고 즐길 수 있는 일을 하면서 살기로 했단다.

그 후 바로 직장을 그만두고 여행사를 찾아가 해외여행 가이드 일자리를 구했다고 한다. 그때부터 지금까지 몇 년째 아시아 여행단을 인솔해 성수기 여섯달 동안은 인도와 중국 등 아시아를 누비고 비수기 여섯달은 여행 중에 만난 지금 부인과 함께 '중년 배낭족'이 되어 세계를 누비고 있다는 거다.

우리나라 대기업 최고급 간부가 어느 날 자유를 위해 갑자기 일개 여행사 해외가이드로 뛰어들 수 있을까? 그러나 이 아저씨는 한번도 자신의 선택을 후회해보지 않았다고 한다.

"인생은 단 한번 사는 거고 게다가 얼마큼 살지 예측할 수 없는 것이오. 이런 귀한 인생을 누구 눈치 보거나 체면 따지면서 낭비하지 않고 남에게 피해 주지 않는 한 자기가 좋아하는 일을 하면서 최대한 즐기며 살아야 하오."

지금은 중요하게 여겨지는 '남들과의 비교'는 나중에 인생을 되돌아볼 때는 아무 것도 아닌데 그것들에 얽매여 소중한 시간을 낭비할 수는 없다는 거다.

여행이라는 것도 그렇다. 우리 일생에 일부러 노력하지 않으면 여행 조건이 딱 갖추어지는 기회는 없다. 태어나서 30세 정도까지는 시간은 있지만 돈이 없고 30세부터 60세까지는 돈은 있는데 시간이 없으며 60이 넘어서는 돈과 시간은 있지만 여행할 힘이 없다고 강조했다. 조건을 기다리다가는 좋은 세월 다 보내고 늙어서 후회하기 십상이니 어느 때라도 적은 돈만 있으면 시간을 내 여행이라는 또 하나의 인생을 즐겨야 한다고 차분하게 말했다.

원숙한 중년 부부와의 진지한 대화는 인생과 여행의 선배로서 내게 삶의 깊이를 더하게 하는 것 같았다.

배의 요리사 조지는 끼니마다 맛있는 생선 요리를 만들어주었고 몇 년간 일본에서 일한 적이 있다는 미남선장 오히리는 여러번 선장실로 나를 초대해서 차대접을 하면서 한국의 문화와 풍습에 대해 비상한 관심을 보였다.

케이프 맥클레어의 호숫가 삶

2박3일 배여행의 종착지인 조그만 항구도시 멍키베이를 유명하게 만드는 건 차로 30분 거리에 있는 케이프 맥클레어다. 이곳은 아름다운 호수와 조그만 섬들이 멋지게 조화된 경치가 기막힌 항구. 케이프 맥클레어는 소란스러운 관광지일 거라는 예상과는 딴판으로 배낭족을 상대로 하는 게스트 하우스가 대여섯 개, 식당이 두세군데 있을 뿐인 조용하고 평화로운 어촌이다.

정거장 근처에는 관광객이 들끓고 있어서 멀리 뚝 떨어진 곳에 숙소를 정했다. 그곳은 호수 남쪽에 뾰족하게 삐져나와 있어서 저녁마다 호수 속으로 떨어지는 아름다운 일몰을 볼 수 있다. 그뿐 아니라 바로 동네 가운데 있고 코 앞이 모래밭이기 때문에 야자 잎으로 만든 그늘에 앉아 하루 종일 이 동네 사람들이 살아가는 모습을 관찰할 수 있었다.

이곳의 모든 일상은 호수에서 시작해서 호수에서 끝난다. 새벽에는 동네 남자들이 통나무 배를 타고 호수에 나가 고기를 잡고 점심 때쯤

에는 동네 아이들이 그 고기를 손질해 말리거나 밖에 나가 팔러 다닌
다. 그때쯤에는 아주머니들이 호숫가에 나와 빨래를 하거나 설거지
를 하고 아이들을 목욕시킨다.

호숫가에 앉아있으면 동네 꼬마들이 3백원 정도인 5콰차만 내면
생선구이 요리를 해주겠다느니 2콰차에 빨래를 해주겠다느니 하면서
말을 건다.

이 동네 아이들은 걸을 줄만 알게 되면 일을 한다. 대여섯 살 먹은
아이들이 빨래나 설거지를 하거나 관광객을 상대로 고기나 조악한
목공예품, 집에서 만든 바나나 케이크 등을 팔아 푼돈을 번다. 이렇
게 해서 번 돈은 집안 생계에 보태거나 학비로 쓴다고 하니 한창 어
리광 부리며 군것질이나 할 나이에 대견하기도 하고 딱하기도 하다.

이 아이들을 보니 대학생이 되어서도 학비는 커녕 제 힘으로 용돈
조차 해결하지 못하고 부모에게 손을 벌리는 우리나라 학생들이 문
득 생각났다.

케이프 맥클레어에 온 후 첫날 심한 두통과 고열에 시달렸다. 말라
리아가 아닌가 크게 걱정했으나 다행히 다음날 아침이 되니 몸이 날
아갈 듯 가볍고 두통도 거짓말처럼 사라졌다.

몸이 좋아지니 한나절을 참지 못하고 그날 오후 여기서 사귄 오스
트레일리아 여대생 킴과 미국 뉴욕에서 온 흑인 의대생 스티븐과 함
께 통나무 배를 빌려타고 호수 속 섬으로 소풍을 갔다.

관광객들이 많이 찾는 섬인데 그날은 어쩐 일인지 우리 일행밖에는
사람이 없어 하루를 아주 조용하게 놀다 왔다.

바위로 된 섬 주위에는 소문대로 온갖 모양과 색깔의 열대어들이
살고 있어서 천천히 스노클링을 하면서 물 속을 들여다 보니 마치 어
항 속에 들어와 있는 느낌이다.

파란 고기, 노란 고기, 까만 고기, 초록색 고기, 파란 바탕에 까만

무늬가 있는 고기, 까만 바탕에 노란 무늬가 있는 고기 등 온갖 종류에, 혼자 다니는 놈이 있는가 하면 떼를 지어 몰려다니는 놈들도 있다. 어떤 놈들은 내가 먹이인 줄 알고 내 얼굴에 입질을 하기도 했다. 말라위 호수는 그냥 멀리서 보기만 해도 아름답지만 그 안에는 또 다른 아름다움이 숨어 있었던 것이다.

말라위 소년들
"누나 콘돔 가지고 다녀요?"

말라위 리빙스토니아에서 하루종일 졸졸 따라다니던 아이들.
얼마나 귀엽고 천진한가? 이런 아이들이 조금 자라면 콘돔타령을 한다.

젊은이는 오버랜드 트럭을 타라

저녁 해질 무렵 돌아오는 길에는 서쪽 하늘에 뭉게구름이 밝은 빨 강으로 물들어가고 동쪽 하늘에는 하얀 보름달이 떠오르고 있었다.

'오늘 저녁에는 침낭을 가지고 숙소 앞 모래밭에 나와 달빛을 받으 며 노숙해야지.'

이런 로맨틱한 생각을 하며 내 평화스럽고 조용한 숙소에 돌아와보 니 이게 웬 날벼락, 숙소 앞 마당에 오버랜드 트럭 두 대가 들이닥쳐 십여개의 텐트를 치고 있다.

'트럭 두 대라면 적어도 40명인데, 제기랄! 달빛 아래 노숙은 커녕 오늘은 귀마개가 있어야 잘 수 있겠군.'

오버랜드 트럭이란 대형 화물트럭에 20명 정도를 싣고 여러 나라 를 돌아다니는 투어트럭이다. 런던에서 출발해 나이로비까지, 혹은 케냐에서 남아프리카 공화국까지 하는 식으로 짧게는 몇 주일, 길게 는 몇 달씩 다니는 그룹여행의 일종. 승객들은 보통 20대 초반의 젊 은이들인데 스스로 음식도 해먹고 텐트에서 자며 최소한의 경비로 여행을 한다.

케냐에서 출발해 탄자니아, 말라위를 거쳐 빅토리아 폭포가 있는 짐바브웨까지 갔다가 돌아오는 6주간의 총비용이 숙식비, 교통비, 가이드비를 몽땅 포함해 우리 돈으로 약 40만원 정도니 파격적인 여 행경비라고 할 수 있다.

트럭이나 텐트 안에서 자며 며칠씩 제대로 씻지도 못하고 다니지만 싸다는 장점 때문에 나날이 인기를 더해가고 있는데 우리나라 젊은 이들도 여행 겸 친구를 사귀고 영어회화 공부도 할 겸 해서 이런 투 어에 참가해보는 것도 좋은 경험이 될 것이다.

그러나 다른 여행자들은 자기 숙소에 오버랜드 트럭이 들어오면 그 어수선함 때문에 반가워하지 않는다. 나도 그들을 침입자로 단정하고 별로 탐탁한 마음이 아니었는데 우연히 그 그룹 리더인 영국인 존과 이야기를 나누게 되었다. 존은 아프리카 대륙을 수십번 횡단, 종단한 베테랑 투어리더로 육로로 런던에서부터 네팔의 카트만두까지도 여러번 다녀봤다며 무용담을 늘어 놓았다.

잠깐 머문 곳도 내게는 고향

왔던 길을 되돌아가는 일은 여행을 하면서 언제나 피하고 싶은 일이다. 가볼 곳이 너무나 많은데 가본 곳을 다시 가는 것은 마음 내키지 않는다. 또 처음 갔을 때 기억이 좋은 곳이면 그 좋은 기억을 그대로 간직하고 싶은 마음에서 그곳에 다시 가고 싶지 않다.

그렇지만 한번 갔던 곳을 다시 가보면 이미 그 지리나 사람들에게 익숙해져 있어서 임시고향 같은 느낌이 들 때도 있다. 말라위 호수에서 다시 배를 타고 되올라가는 길이 그랬다. 배에서는 전에 만났던 요리사와 선장이 마치 오래 된 친구처럼 반가워하고 매점 아저씨와 검표원도 하얀 이를 드러내며 웃는다. 뱃사람들이 하도 반가워하니까 함께 탔던 여행객 친구들이 놀라면서 이 사람들이 어떻게 너를 아느냐고 묻는다.

"내 친구들이야. 일주일 전에 배를 타고 오면서 사귀었거든."

"어, 우리도 이 배를 타고 왔는데 아무도 우리에게는 알은 체를 하지 않잖아. 넌 참 재주도 좋다."

카타베이에서도 배에서 내려 동네 입구에 들어서자마자 여러 사람들이 나를 알아보고 '카리부' 하고 인사를 해왔다. 시장 아줌마 아저씨들, 빵가게 총각 등은 아는 얼굴이지만 전혀 기억에 없는 사람들도 있다. 전에 묵었던 숙소에 가니 숙소 종업원들보다 근처 동네 꼬마들이 더 반가워한다.

나는 여행객 중에서도 희귀종에 속하는 한국 사람이라는 이유로 사람들이 나를 쉽게 기억하는 것 같다. 아프리카의 동양인 배낭족은 거의 일본 사람들이고 그들은 보통 여럿이 몰려다니기 때문에 혼자 여행하는 일본인 아닌 동양 여자는 보기 어렵다. 게다가 나는 자타가 공인하는 삽살개표 개떠. 어디에 가건 어떤 사람을 만나건 금방 친해지고 어울리는 성격이라 도처에 친구들이 많다.

더 큰 이유는 내 이름 때문이다. 내가 이름을 소개할 때마다 언제나 한바탕 웃음이 터진다. 그건 다름 아니라 내 이름 비야를 이들은 '비아'로 발음하는데 이건 맥주랑 비슷한 발음이 되니 나는 '맥주아가씨'. 이 얼마나 기억하기 쉬운가.

인도에서는 '비야'라는 말이 그 나라 말로 '내 사랑'이라는 뜻이었고 이란에서는 '이리 와', 에티오피아에서는 '나의 조국', 이스라엘의 히브리 말로는 '하늘에서의 섹스'라는 뜻이었고 라틴 아메리카에서는 내 이름의 본 뜻인 비(雨)의 스페인어인 '주비야'로 불렸다. 각 나라 말에 친근한 뜻이 있어 사람들이 기억하기도 좋고, 발음이 쉬워 부르기도 편한 내 이름은 여러 나라를 즐겁게 여행하는데 한몫을 톡톡히 해주었다.

산동네 중학생이 섹스에 대해 모르는 게 없어

아침 일찍 호수에서 굿 바이 수영을 하고 산꼭대기 마을 리빙스토니아로 향했다. 해발 800미터 고지에 자리잡은 리빙스토니아는 1894년 스코틀랜드 자유교회라는 교단이 건설한 마을이다. 그 후 지금까지 여러 교단의 선교사업 본부가 있어서 인구 3,000 정도의 마을 전체가 영국풍이다.

멀리 말라위 호수가 한눈에 내려다보이고 마을 앞 뒤로 산들이 병풍처럼 둘러싸고 있어서 가이드북마다 아프리카에서 최고로 경치 좋은 곳이라고 기록하고 있다.

리빙스토니아 입구에 도착하니 벌써 오후 세시. 다니는 버스가 없어 산꼭대기에 있는 마을로 가는 방법은 운좋게 지나가는 자동차를 얻어타거나 아니면 걷는 수밖에 없다. 인구가 3,000명이 넘는 마을에 정기적으로 다니는 교통편이 없다는 것이 믿어지지 않는다.

이런 늦은 오후에는 마을로 가는 차가 있을 리 없으니 아랫마을에서 자고 가라는 마을 아저씨 말을 듣고 어떻게 할까 망설이다가 지금부터라도 열심히 걸으면 어두워지기 전에 도착할 수 있을 것 같아 배낭을 앞뒤로 메고 뙤약볕에 가파른 산길을 걷기 시작했다.

500미터도 가지 못해서 등이며 가슴 사이로 땀이 한강처럼 흐른다. 이거 도저히 안되겠다 싶어 다시 마을로 내려갈까 머뭇거리고 있는데 리빙스토니아에 있는 기숙사 학교에 다닌다는 중학생 네 명이 올라오고 있다.

"얘들아. 이 누나는 오늘 꼭 리빙스토니아에 가야 되는데 짐이 무거워서 빨리 갈 수가 없네. 너희들이 번갈아가며 내 짐을 좀 져주면 안되겠니?"

아이들을 붙잡고 부탁을 하자 그중의 한 아이가 약은 소리를 한다.

"그러면 수고비로 한 사람당 5콰차씩만 주세요."

그 돈이래야 겨우 3백원 정도.

"물론이지. 다 올라가면 콜라도 한병씩 사줄게."

큰 배낭을 아이들에게 맡기고 작은 배낭만 메고 가볍게 산을 오르기 시작했다. 그러나 그 양의 창자처럼 꼬불꼬불한 산길은 너무 가팔라서 이내 무거운 걸음이 되었다.

"누나 콘돔 가지고 다녀요?"

한참 땀을 뻘뻘 흘리며 이런저런 이야기를 하며 오르고 있는데 그 중에 제일 덩치가 큰 녀석이 불쑥 묻는다. 이상한 놈이다 싶었지만 그 또래에는 그런 호기심도 많을 것이므로 그런 건 왜 묻느냐고 점잖게 되물었다.

"외국인들은 섹스를 할 때마다 콘돔을 사용한다는데 사실인가요?"

좀 맹랑한 기분이 들었지만 그렇다고 하면서 그래야 원하지 않는 임신을 막을 수 있고 아프리카에 창궐하고 있는 무서운 에이즈도 막을 수 있다고 제법 교사다운 태도로 안전한 성생활에 대한 즉석강의를 했다. 그랬더니 이 녀석들이 쓸데없는 질문들을 하기 시작한다.

"누나는 남자 친구 있어요?"

"그럼. 지금 내 남자 친구는 잠깐 볼 일이 있어서 저 아랫마을에서 머물다가 내일 일찍 올라올 거야."

다른 생각을 못하게 하려고 방어용 거짓말을 둘러댔다.

"누나는 남자 친구가 몇명이에요?"

"몇 명이라니? 남자친구, 여자친구는 한번에 한명씩만 있어야 하는 거야."

"아니에요. 여기서는 한꺼번에 대여섯명도 동시에 사귀어요. 나도 여자친구가 세명이나 되는데요."

그러자 덩달아 다른 녀석들도 열을 올린다.

"나는 콘돔 싫어요. 콘돔 쓰면 영 느낌이 못하거든요. 누나는 흑인 남자친구 사귀어보셨어요?"

"아니."

"한번 트라이 해 보세요. 느낌이 다를 거에요. 그런데 누나는 엉덩이가 아주 작네요. 내 여자친구는 그 두 배도 더 되는데."

점점 진한 말을 하기 시작하더니 겁도 없이 이런 선정적인 말까지

하면서 저희들끼리 쳐다보며 비죽비죽 웃는다. 가슴이 섬뜩했다. 이 거 고작 중학생 정도의 아이들이라고 방심했더니 정신 바짝 차려야 겠네.

"너희들 쓸데없는 소리 그만하고 입 다물고 걷기나 해. 이러다간 해 지기 전에 마을에 도착하지 못하겠다."

그러면서 자연스럽게 말 끝을 이어 나는 말라위 주재 한국 대사관 에 근무하고 있으며 호신용 총을 가지고 다니고 정보부용 무선통신 기가 있어 언제라도 말라위 경찰과 연락이 된다고 겁을 주었다.

"그 총 좀 보여주세요. 총알도 들었어요?"

아이들은 반신반의하면서도 엉터리라고 생각하지는 않는 것 같다.

"이따가 강도를 만나면 저절로 보게 될텐데 뭐가 그리 급해. 그때 내 훌륭한 사격 솜씨를 보여주지."

이 녀석들이 성에 대한 관심은 발달했는지 모르지만 아직까지는 세 상물정을 잘 모르는 순진한 중학생이어서 내 말을 믿는 표정이다.

"정말 그래요. 이 길에는 강도가 많이 나온대요. 강도를 만났다는 사람이 하나 둘이 아니예요."

아이쿠, 이번엔 강도까지. 또 한번 가슴이 덜컹 내려앉는다.

"아참, 그런데요. 그 에이즈라는 병, 그 병에 걸린 사람이랑 몇 번 자면 옮는 거예요?"

이 녀석들 또 화제를 돌린다. 그러면서 저희들끼리 원주민 말로 뭐 라고 하는 말에 섹스 어쩌구 하는 말이 섞여 나오고 음흉하게 쿡쿡 웃는 소리에 소름까지 끼쳤다.

행인 한 명 없는 이 으슥한 산길에서 어느 순간 이 녀석들이 나를 어떻게 할지도 모른다는 생각에 초긴장을 해서 걸으니 귀가 당겨나 갈 지경이다.

사방은 이미 캄캄해졌는데도 마을이 나타나지 않아 가슴이 다 졸아

붙었는데 그때, 산 저쪽 편에서 한 무리 사람들 소리가 들렸다. 어찌나 반가운지 안녕하세요 큰 소리를 지르는 동시에 속으로 '하느님 감사합니다' 소리가 저절로 나왔다. 마을 사람들이었다.

빗 속의 귀곡산장

90여년 전 영국인 선교사들이 지은 영국풍 저택을 깔끔하게 단장한 게스트 하우스는 제법 응접실이며 거실, 서재들을 갖추었고 방마다 벽난로가 있어서 마음에 든다. 그 큰 집에 투숙객이라고는 바바라라는 미국여자와 나 둘뿐이어서 금방이라도 이흥렬과 임하룡이 나타나 뭐 필요한 거 없수 하고 물을 것만 같은 '귀곡산장'이다.

짐을 풀고 샤워를 한 다음 아침부터 쫄쫄 굶은 배를 채우려고 지배인에게 저녁식사가 되느냐고 물었더니 너무 늦어서 곤란하단다. 늦기는 뭐가 늦어, 아직 여덟시도 안됐는데. 그러나 여기 풍습에는 늦었다니 할 수 없이 마침 며칠 전 카타베이 슈퍼마켓에서 발견한 황금 같은 인도네시아산 라면을 꺼내 불을 빌려 맛있게 끓여먹었다. 이렇게 라면은 언제나 산 속에서 그 귀한 진가를 발휘한다니까.

등산도 했것다, 샤워도 했것다, 저녁도 먹었것다 이 순간에는 세상에 부러울 것이 없다. 게다가 침대도 간이침대가 아니라 제대로 된 넓은 침대에 비누냄새가 폴폴 나는 깨끗한 시트까지! 이렇게 잠을 푹잘 수 있는 조건이 갖추어져 있을 때 나그네는 작지만 무한한 행복감을 느낀다.

다음날은 하루 종일 비가 왔다. 그냥 비가 아니라 소방차가 호수로물을 뿌리듯이 장대비가 쏟아졌다. 여기 묵고있는 마흔 세 살이라는미국 여선생 바바라와 아침을 먹는데 그녀가 선생님다운 표정을 지으면서도 남들과 똑같은 질문을 해온다.

"이렇게 오랫 동안 혼자 여행을 다니면 심심하지 않아요? 그렇게 여행해서 얻는 게 뭐예요?"

"하나도 심심하지 않아요. 사실은 혼자 다니는 게 아니라 나와 함께 다니는 것이니까요."

좀 형이상학적인 대답을 해 주었는데 그 뜻을 알아들었는지 모르겠다. 그런데 이건 내 진심이다. 나는 이제 혼자 다니는 것에 너무 익숙해서 혼자 있는 것이 불편하거나 심심하지 않다. 오히려 내 스스로 자신의 친구가 될 수 있는 이 '나홀로 여행'의 즐거움을 만끽하고 있다.

혼자 여행을 하면 스스로를 돌보아야 한다. 혼자 결정하고 그 모든 결정에 따르는 결과에 대해 혼자 책임을 져야 하는 과정에서 나는 나와의 대화 시간을 갖게 되고 그러면서 나를 잘 알아가게 된다.

뿐만 아니라 여행기간이 길어질수록, 그래서 다양한 경험을 하게 될수록 어떤 일이 닥쳐도 감당할 수 있다는 자기 능력에 대한 신뢰가 조금씩 생기는 것 같다. 자기에 대한 믿음, 이거야말로 여행에서 얻을 수 있는 최고의 소득이 아닐까. 결국 이것이 인생을 사는 데 가장 큰 힘일 테니까 말이다.

바바라는 첫날 오후에 떠났기 때문에 산꼭대기 귀곡산장을 홀로 지키며 그동안 게을리했던 책읽기에 열중했다. 하루 종일 비가 오지만 간간이 날이 개고 구름이 걷힐 때 숙소 베란다에서 내려다보이는 경치는 아프리카 최고의 경관이라는 말이 과대평가가 아니라는 것을 알 수 있었다.

멀리 말라위 호수가 보이고 호수를 병풍처럼 산이 둘러싸고 있다. 수평선 근처에는 레이스 모양의 예쁜 뭉게구름이 깔려있고 바로 코 앞에는 산지 평원에 파란 밭과 농가들이 앉아있으며 그 아래로 내가 공포 속에 몇 시간 올라온 길이 꼬불꼬불 이어진다. 그 양 옆으로 잘 생긴 푸른 산들이 보디가드마냥 딱 버티고 있다.

비오는 날 따뜻하게 옷을 입고 따끈한 차와 비스켓을 앞에 놓고 책을 읽는 것도 또 하나의 조그만 행복이다. 그러나 여정 때문에 언제까지나 마냥 빈둥댈 수는 없다. 닷새째 되는 날 아침 일찍부터 빗속을 뚫고 미친 사람처럼 병원으로 우체국으로 교회로 뛰어다니며 아랫마을로 내려가는 차를 수배한 끝에 겨우 미국인 선교사 차를 얻어 탈 수 있었다. 오랫 동안 내린 비 때문에 진흙탕이 된 길에 차가 빠져 몇 차례씩 차에서 내려 밀어야했다.

로즈 엄마 진짜 딸 비다의 우정

말라위 국경 도시에서 하루를 묵고 다시 탄자니아로 가려고 길을 나섰는데 길 가에 어디서 많이 본 듯한 오버랜드 트럭이 서 있었다. 그 옆에서 또 눈에 익은 모자를 쓰고 조끼를 입은 남자가 왔다갔다 한다. 걸음을 멈추고 자세히 보니 몇 주 전 케이프 맥클레어에서 만났던 영국인 여행 인솔자 존이다.

그 팀은 2개월 간의 여정을 마치고 탄자니아를 거쳐 케냐로 가는 길이란다. 나도 똑같이 탄자니아를 거쳐 케냐로 간다니까 잘 됐다면서 자기 트럭을 타고 가잔다.

이게 또 웬 떡이냐? 그렇지 않아도 국경을 넘는 교통편이 불편해 난감해하는 판에 어디서 이런 구세주가 나타났지? 그러게 어디서나 사람을 잘 사귀어 놓아야 하는 거야.

말라위 국경에서는 입국할 때 작지 않은 해프닝이 있었던 터라 국경 직원이 나를 알아보고 반갑게 인사까지 하는데 탄자니아 국경에서 또 말썽이 생겼다. 여기서도 또 한국 사람은 비자가 필요하니 말라위 수도에 가서 비자를 받아오라는 거다.

나는 분명 지난번 탄자니아에서 말라위로 넘어올 때 탄자니아 이민국에서 재입국 때 여기서 비자를 발급받을 수 있느냐고 물었고 그때 얼굴이 특별히 새까만 여직원이 그럴 수 있다고 했는데 이게 무슨 날 벼락. 뒤에 줄 선 트럭 일행에게는 아무 문제 없이 줄줄이 신나게 도장을 찍어주면서 내게는 딱딱거리며 한쪽으로 밀어놓는 것에 분이 나긴 하지만 어쩌겠는가.

모처럼 얻어탄 트럭을 놓치고 말라위로 쫓겨날 수는 없는 일이다. 내 뒤에 아무도 없는 때를 기다려 은근히 국경 직원을 찔렀다.

"아저씨, 입국도장만이라도 찍어주세요. 탄자니아에서 삼일 안에 나갈게요. 지금 저 트럭을 타지 못하면 환불이 전혀 안되는 비행기를 놓치게 돼요. 도와줄 수 있으세요?"

또 거짓말. 이번에는 애원조로 나갔다. 전세계적인 은어로, 보통 부패한 이민국 직원들에게 도와줄 수 있느냐?(Can You help me?) 는 말은 나는 당신에게 줄 뇌물이 준비되어 있다는 말과 같은 뜻이다. 역시나! 그 직원은 홱 주위를 돌아보고 아무도 없는 것을 확인하고는 얼마요? 하고 소근댄다.

"가진 돈이 십달러뿐이에요."

"안돼요. 이십달러로 합시다."

"십달러만 받으세요. 아니면 당신 보스하고 이야기할 거예요."

세상에 에누리 없는 장사가 어디 있어. 십달러만 책상 위에 올려놓았더니 견물생심이라고, 굴러온 떡을 보스에게 빼앗기지 않으려고 잽싸게 집어넣더니 한달간 유효한 입국도장을 꽝 찍어주었다.

동물 사파리를 시작했던 아류사에 도착해 다시 오겠다는 약속을 지키기 위해 가이드 아다우트네 집을 찾아갔더니 마침 비다가 닭장에서 닭을 돌보고 있다가 꽥 소리를 지르며 반가워한다. 어찌나 크게 소리를 질렀는지 닭들이 놀라 푸드득거릴 정도다.

"어머, 꼭 다시 온다더니 정말 왔네. 아이구 반가워라."

"여기 다시 찾아오느라고 고생 좀 했지."

"잘 왔어요. 잠깐만 기다려요. 내가 맛있는 저녁 지어줄게."

비다는 다짜고짜 닭 한마리를 휙 낚아채 목을 비튼다. 그리고는 재빠른 솜씨로 탄자니아 토속음식을 준비한다. 코코넛 밀크를 넣고 삶은 닭요리에 양배추 샐러드, 이 나라 주식인 옥수수빵 우갈리, 삶은 강낭콩, 토마토와 양파를 넣어 양념한 마하리게 그리고 디저트로 아보카도와 바나나에 차까지.

며칠동안 트럭을 타고오는 장거리 여행에 마른 빵과 비스켓, 정거장에서 파는 튀긴 감자만 먹다가 이런 정성스러운 진수성찬을 보니 너무나 감격해서 보기만 해도 가슴이 두근거린다. 얼른 손을 씻고 맨손으로 아귀같이 먹어치웠다.

맛있게 먹는 내 모습에 흐뭇해하면서도 비다는 내 여행때문에 근심이 태산이다.

케냐에는 도둑놈이 많으니 해가 지면 절대 혼자 나가면 안된다, 버스에서 누가 음료수나 과자를 권해도 절대 받아먹지 말아라, 거기 수면제가 들어있을 수 있다, 차를 타고 가다가 자리를 뜰 때도 반드시 마시던 음료수를 들고 다녀라, 없는 사이에 나쁜 놈이 거기에 독약을 탈지 모른다. 탄자니아 바깥에도 한번 나가보지 않은 촌사람이 산전수전 다 겪은 나같은 베테랑에게 갖가지 주의를 준다. 이미 케냐에서 한번 강도를 만났었다니까 펄펄 뛰며 분해하며 그것 보랜다.

비다는 정말 따뜻한 마음씨를 가진 여자다. 비다 뿐 아니라 그 어머니인 로즈 엄마, 아버지와 형제 친척들, 남편까지도 모두 그렇다. 나의 탄자니아 여행을 값지고 풍요롭게 만들어준 잊지 못할 가족들. 정말 귀하고 고마운 사람들이다.

"구하헤리 탄자니아!"(잘 있거라 탄자니아)

우유만 마시고도 용맹스러운
마사이 사나이들

마사이족 아이들. 우유만 마시는 이들은 뼈가 단단해서
교통사고가 나서 차가 찌그러지더라도 뼈는 부러지지 않는다.

한국말 언어설사

나이로비에 가서 지난번에는 본국으로 휴가를 가버려서 만나지 못했던 옛직장 상사를 찾아갔다. 리드 램로우라는 이 사람은 내가 한국에서 국제홍보회사의 마케팅부 차장으로 있을 때 내 직속 상관인 마케팅부 이사였다.

우리는 그때 팀워크가 좋아서 신나게 일했는데 개인적으로도 어여쁜 부인 선정씨와 친한 사이였다. 리드는 직장을 옮겨 동남아프리카 지역의 콘돔과 피임약 사용 계몽 및 홍보일을 하고 있다.

가져온 전화번호가 틀린 번호라 직접 주소를 들고 사무실에 들어섰더니 마침 무슨 일로 사무실에 나와있던 선정씨가 나를 한참 뚫어지게 쳐다보다가 '어머, 어머'를 연발한다. 내가 하도 새까매서 아프리카 사람인줄 알았단다.

이 부부의 그림같은 집으로 숙소를 옮겨 오랜만에 묵은 김치와 고추장을 듬뿍 푼 비빔냉면을 먹고 선정씨와 함께 마치 '언어설사'에라도 걸린 양 한국말을 쉴새없이 빠르게 쏟아놓았다. 이건 분명 설사다. 어디에서 그렇게 수많은 말들이 터져나오는지, 우리는 하루가 어떻게 기우는지도 모르고 정신없이 한국말을 주고 받았다.

오랫동안 영어만 하고 돌아다니다가 고국 사람을 만나면 한국말을 하는 것만으로도 스트레스가 확 풀린다. 선정씨도 오랜만에 한국말을 하니 얼굴에 생기까지 돈다. 우리의 신들린 수다를 경이로운 듯 쳐다보던 리드는 혀를 내두른다.

"일년에 해야할 양의 말을 며칠동안에 다 해버리기로 작정한 사람들 같군."

며칠간 한국말도 실컷 하고 그 집에 있는 한국 책과 비디오들에 탐

닉하니 그동안의 여독이 말끔히 가시는 것 같다.

동아프리카에 가면 그 유명한 마사이 족 마을을 꼭 가보고 싶었다. 관광객을 위해 포즈를 취하고 팁을 위해 제자리 뜀뛰기춤을 추는 오염된 마사이 족 구경이 아니라 한 일주일쯤 깡촌에 가서 그들과 함께 살아보고 싶었다.

그런 원단 마사이족 마을을 어떻게 찾아가나, 궁리를 하다가 한국 선교단이 케냐 전역에서 선교활동을 하고 있다는 이야기를 들은 기억이 났다. 나이로비에 있는 한국 교회를 수소문해 찾아가서 10년째 아프리카 선교활동을 하고 있다는 인상 좋고 마음씨 좋은 강인중 목사님을 만날 수 있었다. 내 얘기를 들은 목사님은 현대문명과는 외떨어진 한 마사이 동네를 잘 알고 있다며 쾌히 도와주겠다고 하셨다.

강목사님이 소개해 준 집은 나이로비에서 포장도로로 한 시간, 거기서 다시 비포장도로로 두 시간 달려가야 하는 마을의 촌장 집이다. 촌장이라면 마사이 족 특유의 빨간 천을 두르고 칼과 긴 막대를 들고 다니며, 부인을 적어도 서너명 거느리고 귀를 뚫어 귓불을 길게 늘어뜨린 위엄이 넘치는 할아버지일 거라고 생각했다.

그러나 내 예상은 완전히 빗나갔다. 이 촌장은 독실한 기독교 신자에다가 현대적인 고등교육을 받은 기골이 장대하고 풍채 좋은 50대 아저씨다. 다른 마사이 족처럼 수십마리의 소와 양, 염소를 키우고 있지만 깡마르지도 않았고 단 한 명의 부인과 아이들 넷이 가족의 전부다. 마사이 족으로는 보기 드물게 남방과 바지를 입고 있었고 영어도 유창하다.

집도 쇠똥으로 벽을 바른 마사이 전통가옥이 아니라 콘크리트에 양철 지붕이고 집 안에는 의자며 테이블까지 있는 현대식 생활을 하고 있다. 전기가 안 들어오는 지역인데도 소형 자가발전기를 돌려 TV까지 볼 수 있다.

생각했던 마사이 마을이 아니어서 왕실망을 하고 있는데 강목사님은 내가 묵을 곳은 여기가 아니라 탄자니아 국경 쪽으로 더 들어가야 한다고 한다. 마침 촌장이 정부로부터 면장격에서 도지사격으로 승격을 해서 돌아오는 일요일 큰 축제가 있을 거라고 했다.

잔칫날에 맞춰 돌아오기로 하고 이튿날 아침 일찍 이 집 둘째 아들 조슈아와 함께 길을 떠났다.

한 남자의 부인 넷이 친자매처럼 살아

내가 묵을 동네는 조슈아가 전도사로 있는 레보라는 마을. 길도 아닌 비포장도로를 곡예를 하듯 달려 다섯시간만에 목적지에 도착했다. 풀포기만 듬성듬성 나있는 황야에 우리 한국 선교단이 지어 주었다는 교회와 초등학교만 우뚝 솟아있을 뿐 집이라고는 한 채도 보이지 않는다. 마을은 여기에서 더 들어가야 있다는 거다.

마을을 찾아 길을 나서자 아프리카 한낮의 태양이 불화살처럼 뜨겁게 몸에 와 박힌다.

진짜 마사이 족은 외부사람을 경계한다는 얘기를 들은 터라 내심 나의 방문을 어떻게 받아들일까 걱정했는데 다행히 가는 집마다 모두 거부감없이 나를 대해준다. 빨간색을 주로 입는 마사이 족처럼 하려고 일부러 나이로비에서 산 빨간 티셔츠가 제구실을 한탓일까?

이곳 마사이 사람들은 영어를 한마디도 하지 못해 조슈아가 일일이 따라다니며 통역을 해 주었다. 집집마다 현대문명의 흔적이라고는 눈을 씻고 보아도 찾을 수 없었다.

마사이 족의 주거지는 한 가족이 한 마을을 이루고 사는 형태다. 마을과 마을은 적어도 걸어서 한시간 이상 걸릴 정도로 뚝 떨어져 있다. 가족은 축사를 가운데 두고 빙 둘러 집을 지은 '보마'라는 곳에서 사는데 중앙에 소와 염소, 양들의 축사가 있고 그 둘레에 4, 5명의 부인이 각각 집을 한 채씩 짓고 살고 있었다.

놀라운 건 이 집을 짓는 일도 여자들 몫이라는 거다. 부인들끼리 힘을 합쳐 집 한 채 짓는데 보통 두 달 정도 걸린단다. 보마를 방문하자면 첫부인 집부터 시작해서 둘째, 셋째, 넷째 부인 집을 차례로 방문해서 가는 곳마다 내놓는 생우유나 끓인 우유에 설탕과 찻잎을 섞은 전통차를 마셔야 한다.

나뭇가지와 말린 쇠똥으로 만든 집은 높이가 160센티쯤 되는 내 키만한데 입구에 잔뜩 붙어있는 파리를 헤치면서 등을 구부리고 들어가면 집 안이 너무나 캄캄해서 처음에는 아무것도 보이지 않는다. 손바닥 보다도 더 작은 창문에서 겨우 한줄기 빛이 새어 들어왔다.

쇠똥 냄새는 나지 않았으나 화덕 장작불에서 나는 연기 때문에 눈을 뜰 수가 없다. 한 서너평 됨직한 집 안에는 부엌을 중심으로 양쪽으로 방이 두 개. 입구와 가운데 방 사이에 어린 가축을 재우거나 땔나무 등을 쌓아두는 헛간이 있다.

부엌 가운데는 화덕이 있고 그 옆에 우유를 담아두는 커다란 호리병 모양의 칼리바시 몇 개와 컵 몇 개, 접시 몇 개가 있을 뿐이다. 방에는 쇠가죽이 한 두 장 깔려있고 마사이 사람들이 낮에는 입고 다니고 밤에는 덮고 자는 빨간 모직 천이 한장 있다.

가구도 없고 세간살이도 없는 아주 심플한 집이고 살림이다. 이렇게 몇 가지만 가지고도 살 수 있는데 우리는 쓸데없는 것을 너무도 많이 지니고 사는 것은 아닐까 잠깐 생각해보았다.

이런 간단한 집에 살면서도 여자들은 자기 치장에는 온갖 정성을 다한다. 머리를 빡빡 깎고 귀를 뚫어 귓불이 어깨까지 늘어지도록 무거운 귀고리를 하고 목에도 색색가지 구슬로 만든 원반형, 늘어뜨리는 형 등 각양각색의 목걸이를 하고 있어 모두 성장을 한 신부를 연상케 한다.

내가 가장 궁금한 것은 여러 부인들이 한울타리에 함께 살면서 어떻게 다른 부인들과 잘 지낼 수 있는가 하는 지극히 속물적인 관심이었다.

첫째 부인의 대답은 자기는 결혼하기 전부터 자기가 유일한 부인은 아닐 거라는 사실을 알고 있었다는 거다. 첫부인으로 여기 보마에 들어와 몇년을 혼자 지내다보니 적적하기도 하고 많은 일이 힘들기도 해서 남편이 왜 둘째 부인을 빨리 들이지 않고 내게 이 고생을 시키는가 불만이던 차에 둘째 부인이 들어와 대단히 반가웠다고 한다.

둘째 부인 이야기는 자기는 결혼할 때 마사이 풍습에 따라 자기 의사와는 전혀 관계없이 집안 어른들이 시키는대로 시집을 왔다고 한다. 소 다섯마리를 결혼비용으로 받았는데 시집 온지 한달 뒤에 셋째 부인이 들어왔단다. 그래서 집도 함께 짓고 일도 같이 하고 밤마다 모여 노래도 함께 부르며 자매처럼 재미있고 즐겁게 지내고 있다고 한다.

한달 전에 들어온 열 다섯살난 넷째부인은 나이가 어려서인지 부인들 얘기하는데 끼기보다는 다른 부인의 큰 아이들하고 어울려 노는 것이 더 좋은 듯 보였다.

남편이 다른 부인 집에서 자면 샘이 나지 않느냐고 첫째 부인에게 물었더니 그런 문제가 생기지 않도록 공평하게 남편을 관리하는 게 바로 큰마누라의 역할이라서 그 날 남편이 어느 집에서 자는지를 자기가 결정한다는 거다.

그러면서 하는 말이 자기는 이제 늙고 자식도 여섯이나 되어 있을 만큼 있으니 남편과 잠을 자지 않아도 상관없다고 한다. 일반적인 상식으로는 이상스러워 보이지만 그들에게는 이것이 생존방식이며 삶의 지혜이다. 한 가족이 한 마을을 이루고 사는데 그 안에서 잘 어울려 지내지 않으면 그 인생이 얼마나 괴롭겠는가.

올레파리네 쇠똥집에서 나홀간 민박

한 시간쯤 걸어서 다음 보마에 가니 이미 해는 기울고 동산에 둥근 달이 떠올랐다. 그 집에서는 마침 가축들에게 낙인을 찍고 있었다. 가장인 올레파리가 부인들과 자식들을 지휘하여 마당 가운데 장작불을 피워놓고 시뻘겋게 달군 인두로 소와 염소 등짝에 자기네 가축이라는 표시로 낙인을 찍는 모습이 인상적이다.

올레파리란 '파리의 아들'이란 뜻. 여기서는 누구누구의 아들, 딸로 이름을 부르고 있다. 나에게도 이름을 물을 때 누구네 집 자식인가 묻는데 이건 우리나라에서도 조선시대까지 하던 식 아닌가.

한동안의 낙인작업이 끝나자 부인들이 젖소의 젖을 짜면서 목청을 높여 돌림노래로 노동가를 부른다.

젖소야, 오늘 풀 배부르게 뜯어먹었니?
그러면 젖도 많이 나오겠네
내가 네 새끼 먹일 젖은 충분히 남겨놓을테니
젖을 짜는 동안 뒷발질하지 말아다오

대략 그런 내용이라고 조슈아가 통역을 해주었다. 이 근방에는 밤이 되면 하이에나나 들개는 물론 치타며 사자가 수시로 나온다고 해서 이 집에서 하룻밤 묵어가기로 했다.

아침도 대충 먹고 점심도 간단하게 먹었기 때문에 저녁이 되자 배에서 쪼르륵 소리가 났다. 그런데 이 가족의 어느 집에서도 저녁밥 짓는 기색이 없다. 들어가 본 집마다 방금 짠 우유와 차만 내놓는다. 참다못해 조슈아에게 물었다.

"저녁은 언제 먹어요?"

"아까 우유 먹었잖아요."

"네?"

"마사이 족은 점심은 아예 안먹고 우유가 아침 식사이자 저녁식사 예요. 아니, 그런 줄 몰랐어요?"

조슈아가 오히려 더 놀란다. 세상에, 사람이 어떻게 곡기는 하나도 집어넣지 않고 밤낮 우유만 먹고 살 수 있담.

그런데 정말로 마사이 족들은 특별한 날은 가끔씩 가축을 잡아 고기도 먹지만 평소에는 우유만 먹고 산다. 우유는 완전식품이라더니 우유만 먹고도 살 수 있다는 걸 생활로 증명하고 있다. 우유에서 모자라는 특정한 비타민을 공급하기 위해선지 들판에서 나는 약초와 야생열매를 약간 따먹는단다.

또 하나 마사이들이 먹는 것은 소 피다. 이들은 살아있는 소에서 마치 맥주배럴에서 필요할 때만 생맥주를 따라 마시고 꼭지를 잠가놓듯이 피를 뽑아 마신다.

소들은 돌아가면서 피를 공급하는데 그날 피를 제공할 소 목을 끈으로 꽉 졸라 정맥이 튀어 나오게 한 다음 뾰족한 창끝으로 찌르면 피가 분수처럼 솟는다. 그것을 칼라바시에 담아 우유에 섞어 마시는 것이다. 피를 다 받았으면 끈을 풀어주고 상처에 소똥을 발라주면 그만이다. 나에게도 피 섞은 우유를 마셔보라고 권한다. 언뜻 보니 색깔은 꼭 딸기우유다.

'이걸 마셔야 하나 말아야 하나' 한순간 고민. 목구멍에 넘어갈 때 비위가 상할 것 같아서가 아니라 동물의 생피를 마시고 이상한 풍토병에라도 걸리지 않을까가 걱정이었다. 주위에 둘러선 사람들은 내가 어떻게 하려나 몹시 궁금한 표정이다.

'에잇, 우리나라 남자들 뭐에 좋다고 사슴피 자라피도 돈 들여서 먹는다는데.'

눈 딱 감고 꿀꺽 꿀꺽. 코피가 났을 때 고개를 뒤로 젖히면 목으로 넘어가는 피에서 나던 역한 냄새가 고스란히 났다. 나의 괴로움을 아는지 모르는지 나를 지켜보던 집안식구들이 그 하얗고 가지런한 이를 다 드러내며 좋아한다.

마사이 사람들은 치아가 하얗고 튼튼해 늙어 죽을 때까지 모두 자기 이를 가지고 있는 것으로 유명하다. 그것 뿐인가. 마사이 족은 대부분 작대기처럼 길고도 가는 다리에 호리호리한 몸매인데도 아주 단단해서 교통사고가 나면 차는 다 찌그러져도 그 차에 타고 있던 마사이 족의 뼈는 안 부러진다는 것이다. 이 모든 것이 주식인 우유 덕분이라고 믿고 있는데 얼마간은 과학적 근거도 있는 것 같다.

허기를 여러 잔의 우유로 채우고 가장 올레파리와 함께 둘째 부인 집에서 늦게까지 갖가지 이야기를 나누었다. 그는 호기심이 많은 사람이라 방문객인 나보다 오히려 자기쪽에서 더 많은 질문을 퍼붓는다

"너희 나라에서도 가축을 키우느냐, 가축은 누가 돌보느냐, 너희 집에는 소가 몇 마리나 있느냐, 사람들은 무엇을 먹고 사느냐, 한국에는 비가 많이 오느냐?"

질문은 이렇게 모두 기본적인 의식주에 관한 것들이다. 이들이 무엇 때문에 한국의 국회상황이나 증권사정이 궁금하겠는가.

마사이, 세상에서 가장 자부심 강한 종족

올레파리는 마사이 생활이 이 세상에서 가장 좋다고 잘라 말한다. 자기들은 자랑스러운 전통이 있으므로 마사이 사람으로 태어난 것을 대단한 영광으로 안다고 한다.

단 한가지 어려움은 물이 귀한 건데 우기에는 괜찮지만 건기에는

가족과 가축을 이끌고 탄자니아 국경을 넘기도 한단다.

가뭄이 들면 소젖도 말라 우유는 커녕 먹을 물이 없어 쇠오줌을 마시는 경우도 있다고 한다. 지금은 우기라서 물이 풍부하다고 하는데도 여자들이 물통을 지고 걸어서 한 두시간 걸리는 샘에 가서 떠온 물이라는 게 시뻘건 진흙물이다. 그래도 그 물이 이들에게는 귀한 생명수다.

마사이 남자들에게는 어떤 범하지 못할 원시적인 위엄이 서려 있다. 사나이다움이 어린아이 때부터 하나하나의 씩씩한 태도와 행동에서 자연스럽게 우러나왔다. 남자들은 어느 나이가 되면 포경수술을 하는데 마취는커녕 살을 쩔 때 아프다고 얼굴을 찡그리거나 소리를 지르면 그는 평생 겁쟁이로 낙인이 찍힌다고 한다.

아들의 그런 행동은 그 부모의 얼굴에 먹칠을 하는 건 물론 겁쟁이 남자에게는 딸을 주려는 부모도 없어 결혼비용이 두세배나 된다고 한다. 반대로 눈하나 깜짝하지 않고 수술을 잘 참으면 그를 낳은 엄마는 마사이 족에 참다운 남자를 선사했다는 이유로 자기 남편에게서 소 한마리를 받는단다.

성인식이 끝난 청년은 곧 '모란' 이라는 자랑스러운 전사가 된다. 촘촘히 땋은 머리에 빨간 물을 들여 멋있게 장식을 하고 창과 칼을 들고 다니며 2~5명씩 짝을 지어 수년간 야영생활을 하면서 남자에게 필요한 용맹과 호기를 기른다. 이들은 세상에 무서운 것이 없어서 사자를 맨손으로 때려잡는 것도 보통이란다.

일반 민가에서는 야영생활을 하는 모란을 위해 우유를 항상 준비해 두고 있다. 마사이 전사들은 어느 집이든 그 집에 주인이 없더라도 언제든지 들어가 우유를 마실 수 있다. 모란이 자기 집에 들어와 우유를 마시고 가면 사람들은 기뻐한다.

또 하나 특이한 사실은 모란이 어떤 보마를 방문하든 그 보마 내에 있는 처녀 중 마음에 드는 사람과 자고 갈 수도 있다는 거다. 나도 보마에서 4일이나 지냈는데 봉변할 뻔하지 않았나.

이들의 용맹과 자존심 때문에 대륙에 팔려간 아프리카 노예들 가운데 마사이 족은 한 명도 없었단다. 아랍 노예상인들은 죽기를 각오하고 싸우는 마사이 족 근처에는 얼씬도 하지 못했다고 한다.

지금도 마사이 족들은 탄자니아 북쪽과 케냐 남쪽을 무시로 넘나드는데 두 나라 다 이들의 영토권을 인정하여 여권이나 증명서를 요구하지 못한다고 한다. 명예를 존중하고 용맹스러운 위대한 아프리카의 사나이들!

물론 지금은 레보마을 같은 오지에도 학교와 교회가 들어서서 현대문명이 곧 들이닥칠 준비를 갖추고 있으니 언제까지 그들의 자랑스러운 전통이 지켜질지 미지수다. 그러나 수천년 동안 다른 문화의 영향력을 꿋꿋이 이겨낸 마사이 외고집이 오래 살아남기를 바라는 마음 간절하다.

물만 있으면 부러울 게 없다

밤늦게 올레파리는 제일 젊은 다섯째 부인 집으로 자러 가고 나머지 부인들끼리 한 집에 옹기종기 모여 무슨 할 말이 그리 많은지 웃음소리를 내며 정답게 이야기를 나눈다.

열대여섯명 되는 아이들은 또 자기들끼리 대낮같은 달빛 아래서 신나게 노래를 부른다. 싸움과 노래는 마사이 족의 주특기. '우우하 우우하' 노래 마디마디마다 붙이는 뒷메김이 구성지다.

연기가 자욱한 쇠똥집에서 쇠가죽을 깔고 새끼 염소들과 함께 아침까지 잘 잤다. 아침에 일어나보니 부인들은 벌써 소젖을 짜느라 여념이 없고 아이들은 염소젖을 짜느라고 분주하다. 안개가 약간 낀 날씨

속의 마을은 신비한 분위기를 자아낸다.

몸이 근질근질해 살펴 보니 팔 다리 할 것 없이 동물 진드기가 잔뜩 붙어 있다. 동물들하고 한방에서 잤으니 당연하다. 진드기를 손으로 떼니 잘 떨어지지도 않고 떼고 난 뒤에도 피가 난다. 조슈아 말로는 그렇게 하면 안되고 하나하나 성냥불로 지져내야 한다는 것이다. 이 것들을 떼느라 아침나절을 다 보냈다.

낮에는 부인들이랑 나무를 하러 갔다. 땔감을 하러 가는 부인들은 밤에 그렇게 많은 이야기를 하고서도 나무를 하다가 그늘에 앉아 또 한참 수다를 떤다.

그들에게 사는 데 무엇이 가장 힘드느냐고 물었더니 당장 물 긷는 일이라고 이구동성으로 대답한다. 하루 종일 열심히 일하고 밤에는 남편을 나누어 가지면서도 물 긷는 일 이외에는 어려움을 모르는 마 사이 여자들. 그들의 고단한 삶 뒤에 숨어 있는 부드러운 미소를 찾 아낼 수 있었다.

나무를 해 가지고 집에 오니 넉살좋은 남자아이 하나가 손을 잡아 끈다. 따라가 보니 아이들이 막대기로 땅에다가 그림을 그리고 놀고 있다가 막대기를 나에게 건네 준다.

'이 아이들 하고 어떻게 놀아준다?'

일단 쭈그리고 앉아 코끼리 비슷하게 그려놓고 아이들에게 "이거 뭐게?" 했더니 아이들이 마사이 말로 코끼리! 하고 합창을 한다. 기 린을 그리면 기리인!, 사자를 그리면 사자아! 하며 목청껏 뒷말을 노 래하듯이 길게 뽑더니 나중에는 껑충껑충 뛰면서 좋아한다.

도지사 임명식 축하파티의 자라고개춤

나흘째 되는 날은 올레파리의 형인 '올레파리2' 보마에서 잠을 자고 토요일 오후 동네 아주머니 아저씨들 20여명과 함께 마을을 떠나 촌장 집으로 갔다. 일요일에 열리는 촌장 잔치에 가는 동네 사람들은 하나같이 최고로 성장을 했다. 여자들은 목에 여러가지 크기와 색깔의 동그란 구슬 목걸이를 겹겹이 두른 정장이다.

전세 트럭 뒤에 선물로 가지고 가는 염소 두 마리와 함께 타고 다섯 시간을 달려 촌장 집에 도착했다.

가는 동안 내내 먼지 때문에 나는 숨도 제대로 쉴 수 없는데 이들은 한시도 쉬지 않고 노래를 부른다. 앞에서 목청좋은 사람이 선창을 하면 나머지 사람들은 '우우하 우우하' 하며 후렴을 메기는데 어찌나 신나는지 내 고개도 그들처럼 저절로 앞뒤로 흔들린다.

도지사 임명식은 생각보다 엄청나게 큰 행사. 사방에 흩어져 사는 마사이 족들이 한 무리씩 모여들어 그 많은 손님들이 다 어디서 잘까 걱정했었는데 이들은 밤새도록 한숨도 자지 않고 동네별로 모여앉아 노래를 불렀다.

임명식은 오후에 있을 예정인데 아침이 되자 내가 세상에 태어나 본 소 중에 가장 큰 소 두 마리와 염소 다섯 마리, 양 다섯 마리를 잡았다. 소 잡는 곳에는 여자가 얼씬도 할 수 없는데 촌장에게 부탁해서 들판으로 나가보았다.

여러명의 남자가 올가미를 만들어 집채만한 소의 다리에 걸고 소를 꿇어 앉힌 후 무거운 둔기로 정수리를 쳤다. 정수리를 맞은 소가 죽으니 가지고 있던 칼로 소 목의 동맥을 끊었다. 끊긴 동맥에서 피가 폭포처럼 쏟아지자 마사이 남자들은 순식간에 벌떼처럼 몰려들어 피를 생으로 컵에 받아 마신다.

마사이 족의 가장 좋은 정력제라고 한다.

한낮이 되자 멀리서 큰 노래소리가 들려왔다. 무슨 일인가 하고 나가보니 한 무리 여자들이 마사이 전통의상을 떨쳐입고 멀리 벌판 끝에서부터 고개를 흔들며 노래를 부르면서 한발짝씩 다가온다.

또 그 반대편 들판에서도 붉은 옷을 입고 장신구를 하고 지팡이를 짚은 한 무리의 아낙네들이 한 발짝씩 발을 내디딜 때마다 자라처럼 고개를 쭉 뺐다 집어넣었다 하면서 다가온다.

그러자 미리 와있던 여자들이 또 무리를 지어 똑같은 동작과 노래를 하면서 마중을 나간다. 한 15분쯤 두고 한 지점을 향해 다가오던 세 그룹이 드디어 그 지점에서 만나자 서로 껴안고 반가워하더니 한데 합쳐서 노래를 부르고 고개를 흔들며 집으로 들어왔다. 큰 잔치 때나 볼 수 있는 아주 보기 드문 마사이 족 전통 손님맞이란다.

잔치가 시작되자 나도 손님답게 가지고 다니던 목면천에 옷핀 두개를 꽂아 엉성하나마 마사이식 옷을 만들어 입고 레보마을 아줌마가 준 목걸이를 하고 식장에 나갔다.

오후 두시경 경찰들이 나타나 안전점검을 한다고 법석을 부리더니 곧 이 나라 부통령이 나타났다. 3백여 명의 축하객이 모인 가운데 식이 시작되었다. 이것이 꽤 중요한 행사였던지 국영방송국에서 TV 카메라맨까지 나와 마사이차림을 한 이 외국인에게 여러번 카메라를 들이댔다. 아니나 다를까 그날 저녁 TV 뉴스 시간에 대문짝만하게 내 얼굴이 나왔다.

잔치가 끝나고 사람들이 각자 자기 마을로 돌아갈 때 레보 마을 사람들이 함께 돌아가자고 나를 부른다. 나는 나이로비로 간다고 하니까 깜짝 놀란다. 함께 왔으니까 함께 돌아가서 며칠 더 묵어가야 한다는 거다. 나도 한순간 그럴까 싶었다.

그 며칠 동안에 어느새 마사이 사람들과 정이 들어버린 것이다. 특히 올레파리네 식구들과는 더욱 그랬다. 마을로 떠나가면서 몇 번씩 뒤돌아 보는 레보 사람들, 정들자 또 이별이구나. 아무리 많이 헤어져 봤어도 헤어지는 아쉬움은 매번 처음인 양 겪는 것 같다.

'남녀평등 좋아하네'
보란 족 여자는 남자의 소유물

민박했던 소아레 마을집 엄마와 딸들.
보란 족 여인들은 놀랍도록 예쁘다.

트럭 타고 가다 엉덩이 다 까져

케냐에서 에티오피아로 육로이동을 하자면 케냐와 에티오피아 국경인 모얄레로 가야하는데 그길은 모두가 꺼리는 길이다. 몇년 전부터 무장강도가 수시로 출몰하고 특히 최근 내전 중인 소말리아에서 UN 평화유지군이 무기를 버리고 철수한 이후 많은 무기들이 국경지역에 나돌아 너도 나도 장총이나 기관총을 가지고 다닌다고 한다.

3일 굶으면 남의 담 안 넘는 사람 없다고 총을 든 난민들이 무엇을 할까는 물어보지 않아도 뻔한 일. 위험을 증명이라도 하듯 일주일에 한번씩 무장경찰을 태우고 운행하던 정기버스마저 끊긴 상태다.

내가 이 길로 가겠다고 하자 모두 깜짝 놀라며 극구 말린다. 여러 대사관과 사방으로 전화를 해본 선정씨 부부는 제발 비행기를 타라고 신신당부. 10년 이상 이 곳에서 선교활동을 해오신 목사님들도 위험천만한 일이라고 절대로 가지 말란다. 나이로비에서 만난 한 배낭족도 원래 계획을 바꾸어서 몸바사에서 배를 타고 북쪽으로 가기로 했다고 한다.

그래도 나는 정 위험하다고 판단되면 되돌아오는 한이 있더라도 그 길을 떠나보기로 했다. 이곳 아프리카에 와보니 목숨 걸고 다니는 사람들이 딱 세 부류다. 돈을 벌기 위해 다니는 장사꾼, 하나님 사업하는 성직자, 그리고 나같이 정신없는 여행객.

가는 길 중간의 마르사비트까지는 에티오피아에 플라스틱 통을 팔러가는 대형 트럭을 얻어 탔다. 트럭에는 열다섯 명이나 되는 사람들이 그야말로 입추의 여지 없이 플라스틱 통 위에 아슬아슬하게 올라앉았다.

트럭 조수들은 산더미같이 쌓아올린 플라스틱 통이 흩어지지 않게 묶어놓은 끈을 간신히 잡고 차체에 겨우 '붙어' 있었으며 승객들은 재주껏 통 위에 앉거나 양 옆 철봉에 엉덩이를 걸쳤다. 나도 가느다란 철봉 위에 겨우 비집고 앉아 이렇게 하고 어떻게 앞으로 열 시간이나 비포장도로를 달릴 수 있을까 한심해졌다.

도로에 들어서자마자 차가 덜컹거려서 그 때마다 나도 덩달아 들썩이다보니 30분도 못가서 엉덩이가 아파 죽을 지경이다. 더구나 내 자리는 어깨 바로 위로 철봉이 여러 가닥 가로지르고 있어서 마치 춘향이 큰 칼 쓴 것처럼 철봉 사이로 목만 빼꼼히 내놓았으니 덜컹거릴 때마다 양 어깨가 철봉에 부딪혀 아파서 견딜 수가 없다. 좀 편해보려고 발을 조금 뻗을라치면 아래 쪽에 앉은 사람이 발 치우라고 아우성.

반사막 지대를 달리면서 먼지는 있는 대로 다 뒤집어쓰고 한낮의 태양을 직통으로 받고 앉았으니 도대체 이게 무슨 생고생이란 말인가. 그러나 현지인들이 견딜 수 있다면 나도 견딜수 있을 거라고 생각하며 자위를 했다.

가는 길에는 케냐산을 비롯해 멋지게 생긴 산들이 즐비하고 반사막 지대의 광활한 대지도 볼 만했지만 워낙 내 사정이 딱한지라 경치를 즐길 엄두도 내지 못했다. 오후 늦게 마르사비트에 도착했을 때는 내 몸은 초주검상태. 양 어깨는 시퍼렇게 피멍이 들어 까져 있었고 엉덩이 꼬리뼈 부근 살이 다 까져 피가 난다. 앉거나 걸을 수도 없다. 물어 물어 여관을 찾아가 사정 사정해서 물 한 통을 얻어 뒤집어쓰니 좀 살 것 같기는 한데 도대체 내 몸이 내 몸이 아니다.

저놈의 트럭을 타고 국경 도시 모얄레까지 가다가는 국경에 도착하기 전에 하늘나라에 먼저 도착할 것 같아서 다른 차를 수배해 보려 했으나 애초에 이 마을에는 움직이는 자동차라는 게 없다. 하는 수 없지, 일단 푹 자고 걱정은 아침에 일어나서 하자. 그러나 아침에 자명종 소리에 맞춰 깨어보니 온몸이 쑤셔서 도저히 몸을 일으킬 수가 없다.

'에라, 여기서 하루 푹 쉬고 내일 가는 차편을 알아보자.'

발가락도 하나 꼼짝하지 못하고 누웠다가 늦은 아침을 먹고 비실비실 동네 시장에 기어나와 우유와 나무 등속을 팔러나온 온갖 부족들의 모습을 기웃거리고 있는데 병원용 하얀 랜드로버 차가 마을 안으로 들어온다.

내일 아침 모얄레로 떠날 거란다. 이런 기회를 놓칠 수 있나. 한껏 고단한 표정으로 사정했더니 이미 정원은 넘었지만 할 수 있느냐며 어렵지 않게 승낙한다. 편한 승용차를 타고 모얄레까지 가게 되었으니 한비야 운도 좋다.

노르웨이 한국인 입양아의 눈물

그날 저녁 여관에 에티오피아로부터 넘어오는 여행객이 들었다. 그가 나를 보더니 조심하라고 한다.

"이렇게 위험한 줄 알았으면 이쪽으로 안 왔을 거예요"

이들은 이집트에서 5인승 지프를 사서 육로로 남아프리카 공화국까지 가는 중이란다.

"뭐가 제일 위험했어요?"

"때도 없이 나타나는 무장강도들이 빵 한조각을 뺏기 위해 사람을 죽인대요."

오는 길에 강도를 당했다는 사람을 여러 명 만났단다.

'그래도 할 수 없지 뭐. 이미 들어선 길인데. 나는 병원차 타고 가니까 괜찮을 거야.'

일행 중 노르웨이에서 왔다는 남자 대학생은 아무리 보아도 얼굴이 동양 사람이다. 아니나 다를까, 그는 한국에서 입양간 아이로 이름도 킴이다. 연전 설악산에서 열렸던 국제 잼버리대회에도 참가했었다는 거다. 그때 한국신문에 '노르웨이로 입양된 쌍둥이 형제가 생모를 찾는다'는 기사가 나왔던 슬픈 사연의 주인공. 당시 우여곡절 끝에 생모를 만났는데 일년 후 다시 소식이 끊어져 이번 여행 중에 한국에 가서 꼭 다시 찾아보겠다고 한다.

생긴 것도 듬직한 녀석이 행동거지도 의젓해서 꼭 막내동생 같다. 킴과 많은 이야기를 나누었다. 킴은 한국 풍습과 사람들에 대해 알고 싶은 것이 많았다. 생모와 고국을 그리워하는 그 마음이 오죽할까 싶어 성의를 다해 대답해 주었다.

킴은 대부분의 한국 아이들처럼 자기도 어렸을 때는 노르웨이 친구들에게 따돌림당하는 건 물론 뭇매도 수없이 맞았다고 한다. 한국 아이들은 모두 학교에서 공부도 잘 하고 집에서 말썽을 일으키지도 않는데 외모가 다르다는 것 때문에 또래 아이들이 이유없이 미워한다는 거다. 이제는 힘도 세지고 해서 매를 맞는 일은 없지만 아무리 노르웨이 말을 잘 하고 노르웨이식 사고방식을 가지고 있다고 해도 겉모습 때문에 좋은 직장을 갖기가 힘들다고 한다.

노르웨이 인구가 고작 4백만~5백만인데 입양간 한국인 아이들이 6천명 정도나 되니 노르웨이에서는 적지 않은 소수민족 집단이란다. 더구나 이들은 노르웨이 아이들에 비해 어느 모로나 뛰어난데 이런 점이 노르웨이 아이들 마음에 들지 않는지도 모르겠다.

남의 나라에서 어려움 속에서도 꿋꿋하게 자라준 킴과 같은 한국 아이들. 핏덩이인 자기를 버린 생모와 고국을 원망하지 않고 다시 찾고 싶어하는 착한 한국의 끈끈한 핏줄. 불모의 땅 한가운데 초라한 여관의 희미한 불빛 아래서도 초롱초롱 빛나는 킴의 눈빛이 아프게 내 가슴을 찔렀다.

국경 병원의 언니같은 이탈리아 수녀

다음날 아침 비가 억수로 쏟아졌지만 랜드로버는 트럭에 비하면 천국이다. 승객들도 모두 유쾌한 사람들이다.

대평원 저 멀리 낙타들이 한줄을 지어 유유히 걷는 것이 보인다. 여기는 낙타 유목민들의 땅, 한 시간이면 지을 수 있는 집을 낙타 등에 싣고 초지를 찾아다니며 해가 지면 아무데서나 집을 짓고 아침이면 집을 헐어 또 떠나는 영원한 방랑자의 삶터다.

늦게 출발한데다 비가 와서 길이 험한 탓에 모얄레까지 두 시간 남았다는 솔롤로라는 곳에 오니 날이 저문다. 여기서부터는 위험해서 해가 진 후에는 절대로 다닐 수 없다고 무장군인이 길을 막는다. 경찰차가 호위를 하더라도 소용이 없단다. 우리 차에는 백신을 싣고 있기 때문에 이 백신을 열두 시간 안에 냉동보관하지 않으면 못쓰게 된다고 운전사가 군인들에게 뇌물을 먹이며 사정을 해 보았으나 절대 통하지 않는다. 위험하긴 위험한 길이군.

하는 수 없이 마을에서 조금 떨어진 성당에서 운영하는 병원으로 향했다. 50대 중반의 체격이 자그마한 이탈리아 수녀님이 원장이다. 부드럽고 인자한 모습이 첫눈에도 천사같다.

냉장고에 백신을 보관한 후 남자들에게는 돗자리를 내주고 내게는 산부인과 병동의 분만실 침대를 내주었다. 그러면서 병동에 출산을 코앞에 둔 산모가 있어 그날 밤을 새워야 한다기에 졸릴 때까지 옆에서 이야기 친구를 해주겠다니까 얼굴을 활짝 펴고 좋아한다.

이 수녀님은 20대 초반 꽃같은 나이에 아프리카에 와서 30년이 넘도록 의료선교를 하고 있다고 한다. 수단, 에티오피아, 에리트리아 등지에도 있었는데 전쟁 중인 나라에서 죽을 고비도 숱하게 넘기고 광신적 모슬렘 교도들에게 잡혀 감옥에도 몇 년간 갇혀 있었다는 거다.

천사같은 수녀님 얼굴을 가만히 보고 있자니 간호사 수녀가 될 뻔했던 작은언니 생각도 나고 강원도에서 고아원을 운영하고 있는 내 수녀친구 얼굴을 닮은 것 같기도 해 살가운 감정이 솟았다. 열심히 이야기를 하고 있는 수녀님을 꼭 껴안았더니 내 마음을 읽었는지 "그라쎄"(고마워요) 하면서 조용히 웃는다. 눈물이 쏟아지려는 걸 억지로 참았다.

케냐의 살아있는 양심, 흑인 의사 디다

케냐의 마지막 국경마을 모얄레에서는 꼭 가보고 싶은 곳이 있다. 에티오피아 남서부와 케냐 북쪽에 걸쳐 살고 있는 이 지역 최대부족 보란 족 동네다. 그래서 여기 오기 전에 두 사람을 소개받았다. 한 사람은 디다라는 현지인 의사고 또 한 사람은 모얄레 성당의 주임신부. 원래 국경 마을에서는 출입국 수속만 끝나면 되도록 빨리 통과하는 것이 보통이지만 마사이 족과 며칠을 함께 지내면서 많은 것을 얻었던 나는 보란 족과도 꼭 함께 생활해보고 싶었다.

마을 사람들은 디다를 잘 알고 있었다. 젊은 사람이 아주 헌신적이라느니, 돈을 모르는 의사라느니 한결같이 디다를 칭찬한다. 디다를 직접 만나보니 그런 말들이 과찬이 아니다.

나이는 서른 서넛쯤 되었을까, 의젓하고 겸손하고 친절하다. 내가 보란 동네를 찾아가보고 싶다고 했더니 좀 의아한 표정으로 한번 생각해 보잔다. 외국인 여자로서는 좀 위험한 시도라는 뜻이다.

이따가 다시 의논해보자고 해서 병원을 나와 신부님을 만나러 갔다. 포르투갈에서 오셨다는 동그란 얼굴의 이 50대 신부님은 말 그대로 '신부님, 우리 신부님' 같은 온화한 분이다. 신부님께 내가 몇 년 동안 혼자 세계의 오지를 여행하고 있다고 하니 감탄하시며 보란 마을을 가겠다는 데에도 '물이 부족해 생활이 아주 불편할 텐데' 하실 뿐 막지는 않는다.

손수 커피를 타주며 마침 다음날이 일요일이라 성당 경비원이 사는 보란 쪽 동네로 교구순방을 나가게 되므로 그 경비원 집에 부탁해서 묵게 해주겠다고 한다. 신부님과 오랫동안 알고 지낸 사이처럼 많은 이야기를 나누었다. 어릴 때 10년 넘게 성당에 다닌 덕분인지 신부님 앞에 앉자 고해성사를 하듯 내 속에 들어있는 말들이 쏟아져 나왔다.

남들에게는 하나의 무용담 삼아 얘기했던 많은 이야기들 이면에는 나도 견디기 힘들었던 순간들이 있었음을 부끄럽거나 연약한 감정을 감추지 않고 털어 놓았다. 또 좋은 경험을 쌓게 해 준 많은 사람들에게 내 의도와는 다르게 상처를 주지는 않았는지, 혹시 그런 것이 있었다면 하느님께 용서를 빈다고도 말했다.

그날 디다네 집 저녁식사에 초대되어 갔는데 집에 들어서는 순간 깜짝 놀랐다. 아주 좋은 교육을 받고 이 동네에서 이름난 병원을 경영하는 원장 집이라는 곳이 방 하나와 부엌, 응접실이 딸린 아주 작은 집이다. 집 안에는 꼭 필요한 최소한의 가구와 집기들밖에 없다.

"집이 참 검소하군요."

"저는 무엇이든지 꼭 필요한 것만 가진다는 생각으로 살고 있습니다."

자기는 미혼이라 혼자 사니까 몇 가지 밖에 없는 옷을 넣을 튼튼한 장과 편안한 침대 그리고 글을 쓸 책상과 걸상, 책꽂이 정도만 필요하고 나머지는 짐만 되고 신경만 쓰인다는 거다. 필요한 최소한의 것만 가지며 그 최소한의 것을 쓸 때마다 고맙게 생각한다는 건 바로 내 삶의 모토 아닌가. 그의 이야기를 들으면서 나는 같은 생각을 공유하는 사람이 가질 수 있는 친근감이 느껴져 저녁을 먹고 차를 마시면서 많은 이야기를 나누었다.

"의사가 되려고 돈과 시간과 노력을 많이 들여 공부했을텐데 왜 이런 시골에서 병원을 하세요?"

"저는 돈을 벌고 명예를 얻으려고 의사공부한 게 아닙니다. 내 고향 사람들을 도우려고 의사가 된 겁니다. 내가 태어난 이 모얄레 근처에는 예나 지금이나 말라리아나 콜레라 같이 손쉽게 치료할 수 있는 병으로도 수많은 사람들이 죽어가고 있습니다. 그들을 지키자는 게 제 꿈입니다."

"대단하시군요."

"그렇지도 않습니다. 제가 나이로비에 있으면 저는 그저 여러 의사 중의 한 사람이겠지만 여기서는 아주 필요한 사람이라는 생각에 보람을 느낍니다. 나를 필요로 하는 사람들이 있는 곳에서 살고 있다는 게 얼마나 행복합니까?"

끝까지 겸손함과 진지함을 잃지 않는 흑인 의사 디다. 수도인 나이로비에서 대낮에 강도가 횡행해도 사람들이 눈도 깜짝 않는 케냐에도 이런 사람이 있다니!

썩은 공무원들에 한심한 국민들이 가득한 케냐에도 디다같은 소수의 양심이 살아있으니 나라를 유지할 수 있는 게 아닐까. 내가 필요한 곳이 아니라 나를 필요로 하는 곳에서 살자는 것이나 '심플 라이프' 론은 내가 오래전부터 가지고 있던 생각인데 지구 반대편에 나와 똑같은 생각을 하고 그걸 묵묵히 실천하고 있는 사람이 있었던 것이다. 세계 구석구석에 내 스승이 있다.

케냐 국경의 오지, 보란 족 마을

일요일 아침 미사가 끝나는 대로 신부님 차를 타고 산골 동네로 갔다. 소아레 마을이라는 작은 동네. 산꼭대기에 집이 여덟, 아홉채씩 세 그룹으로 나뉘어 있다. 이 한 그룹을 미냐타라고 하는데 보통 모두 일가거나 몇 대째 이웃해서 살아온 이웃사촌들이다. 내가 묵을 경비원집 미냐타에는 여덟 채 중 다섯 채가 시집 장가 간 딸 아들 등 일가이고 세 채가 이웃사촌. 이들은 산비탈을 개간하여 옥수수와 콩 농사도 짓고 목축도 겸하고 있다.

나무와 진흙, 짚으로 만든 우리나라 초가집 같은 열 평 남짓한 집은 마사이 집보다는 훨씬 넓고 천장도 높아 실내가 환하다.

집 안에 들어서면 왼쪽에 화덕이 있는 부엌이 있고 그 옆에는 컵과 냄비가 몇 개 걸려있다. 그 뒤로 나뭇가지로 칸을 막고 동물가죽을 깔아 침실로 쓰고 문 오른쪽에도 진흙으로 바닥보다 약간 높게 만들어 역시 동물가죽을 깔고 잠을 잔다. 집 중앙에 뒤쪽으로 통하는 문이 있는데 그 뒤칸에 침대가 하나, 바로 내가 잘 잠자리다.

침대 바로 코 앞에 2주일 전에 낳았다는 송아지가 살고 있다.

저녁이 되자 남자아이들이 가축을 몰고 오는데 그 중에서 2년 미만 된 소와 어린 염소, 양들은 집 안에서 잠을 잔다. 이 놈들은 집 안에다가 온통 오줌도 싸고 똥도 싼다. 하루종일 풀밭에 있던 송아지들 몸에는 수십마리의 진드기가 붙어있다. 이것들이 사람에게 옮겨붙어 다리가 근질근질해 바지를 걷어보면 영락없이 진드기다.

마사이족처럼 여기서도 아침 저녁만 먹는데 마사이족과는 달리 목축만 하는 게 아니기 때문에 우유뿐만이 아니라 곡식을 먹을 수 있어서 좀 안심이다.

집 안에 모인 동네 사람들에게 내 이름은 한국말로는 '비야'인데 보란 말로는 '보카요'라고 소개하자 모두 놀라면서 좋아한다. '보카요'는 비라는 뜻이다. 보란 족은 비를 하늘이 내리는 축복으로 생각하고 있어서 남자아이들에게 이 이름을 많이 지어준다는 것을 올 때 들어서 알고 있었다. 내가 묵는 나흘동안 동네 어른 아이 할 것 없이 나만보면 '보카요, 보카요' 노래를 부르고 다녔다.

마을에 온 첫날 성당에서 운영하는 학교의 선생님인 큰아들 와리오와 동네를 한바퀴 돌았다. 동쪽에는 케냐평원에 섬처럼 떠 있는 산들이 아름답고 서쪽으로는 에티오피아의 높은 산들이 어깨를 맞대고 있는 모습이 그림 같다. 산정상에서 모처럼 아름답게 지는 노을을 감상했다. 와리오가 내일은 좀 더 깊은 산골짜기로 가자고 한다.

"학교는 어떻게 하구요?"

"신부님이 수요일까지는 비야씨 도와주는 데만 전념하라고 하셔서 이미 다른 선생님에게 합반을 부탁해 놓았어요."

고마우신 신부님, 우리 신부님.

저녁 식사 때 보니 마을 근처에 살고 있는 이 집 엄마 질로의 외손자 여남은 명이 모두 이 집에 와서 밥을 먹는다. 주식은 안시르라고 하는 삶은 옥수수와 삶은 콩을 섞어 만든 음식. 오로지 소금으로만 간을 했는데도 식구들은 너무나 맛있게 잘도 먹는다.

하기야 아침부터 차 몇 잔과 우유를 제외하고는 먹은 게 없으니 무엇이든지 꿀맛일 테지. 나도 한그릇 받아 푹푹 퍼먹었다. 배가 고팠기 때문에 한그릇 더 먹고 싶었으나 먹는 입은 많은데 음식이 넉넉해 보이지 않아 차마 더 달라는 말을 못했다. 이제 내일 이맘 때까지는 곡기 끝.

여기서도 역시 물이 가장 문제. 이 마을은 그래도 물사정이 좋은 편이라는데 여자들이 당나귀를 끌고 한시간 넘게 가서 당나귀등에 물통 두 개를 지우고 사람이 물통 한 개를 지고 오는데 물이 마사이 족물보다 더 시뻘건 진흙탕이다. 가지고 다니는 휴대용 정수기로 몇번을 여과시켜도 마찬가지라 물 대신 끓인 차만 연신 마셔댔더니 저녁에 잠이 잘 안와 애먹었다.

저녁이면 온동네 사람들이 나를 보러 이 집에 모여든다. 엉덩이를 걸칠 수 있는 곳에는 모두 사람들이 앉아 빈틈이 없다. 게다가 송아지 세 마리와 새끼 염소까지 나를 쳐다보고 있다. 질문을 던지는 사람은 주로 남자들이고 여자들은 듣기만 한다. 제일 먼저 묻는 말.

"아이들은 어떻게 하고 여기를 왔어요?"

"저는 아직 결혼하지 않아서 아이가 없어요."

"아니, 여자가 어떻게 남편과 아이들 없이 살 수 있단 말이요?"

깜짝 놀란다. 한 50년쯤 전에 우리나라에 온 외국 여자들에게 시골 할아버지들이 물어봤음직한 질문과 반응이다.

이들이 또 하나 놀라는 건 우리나라는 모두 같은 부족이고 한 가지 말만 쓴다는 사실에 대해서다. 케냐만 하더라도 140부족에 또 그만큼의 언어가 있으므로 그들이 놀라는 것도 무리가 아니다. 또 우리나라에 모슬렘 교도가 거의 없다고 하면 믿을 수 없다는 듯 묻는다.

"그럼 하늘에 알라신 말고 누가 있다고 생각하는 거요?"

걸핏하면 아내를 때리는 야만족

어느 날 저녁에는 여자들에 대한 이야기가 벌어졌다. 아프리카는 어느 부족이든지 여자들이 남자들의 다섯 배 가까운 일을 한다. 내가 보기에 그건 너무 불공평하고 무리한 일이라고 하자 남자들이 항의를 한다.

"그건 당연한 거요. 여자들이 하는 일은 남자들이 다 할 수 있지만 여자들은 남자들이 하는 일을 할 수 없잖아. 장례식에 죽은 사람을 업고 간다거나 또 다른 부족과 전쟁을 한다거나 남자들은 여자들이 하지 못하는 중요한 일을 하기 때문에 평소에는 쉬어야하는 거야."

웃기는 일이다. 매일 사람이 죽어 장례식을 치러야 하는 것도 아니고 수십년 동안 전쟁도 없었다는데 말이다. 남자들은 하루 종일 빈둥대고 여자들은 새벽부터 밤중까지 등이 휘도록 일만 한다. 그러고도 남자들 뒤편에서 찍 소리도 못하고 입을 다물고 있어야 하다니. 우리에게도 어느 시절 그런 때가 있었다던데? 아니 정신적으로는 아직까지도 그런 건 아닌가?

"그전처럼 가축이 많거나 다른 부족과 싸움이 잦을 때라면 몰라도 지금은 사정이 달라졌잖아요. 그러니까 이제는 남자들이 여자들을 도와주어야 할 것 같은데요. 한국에서도 옛날에는 여자들이 남자들에게 쥐여살았지만 그때도 땔나무를 하거나 가축을 돌보거나 하는 힘든 일은 남자들이 다 했어요."

내가 말해주니까 '여자들이 등짐을 더 잘 진다'고 하면서 얼버무린다. 여자들을 돌아보았더니 내 말에 동의해야 할 그들도 남자들 말이 맞다는 듯 고개를 끄덕거린다. 내가 이런 전근대적 가부장 부족집단에서 남녀평등을 부르짖다니. 여자들이 스스로 불평등을 인식하고 고치려고 하는 의지가 없는 한 외부 사람이 아무리 무어라고 해봐야 쇠 귀에 경 읽기가 아닌가?

가부장제 사회가 어디나 그렇듯 여기서도 남자가 여자를 다스리는 건 당연하다고 생각하고 있다. 이곳 풍습으로는 결혼 때 남자가 소 다섯마리를 주고 여자를 사 온다. 결혼 상대를 고르는 건 신부측이 아니라 신랑 아버지다. 남자들은 소만 많으면 셋이든 넷이든 아내를 얻을 수 있으니 아내가 많다는 건 곧 재산이 많다는 것이다.

여자의 가치가 소 다섯 마리를 넘지 못하니 남자들은 아내 때리기를 밥먹듯 한다. 마치 가축 정도의 소유물로 아내를 생각하는 것 같다. 보통 언제 부인을 때리느냐고 물어보니까 남자들은 득의만면해서 서로 다투어 한마디씩 한다.

"가축을 잘못 돌보았을 때."
"집에 물이 떨어졌을 때."
"말대꾸 할 때."
"잠자리를 거부할 때."

날씬한 체격, 새까만 머리의 미인들

먼 산골짜기 마을로 '원단 보란'을 찾아가는 길에 낙타를 유목하는 가브라족을 만났다. 이들은 어쩐 일인지 그 간단한 집도 짓지 않고 노숙을 하고 있었다. 나무 밑에 낙타 가죽을 깔고 얇은 비닐을 덮고 잔다. 50명 쯤 되는 대부대로 아홉 가족이라는데 지금이 우기여서 여린 풀이 많은 곳으로 낙타들을 끌고 다닌다고 했다. 한 곳에 오래 있지 않기 때문에 집을 짓지 않는 것이란다.

그저 간단하게 밥이나 지어먹을 뿐 집도 절도 없는 유목민을 보고 있노라니 불현듯 내 자신을 되돌아 보게 된다. 내가 이들과 다른 게 무언가. 가진 것이라곤 앞뒤로 맨 배낭 두 개뿐. 이 배낭 두 개로 세계 곳곳을 떠돌아다니는 내 모습은 바로 저 낙타유목민의 모습이 아닌가. 어쩌면 나는 전생에 몽골 대륙을 누비던 유목민은 아니었을까. 지금도 그 피가 남아 이렇게 세계를 떠돌고 있는 건 아닐까?

좀 더 산골로 들어가니 보란 족 여자들의 전형적인 헤어 스타일을 볼 수 있었다. 단발머리 길이 정도로 앞 가르마를 타고 양 옆으로 한 50가닥씩 촘촘히 땋은 예쁜 머리. 이목구비가 뚜렷하고 하얀 이를 가지런히 드러내고 웃는 모습이 아주 예쁘다. 보란 족 미인의 조건은 새까만 머리, 마른 체형, 거무스름한 눈주위 그림자, 긴 코, 거무스름하고 두툼한데다 윤곽이 뚜렷한 까만 입술에 하얀 이, 거기에 앞니가 벌어져 있으면 금상첨화란다. 그러나 이것 저것 다 갖추지 않았더라도 이 동네 여자들은 대부분 대단한 미인들이었다.

이들이 입고 있는 전통의상은 너비 150센티 길이 2미터 정도 되는 통천으로 몸을 둘둘 말 것인데 목 부분에서 교차하는 두가닥 천 조각이 아슬아슬 젖가슴을 가리고 있어 조금만 움직여도 가슴이 삐져나온다. 젊은 여자들이 마른 체격에 가슴은 어떻게 저렇게 봉긋하고 탐스러울까. 부러운 마음에 자꾸만 눈길이 갔다.

다음날은 아랫마을에 있는 성당에서 운영하는 초등학교에 가보았다. 전교생 백 명 정도에 선생님이 세 분. 나는 곁으로 슬쩍 보고 가려고 했는데 내가 나타나자 교실 문을 활짝 열고 50여명의 저학년 학생들이 일제히 일어나 박수를 친다. 별수없이 교실에 끌려 들어가니 선생님 말이 아이들이 나를 위해 노래를 불러주겠다고 한다. 갑자기 북소리가 울리고 교실이 떠나가도록 아이들이 노래를 부른다. 한번 노래를 시작하자 아이들은 제 흥에 겨워 선생님이 그만 하라고 말릴 때까지 돌림노래를 불렀다.

초롱초롱 눈망울이 맑은 아이들이 부디 희망을 가지고 잘 자라서 보란 부족을 크게 일으키라는 뜻에서 답가로 〈희망의 나라로〉를 불러주었다.

배를 저어가자 험한 바다물결 건너 저편 언덕에
자유 평등 평화 행복 가득한 곳 희망의 나라로

배낭을 지고 모얄레로 내려오는 길에 어느새 낯익은 동네 얼굴들을 많이 만났다.

"보카요, 바라."(비야 안녕)

"예어, 바루투."(예, 안녕하세요)

"이졸렌 우루 고프투?"(아이들도 잘 있지요?)

"우루 고프투."(예. 잘 있어요)

학교를 지나올 때 수업 시작 전인 아이들이 운동장에 나와 있다가 일제히 '보카요. 보카요' 외치며 손을 흔들었다.

물이 귀한 산동네 마을에서 며칠 동안 씻지를 못해 몸에서는 쉰 옥수수 냄새가 난다. 모얄레 성당으로 직행해 염치불고하고 수녀님께 부탁해서 샤워를 했다.

'아. 하늘에서 물이 떨어진다. 넘치는 하느님의 은총.'

수도꼭지에서 깨끗한 물이 콸콸 쏟아지는 것을 보면서 엉뚱하게 이런 혼자말이 튀어 나왔다. 흙탕물도 한컵 마음대로 못쓰고 사는 산꼭대기 보란 사람들이 생각나 이 깨끗한 물을 이렇게 함부로 막 써도 되나 하는 송구스러운 마음이 들었다.

나는 이 샤워를 끝내고 바로 에티오피아로 넘어 갔다.

케냐와 에티오피아 국경은 모얄레 마을 사이로 나 있다. 한 마을 안에 두 나라가 있는 것이다. 같은 모얄레이면서도 국경을 넘자 분위기가 사뭇 다르다. 케냐 쪽 모얄레에는 90퍼센트가 모슬렘이라 반바지를 입고 나가면 사람들이 인상을 쓰며 손가락질을 할 만큼 엄격하고 답답한데 에티오피아 쪽 모얄레에는 기독교인이 훨씬 많아서인지 좀 더 활기차고 자유로운 느낌이다. 간판도 영어 글씨는 싹 없어지고 아마하릭이라는 에티오피아어로 바뀌고 인사도 악수보다 서로 어깨를 잡고 세 번 부딪치는 특유의 인사를 한다.

답답하게 고추를 어떻게 가리고 다녀?

에티오피아 남쪽 콘소지방 시장 구경을 갔다가
오히려 우리가 구경거리가 되었다.

달력과 시간까지 다른 나라 에티오피아

에티오피아는 역사적으로나 문화적으로 상당히 흥미로운 나라다. 우선 아프리카 대륙에서는 유일하게 수천년 역사에 한번도 다른 나라의 지배를 받지 않았다는 긍지를 가지고 있다. 이차대전 중에 이탈리아에 강점당한 적이 있으나 그 때도 강점이 아니라 어디까지나 전쟁 중이었다고 이 나라 사람들은 말한다.

백인들의 영향을 거의 받지 않은 덕분에 사람들이 친절하면서도 당당하다. 오랜 식민지 시대를 겪은 아프리카 다른 나라 사람들은 외국인에게 잘 해주면서도 어딘가 주눅이 들어 굽실거리는 게 보기 싫어서 그 나쁜 유산을 빨리 청산하기를 바랐었는데 여기서는 외국 사람이라고 거리를 두지도 않고 아첨을 하지도 않는 게 참 마음에 든다.

시바의 여왕과 이스라엘 솔로몬 왕 사이에서 태어난 메넬릭 1세가 에티오피아 북쪽 악숨에 정착하여 이 나라를 다스리기 시작한 이후 1974년 셀라시에 왕이 하야할 때까지 한 왕조가 계속되었다고 한다. 왕조의 멸망 후 무시무시한 군부 공산정권 때문에 나라가 피폐했다가 1991년 악명 높은 독재자 멩기스투가 짐바브웨로 도망간 후 드디어 민주주의 정부가 들어서 근대화의 길을 가고 있는 중이다.

시바의 여왕과 솔로몬 왕의 사랑이 맺어지게 된 이야기가 재미있다. 여왕의 이스라엘 방문 마지막 날, 응큼한 마음을 먹은 솔로몬 왕이 여왕에게 자기 방에서 함께 지낼 것을 제안했다. 시바 여왕은 방 한가운데 금을 긋고 이 선을 넘지 않겠다고 약속하면 그렇게 하겠다고 응답. 그때 이미 둘 다 눈은 맞았던 모양이다.

워낙 머리가 잘 돌아가는 솔로몬 왕인지라 그럼 그 대신 내 허락 없이 선 이쪽에 있는 물건을 만지면 안된다고 조건을 달았다. 그리고는 그날 만찬을 아주 짜게 만들어 여왕에게 먹였다. 여왕은 짜디짠 저녁을 먹고 잠자리에 들었으니 물이 켤 수밖에. 갈증을 참지 못하고 중앙선 너머 있는 주전자를 들어 물을 마시고 말았다.

"당신이 먼저 약속을 깼으니 나도 선을 넘겠소."

노리고 있던 솔로몬왕은 선을 넘어 가 에티오피아의 시조를 만들었다. 그래서 지금도 특히 북쪽 사람들은 자신들이 솔로몬의 후예임을 커다란 자랑으로 알고 있다.

에티오피아 여행은 모든 게 생소하다. 우선 하루도 24시간이 아니라 12시간이며 그 시작은 우리의 아침 6시. 이들이 0시라고 하면 그것은 아침 6시를 말하는 거다. 처음에 잘 몰라서 여러번 버스를 놓쳤다. 달력도 국제적인 그레고리안 달력을 쓰는 게 아니라 줄리어스 시저 때부터 써 온 줄리안 달력을 쓰고 있어서 1년이 13개월에 한 달은 30일, 그리고 맨 마지막 달은 5일이나 6일로 되어 있다.

서양력과 마찬가지로 예수의 탄생을 기점으로 했으나 그 탄생 연도를 달리 잡고 있어서 연도도 다르다. 예를 들면 이 글을 쓰고 있는 1996년 6월 5일이 에티오피아 달력으로는 1988년 9월 13일이다. 한국달력으로는 88 올림픽이 한창인 셈이다.

또 강대국의 지배를 받은 적이 있는 다른 동 아프리카 나라에서는 거의 영어가 통하고 비교적 자세한 여행안내서도 있었는데 여기는 20여년간의 군부 독재 시절 외국인의 출입을 사실상 금지했기 때문에 영어 하는 사람도 보기 힘들고 구경 다니기가 만만치 않다.

에티오피아에 대한 나의 상식은 6·25전쟁 때 한국을 도운 참전국이라는 것, 북한과 혈맹이었다는 것, 맨발의 마라토너 아베베, 그리고 80년 초 이 나라를 할퀴고 간 극심한 한파로 수많은 사람들이 굶어 죽은 기근의 나라 등이 고작이었다. 이런 미답의 나라에 들어와서 다닐 생각을 하니 고생할 것은 걱정도 안되고 미지에 대한 호기심으로 가슴이 울렁거리며 흥분이 된다. 여기에는 또 무엇이 나를 기다리고 있을까.

무조건 티셔츠 안기는 밀수꾼 아줌마

모얄레에서 북쪽으로 들어가는 길은 케냐로부터의 밀수를 막기 위해 검문검색이 심했다. 두세 명의 세관 직원이 올라와 버스에 실은 산더미같은 짐을 샅샅이 뒤지느라고 몇 십분씩 걸린다. 그런 검문검색을 거의 한 시간에 한 번씩 하느라고 여덟 시간이면 갈 수 있는 거리를 열세 시간이나 걸렸다. 다섯 시간은 검문을 하는데 소비한 거다.

그렇다고 밀수를 막지도 못하는 것 같다. 내가 탄 버스에 밀수꾼 아줌마 둘이 타고 있었다. 버스가 모얄레 검문소를 통과한 후 어둠 속에서 버스에 오른 이 아줌마들은 수백벌도 더 되는 남방과 티셔츠를 수십개의 작은 보따리로 포장을 해서 얼굴도 모르는 승객들에게 무조건 하나씩 안겼다. 그러고도 남은 보따리를 풀어 티셔츠를 꺼내 승객들에게 두세벌씩 끼어입게 한다. 이건 물론 선물이 아니다. 입고 있는 옷은 세관 검색 대상에서 제외되기 때문에 가는 동안 입고 있어 달라는 뜻이다.

그런데 놀랍게도 승객 중 누구도 불평을 하지 않는다. 그 더위에 두꺼운 티셔츠와 남방을 두세개씩 껴 입고 구슬땀을 뻘뻘 흘리면서도 별말이 없을 뿐만 아니라 검색을 할 때마다 잠바나 숄 속에 보따리를 숨기고 차 밖에 나가 있다가 다시 올라온다. 승객과 아줌마 간에 내가 모르는 다른 뒷거래가 있는지는 몰라도 내가 보는 동안 무슨 약속이 오가는 것 같지도 않았다.

그런데도 여자고 남자고 늙은이고 젊은이고 밀수꾼들이 준 똑같은 티셔츠에 똑같은 남방, 고동색 바탕에 까만 줄무늬가 있는 옷을 껴입고 진지하게 앉아있는 모습이 우습기도 하고 신기하기도 했다.

세관 직원들이 과연 이런 밀수작전을 모르고 있을까. 승객들의 옷을 보면 금방 눈에 드러나는 속임순데? 서로 짜고 치는 고스톱인지도 모르겠다.

차를 타고 오면서 웃지 못할 일이 있었다. 식사시간이 되어 같이 타고가던 3명의 아저씨와 점심을 먹었다. 그 아저씨들이 짧은 영어로 나에게 어디서 왔느냐고 묻기에 한국에서 왔다고 했더니 3명 모두 숨을 짧게 들이쉬며 놀라는 표정이다.

'아니 한국에서 왔다는데 왜 저렇게 놀라는 거야. 북한과 한때 맹방이어서 의외라는 말인가.' 생각하고는 친절하게 설명했다.

"아저씨 그렇게 놀랄 것 없어요. 우리나라하고도 정식 국교수립이 되었거든요."

이어 이 아저씨 내 이름을 묻기에 비야라고 대답했더니 또 모두 숨을 들이쉬며 깜짝 놀란다.

'아, 내 이름이 이 나라 말로는 무슨 심오한 뜻이 있어 이렇게 놀라나 보다.'

그런데 나중에 알고보니 한번 짧게 숨을 들이쉬는 건 우리나라에서 통용되는 것처럼 놀라는 몸짓이 아니라 알겠다는 동의의 표시였다.

이 나라에서는 커피는 차 이상의 의미가 있다. 집집마다 하루에 적어도 두 차례 이상씩 커피를 끓인다. 때마다 커피콩을 잘 씻어 볶아 집 안에 커피냄새를 배게 하고 그 볶은 커피콩을 조그만 절구에 빻아 가루로 만들어 커피를 끓여낸다.

작은 잔에 설탕을 듬뿍 치고 마시는 한 잔의 커피. 시골에 가면 커피 주전자를 신주단지 모시듯 하고 도시에서도 무슨 일이 잘 안 풀리면 내가 오늘 아침 커피를 마셨던가부터 생각해 본다고 한다. 커피가 나쁜 일로부터 자신들을 보호한다고 믿기 때문이다.

우리가 매일 마시는 커피의 원산지가 에티오피아의 카파지방이란 사실을 아시는지?

말라리아 예방약 때문에 황달에 걸리다

에티오피아 문화권은 크게 남쪽의 아프리카 중의 아프리카라는 원시 문화권과 북쪽의 세련된 초기 기독교 문화권으로 나눌 수 있다고 한다. 나는 이 두 문화권을 포함해 전혀 생소한 이 나라를 될수록 천천히 그러면서도 꼼꼼히 보고 싶었다.

케냐 국경에서 버스로 열 시간 거리에 있는 알바민치는 아프리카에서도 가장 원시적인 부족들이 수천년 전 조상들이 살던 그대로 살고 있는 지역으로 가는 베이스 캠프다. 아프리카 사진첩에 단골로 등장하는 아랫입술이 튀어나올수록 미인인 하마 족을 비롯해 실오라기 하나 걸치지 않은 나체부족, 거기게 한술 더 떠 나체에 옷을 입은 것처럼 흰 칠을 하고 사는 부족들을 만날 수 있다는 곳이다. 에티오피아 오지탐험은 여기서 시작되었다.

알바민치는 아바야 호수와 차모 호수 중간에 위치한 아주 경치 좋은 작은 도시다. 알바민치는 40개의 호수라는 뜻이니 무엇보다 싱싱한 생선을 실컷 먹을 수 있을 것 같았다. 숙소에서 만난 독일 여자아이 둘이 미리 물색해놓은 이 지방에서 제일 맛있는 생선국을 끓인다는 집에 가서 먹음직스러워 보이는 생선찌개를 2인분 시켰다. 그런데 첫술을 입에 넣는 순간 속이 메스꺼워져 '욱' 하고 토해내고 말았다.

'또 시작이군.'

에티오피아에 오자마자 나타나기 시작한 증상이다. 증상은 이것 뿐만이 아니다. 매일 아침 머리를 빗을 때면 머리카락이 한 움큼씩 빠진다. 뭐든지 가리지 않고 잘 먹는 식성인데 요즈음은 이 나라 고유 음식인 수수로 만든 얇은 빈대떡 같은 인젤라는 물론 감자나 달걀 등 평소에 잘 먹던 음식도 먹지를 못한다.

원래 많이 먹어야 유지가 되는 체력인데 이렇게 못 먹으니 힘이 없을 수밖에. 밤이고 낮이고 그저 나른하기만 하다. 어느날 오래간만에 들여다 본 눈동자가 노랗다 못해 황토색이다.

말라리아 예방약 부작용이었다. 전에 인도에 갔을 때와 남미 아마존에 갔을 때도 경험한 바로 그 증상이 또 나타난 것이다. 생각해 보니 이번에는 예방약을 너무 오래 먹었다. 지난 12월부터 먹었으니 벌써 5개월째였다. 게다가 아직도 말라리아 창궐지역을 다니고 있어서 앞으로 적어도 한달은 더 복용해야 하니 정말 걱정이다.

사실 이 예방약이 무진장 독하다는 것은 알고 있었다. 간을 해치는 약 중 첫째는 먹는 무좀약, 둘째가 이 약이라던가. 서울을 떠날 때 의사가 제일 약한 약으로 먹되 절대로 3개월 이상은 복용하지 말라고 했지만 같이 다니던 여행자들이 일주일이 멀다하고 말라리아에 걸려 고생하는 걸 보니 그 말을 따를 수 없었다.

나는 혼자 다니기도 하거니와 관광지가 아닌 오지를 다니기 때문에 걸렸다 하면 돌봐 줄 사람은커녕 찾아 갈 치료소도 없어 치명적일 수도 있다고 생각했기 때문이다.

그래도 부작용이 이렇게 심할 줄 알았으면 애초에 달리 생각했을 텐데 지금 와서 무를 수도 없고 괴롭기 짝이 없다.

젖가슴이 예쁜 콘소마을 처녀들

다행히 잉가와 잉글래트라고 하는 이 귀여운 독일 여대생들과 남쪽

지방 여행을 함께 하기로 했다. 이튿날 사람과 짐과 가축이 뒤엉킨 소형 트럭을 얻어 타고 콘소에 도착, 유일한 여관인 트럭 운전사들이 묵는 숙소에 짐을 풀었다.

숙소에서 맥주 병으로 딱 한 병 주는 물로 세수를 하고 손발도 씻고 손수건까지 빨았다. 나는 아프리카 여행을 하면서 도저히 어림도 없을 것 같은 적은 물로 얼마나 많은 일을 할 수 있는지에 대해 항상 놀라고 있다. 사람의 적응력이란 거의 무한에 가깝다는 말을 체험하고 있는 중이다.

이 지방의 콘소 족은 큰 도시들과 그리 멀리 떨어져 있지 않으면서도 아주 독특한 생활을 하고 있다. 이 부족은 30~40 가족이 마을을 형성하고 있다. 집은 풀로 만든 것. 이들의 집은 아프리카의 다른 부족들이 원룸 시스템인 것과는 달리 조그만 초가를 여러 채 지어 잠자는 곳과 부엌, 곳간이 따로 따로다.

마을 입구에는 일종의 공동묘지라고 할 목각비군이 있다. 그 마을 중요한 사람들의 업적을 기리는 1미터 정도의 목각비가 우리나라의 작은 장승처럼 나란히 서 있다. 이 목각들은 스스로 무덤 주인의 일생을 이야기하고 있다. 중앙에 제일 크게 자리잡고 있는 게 주인인 남자의 무덤이고 그 오른쪽에는 첫째 부인, 왼쪽으로는 둘째, 셋째, 넷째 부인들이 차례로 서 있다.

이 목각으로 보아 다 같은 부인이라도 둘째 이하는 첫 부인과는 그 대우가 상당히 다른 걸 알 수 있다. 조강지처를 잘 모시는 건 우리나 그들이나 별로 다르지 않나 보다. 주인의 목각 앞에 서 있는 모자를 안 쓴 남자목각은 주인이 생전에 죽인 적들이고 발 밑의 사자나 야생 짐승들은 그가 죽인 맹수들이다.

와카라고 부르는 이 조상 대대로 내려온 목각비들을 요즘은 도굴꾼들이 야간에 파헤쳐 유럽 등지로 내다팔고 있어 마을 청년들이 돌아가면서 보초를 서는 판이라고 한다. 실제로 내가 이 와카의 사진을 찍으려 하자 할머니 한 명과 총각 한 명이 돌아가라고 몽둥이를 휘두르며 소리를 지른다.

나중에 알고보니 그 총각 할아버지 산소의 목각비들이 관광객이 사진을 찍고난 후 없어졌다는 거다.

콘소 족의 보리로 빚은 토속맥주 딸라는 고소하기로 유명하다. 또 유명한 꿀 생산지인 이곳 꿀로 만든 노란 술 떼쥐도 여간 맛이 좋은 게 아니다. 평소 간을 보호해야 한다고 술을 마시지 않던 나도 꿀로 만들었다는 말에 솔깃, 영양보충 차원에서 매일 하루 한두 병씩 마셨다.

콘소에 있는 몇 군데 마을을 방문하는 동안 우리도 동네 사람들을 구경하지만 동네 꼬마들도 우리를 구경하느라고 수십명씩 떼를 지어 따라다니며 '유(You), 유' 하고 부른다.

산골로 들어갈수록 아랫도리는 하얀 겹치마를 입었지만 윗도리는 아무것도 입지 않은 여자들이 더 많다. 처녀아이들의 작지도 크지도 않은 봉긋한 젖가슴이 탐스럽고 예쁘다. 사진을 찍으려고 카메라를 꺼내면 모두 소리를 지르며 혼비백산 달아나는 통에 사진을 찍을 수 없어 아쉬웠다.

콘소의 식당 주인들은 모두 에티오피아 정교회 교인들이라 부활절 전 54일간의 금육기간을 철저히 지킨다. 그 기간에는 고기는커녕 달걀이나 우유도 없다. 며칠간 망고나 오이로 연명을 하던 나는 뭐라도 영양가 있는 것을 먹어야 기운을 차리겠는데 싶어 걱정이었다. 그러던 차에 트럭을 타고 징카로 오는 길에 동네 아이들이 살아있는 닭을 팔고 있는 게 눈에 확 들어왔다.

'그래, 저 닭을 사다가 잡아먹자.'

며칠 굶다시피 했더니 눈에 보이는 게 없다. 독일 아이들에게 의사를 물었더니 산 닭을 어떻게 잡아먹느냐고 망설인다.

"너희는 구경만 해, 닭 모가지도 내가 비틀고 털도 이 언니가 뜯을 테니 너희들은 먹기나 하라구."

닭 한마리에 7비르, 약 750원에 샀다. 산 닭을 트럭 뒷자리에 풀어놓으니 금방 죽을 운명인 것도 모르고 꼬꼬댁 꼬꼬댁 뛰어다니며 좋아한다. 산 닭을 잡아 먹겠다고 사 놓다니, 우리는 어이가 없기도 하고 재미있기도 해서 징카까지 내내 깔깔거리며 갔다.

닭 잡는다고 식칼 들고 설쳐

징카까지 가는 길은 황무지와 산길을 오르락내리락 했다. 수천년 전 조상이 하던 방법 그대로 꼬챙이로 땅에 구멍을 내어 씨를 뿌리는 사람들을 지나고 완전히 벌거벗고 사는 원시인의 마을도 지났다. 이 나체촌을 지날 때 우리가 손을 마구 흔들었더니 동네 사람들은 어른 아이 할 것 없이 젖가슴이나 고추가 달랑거리도록 온 몸을 흔들며 반가워한다. 저런 나체촌에서 며칠 묵어봐야하는 건데.

징카 관광사무소장을 찾아 안내를 부탁하니 두말없이 오케이. 다음 날 마침 이곳에 장이 서서 몇 십리 떨어진 산골에서부터 여러 부족들이 오니까 특히 아리 족과 바나 족을 충분히 볼 수 있을 거라고 한다. 장은 오후에 피크를 이루므로 나중에 보자고 하고 아침에는 우선 산중에 있는 마을을 가자고 했다.

다니엘이라는 소장은 다음날 우리를 산골로 안내했다. 어느 마을을 지나려니까 마침 그 동네 한 집에서 오늘 집을 다 지어 술과 노래와 춤이 있을 거라고 한다. 시원한 나무 그늘에 주저앉았더니 곧 수수로 만든 우리나라 막걸리 같이 걸쭉한 술이 나오고 동네 사람들이 가사는 없고 리듬만 있는 노래를 목청 높여 부른다.

홍에 겨운 사람들은 대나무 같은 것으로 만든 여섯 개의 피리를 여섯 명이 각각 나누어 높낮이를 달리 하면서 신나게 분다. 그러자 남녀가 짝을 지어 발을 구르며 엉덩이를 초고속으로 흔드는 춤을 춘다. 예전에 남미의 온두라스 카리푸나 흑인 노예 후예의 뿐따 라는 춤과 너무나 흡사해 깜짝 놀랐다. 혹시 그 남미로 팔려온 흑인들과 이곳 징카족이 어떤 연관이 있는 건 아닐까?

이곳은 인사법도 특이하다. 남자고 여자고 가릴 것 없이 입술을 대여섯번 가볍게 맞추고는 주먹으로 가슴을 번갈아 치며 반가움을 표시하기도 한다. 우리가 동물 가죽을 깔고 나무 그늘에 앉아있으려니까 여러 명의 남자, 여자가 지나가다가 우리를 포함해 앉아 있는 사람들 하나 하나에게 입을 맞춘다. 나이든 여자끼리는 짧게 입맞추는 속도가 어찌나 빠른지 마치 새들이 모이를 쪼는 것 같다.

오후 늦게는 시장 구경을 갔다. 커다란 장터에는 지나다니기 어려울 정도로 사람들이 붐빈다. 가장 많이 눈에 띄는 부족은 바나족인데 남자들은 여자처럼 머리를 촘촘히 땋아 귀 밑까지 내리고 귀고리를 했다. 너나 할 것 없이 긴 나무 막대와 브르코타라는 나무로 만든 조그만 의자를 가지고 다닌다. 간혹 이마 부근에 붉은 칠을 한 사람이 보여 물어보니 그건 사자나 표범 등 맹수를 죽였다는 표시란다.

여자들은 머리를 수백 가닥으로 갈라 나사 모양으로 둥글게 만들어 진흙으로 염색을 하고 그 위에 버터를 발라 황토색으로 번들번들하게 한 다음 그 머리 위에 바가지를 써 햇볕이나 비에 머리가 상하지 않도록 몹시 신경을 쓰는 듯 했다.

여자들의 옷은 염소 가죽으로 만들었는데 가죽 가장자리에 수없이 많은 조개껍데기를 달아 패셔너블하기 이를 데 없다. 한동안 세계 패션의 주제가 에스닉이라고 해서 파리 패션 무대에 여러 나라의 향토색 짙은 고유의상들이 앞다투어 올라왔었는데 어느 디자이너에게선가 이 비슷한 패션을 본 것 같기도 하다.

장날에만 나타난다는 징카 근처의 아리 족도 눈에 띄는데 아리 족
은 나무껍질로 만든 허벅지를 겨우 가리는 바르초아라는 통치마를
입고 있어 여태까지 보아 온 사람과 조금 달랐다.

장에 나온 사람들은 바나나, 오렌지, 망고 등 과일과 토마토, 양파,
감자 등 채소, 기름이나 버터, 꿀 등 모두가 집에서 거둔 것들을 가지
고 나왔다. 그러나 그 양이 얼마나 적은지 다 팔아봐야 우리 돈 5백
원 정도인 5비르도 안 되는 것. 그걸 팔려고 수십리 길을 이고지고
걸어왔구나 하는 측은한 생각이 든다.

그래서 오랜만에 보는 과일을 달라는 대로 돈을 주고 들고올 수 있
을 만큼 잔뜩 샀다. 장에는 또 아줌마들이 미숫가루와 보리가루를 팔
고 있는데 한입 얻어 먹고 보니 우리 미숫가루 바로 그 맛이다.

숙소에 돌아와 닭을 잡을 차례. 지배인에게 부탁해 부엌을 쓰기로
하고 칼까지 빌렸다. 목마른 사람이 우물 판다고 약속대로 내가 닭을
들고 마당으로 나갔다.

한 번도 닭을 잡아본 적은 없으나 못할 것도 없다. 칼을 숫돌에 잘
갈아서 예리한 칼 끝으로 고통을 줄이려고 단번에 목을 땄다. 결따라
벗기자 술술 털이 잘 벗겨진다. 탄자니아의 잊지 못할 친구 비다가
닭잡는 것을 눈여겨 보아 두었던 덕을 보는 셈이다.

우리가 닭 잡는다는 소리를 어디서 들었는지 동네 사람들이 모두
모여들어 구경을 한다. 그러거나 말거나 나는 먹고 보아야 하니까 털
을 뽑고 배를 갈라 내장을 들어내고 다리와 날개, 몸통을 자르니 너
무나 쉽게 튀김용 닭고기 토막이 되었다. 이 고기를 살짝 데쳐 기름
에 튀긴 다음 마늘, 생강 등을 듬뿍 다져넣고 소스를 만들어놓으니
훌륭한 닭요리가 되었다.

거기에 토마토와 양파에 레몬즙으로 간을 해 샐러드를 만들고 감자

를 얇게 썰어 양파와 함께 볶은 감자요리까지 곁들이니 멋진 정찬이 되었다(그날 저녁, 먹은 것을 다 토해내지만 않았더라면 그 닭고기가 고스란히 피가 되고 살이 되었을 텐데).

이런 맛있는 닭고기를 숙소 종업원들이나 가이드에게 권했으나 모두 극구 사양. 금육기간이기도 했지만 나중에 알고보니 여기 풍습으로는 닭이든 염소든 여자는 절대로 도살을 하지 않으며 여자가 도살한 짐승 고기는 남자는 물론 같은 여자라도 절대 먹지 않는다는 거다. 그러니 외국 여자가 대낮에 닭 잡는다고 그 넓은 숙소 마당과 부엌에서 식칼을 들고 설쳤으니 이들에게는 얼마나 큰 구경거리였겠는가.

벌거벗고 사무보는 경찰서장

다음날은 좀 멀리 떨어진 끄이코라는 곳으로 시골 장을 구경하러 갔다. 새벽에 트럭을 얻어타고 가자 너무 일찍 도착했는지 아직 장설 기미가 보이지 않는다. 남의 집 처마 밑에 멍청하게 앉아있자니까 말도 안했는데 그 집 여주인이 커피를 끓여다 준다. 이렇게 어느 나라나 시골 인심은 그만이라니까. 따끈한 커피가 맛있긴 한데 빈 속에 진한 커피를 마신 덕분에 오전 내내 손발을 무당 칼춤추듯 떨었다. 내가 지독한 카페인 과민반응 체질에다가 요즘 먹지 못해 체력이 떨어졌기 때문일 거다.

어느덧 장이 서자 조그만 장터가 사람들로 꽉 찬다. 시골이라서 보이는 사람마다 더 원시적이다. 물건을 이고 지고 나르는 건 천부대가 아니라 염소가죽으로 꿰맨 부대고 물통이나 기름통도 큰 호로병 모양의 칼리바시다.

얇은 천으로 아랫도리만 살짝 가린 남자가 시장에서 자기 볼일을 보고는 시장에서 조금 벗어나자마자 아랫도리를 가렸던 천을 홱 벗어 머리에 두르고 완전 나체로 덜렁거리며 돌아가는 모습도 볼 수 있다. 팬티라는 걸 왜 입어? 답답하게 어떻게 고추를 가리고 다녀?

장터 가운데 있는 나무 그늘에 쪼그리고 앉아 느긋하게 구경을 하렸더니 오히려 우리를 신기하게 여기는 구경꾼이 어른이고 아이고 할 것 없이 겹겹이 둘러싼다. 나무 위에까지 올라간 아이들도 있다. 그들은 동물원에서 원숭이 구경하듯 우리의 일거수 일투족을 놓치지 않는다. 그 중에 좀 용기 있는 아이는 원숭이에게 손 내밀듯 악수를 청하기도 하고 알아듣지 못할 저희들 말로 무엇인가 묻기도 한다. 용감한 여자들은 우리 머리와 신발을 만져보면서 신기해 한다. 우리는 완전히 시골 장터 약장수 꼴. 저네들 구경보다 우리 구경만 시키고 돌아왔다.

징카에서 두 시간 정도만 떨어진 곳도 이런데 오모 강 쪽으로 더 들어가면 얼마나 진기한 부족이 많을까. 제발 차를 구할 수 있어야 할 텐데.

여자가 입술이 두꺼울수록 미인으로 간주되어 남자가 지참금을 더 많이 내야한다는 하마 족, 경찰서장도 벌거벗고 사무를 본다는 모시 족, 다른 부족 남자를 죽여 노획물로 성기를 잘라 가지고 다녀야 결혼 자격이 인정되기 때문에 지금도 인간사냥을 다닌다는 부족, 벌거벗은 몸에 성기까지 온통 흰칠을 하고 산다는 부족.

온갖 인간군상을 만나 보려고 셋이서 임무를 나누어 며칠 동안 차를 구하느라 총력전을 폈으나 장마철이 시작되는 때라 그 쪽으로 가는 차편을 구하는 것이 불가능했다. 눈물을 머금고 후퇴를 할 수밖에.

말라리아보다 더 무서운 라면결핍증

에티오피아 북쪽 성지 랄리벨라의 돌덩어리교회 예배

만나는 사람마다 모두 내식구

알바민치로 다시 돌아오자 말라리아 예방약 부작용이 더 기승을 부린다. 이제는 한술 더 떠서 앞에서 말한 여러가지 증상에다가 햇빛 아래서 눈을 뜨면 눈에 최루탄이 들어간 것처럼 따갑고 눈물이 줄줄 난다. 힘이 없고 괴로우니 마음까지 약해진다.

금강산도 식후경이라는데 먹지도 못하고 돌아다니자니 기가 막힐 노릇이다. 이렇게 안 먹다가는 큰일날 것 같아서 킬리만자로 등정때 준비한 비상용 포도당 가루를 물에 타서 틈틈이 마셨다. 여행을 시작한지 햇수로 3년. 이렇게 힘든 것은 처음이다.

알바민치에서 혼자 하루를 푹 쉬고 아디스아바바로 돌아가는데 버스가 영 가지를 못한다. 새벽에 떠나면 해지기 전에는 도착할 수 있는 거리인데 운전사를 비롯한 승객 전원이 기회가 있을 때마다 차를 세우고 닭을 사는 바람에 늦어지는 것이다.

이 나라에서는 부활절에는 반드시 닭고기를 먹는 풍습이 있는데 시골 닭이 도시 닭보다 싸고 맛있기 때문에 모레로 다가온 부활절에 대비, 시골에서 닭을 사가지고 가는 것이란다.

결국 아디스아바바를 60킬로미터 남겨놓고 하루를 묵어야 했다. 에티오피아 시외버스는 새벽에 출발하고 해가 지면 절대로 다니지 않는다. 그래서 도로변에는 과객이 묵어갈 수 있도록 방에 침대 하나만 달랑 놓인 여행자용 싸구려 숙소가 얼마든지 있다.

아침에 떠나는데 운전사는 어딘가에서 양을 두 마리 사서 지붕 위에 올려놓았고 차 안에는 사람보다 닭이 더 많아 마치 닭장 속에 사람이 앉아있는 것 같았다.

아디스아바바로 돌아오니 시믈렛 식구들이 내가 올 때가 되었는데 안 와서 걱정했다면서 반갑게 맞는다. 시믈렛이라는 마흔 다섯살의 이 아줌마는 농림부 소속 국가 공무원인데 에티오피아에 온지 이틀째 되는 날 아와사라는 도시에서 만났다. 출장 강의차 이 도시에 왔다 돌아가는 그의 차를 얻어탄 인연으로 그 집에 머무르게 되었다. 혼자 돌아다니면서 세계 도처에서 잘도 신세를 진다.

이 집에는 시믈렛의 친정 어머니, 딸, 아들, 남동생과 그의 두 딸, 그리고 에리트리아에서 장기간 놀러 와 있는 사촌동생 파울라 등 대식구가 살고 있다. 여기 수준으로는 꽤 많은 수입인데도 아주 검소한 생활을 하고 있다.

내가 돌아온 날이 부활절 하루 전이었는데 식구들마다 성금요일 표시로 억새풀같은 풀을 머리에 두르고 있었다. 내가 집에 들어가자 할머니가 얼른 내 머리에도 풀을 둘러주신다. 마당에는 양 두 마리와 닭 세 마리가 바로 코 앞에 닥친 자신들의 운명도 모른 채 무심히 놀고 있었다.

저녁이 되자 남자들은 닭을 잡고 여자들은 그 닭으로 찜을 만들고 아이들은 집 안 구석구석을 깨끗이 치우고 온 식구가 정성들여 머리 손질을 하며 부활절 준비를 하느라고 야단이다.

나는 어머니날도 다가오고 해서 이 집 할머니에게 고유의상인 삼바를 한 벌 사드리고 싶었다. 한사코 사양하는 할머니를 억지로 떠다밀다시피 시장에 갔다. 예상보다 비싸서 내 보름치 체류비가 몽땅 들어갔지만 고마운 어른에게 멋진 옷 한벌 사드렸다는 기쁨은 참으로 컸다. 탄자니아의 맘바마을 로즈 엄마가 나를 딸로 생각하는 거나 에티오피아의 할머니를 내가 엄마로 여기는 거나 결국은 같은 마음일 거다. 마음을 열고 세계를 여행하는 동안 나는 지구가 내 집이고 만나는 사람이 모두 내 식구라고 여기는 코스모폴리탄이 되어가고 있었다.

에티오피아의 부활절

부활절 새벽 세시가 되니 공식적으로 금육기간을 마감하는 종이 울리고 동시에 전 식구들이 꼭두새벽에 모여앉아 54일만에 처음으로 고기를 먹으며 즐거워했다. 그렇게 한밤중에 배가 터지도록 고기와 보리술 딸라를 실컷 먹고 새벽 여섯시에야 겨우 잠자리에 들었다.

부활절 아침에는 양을 잡고 쇠고기를 부위별로 잔뜩 사왔다. 특히 육식을 좋아하는 에티오피아 사람들이 그동안 고기를 못 먹었으니 오죽하겠는가(해마다 부활절에는 50만마리 정도의 양을 잡는단다). 생고기 뼈를 발라 큰 두부처럼 자른 것을 고춧가루에 찍어먹기도 하고, 날고기를 잘게 다져 버터와 고추가루를 섞어 만든 굿포라는 것을 옆사람 입에도 막무가내로 집어 넣는다.

날고기를 잔뜩 먹는 것으로 시작된 부활절은 아침이 되면 자기가 가장 아끼는 옷을 입고 교회를 가거나 친척집을 방문한다. 나도 시믈렛의 전통의상을 빌려입고 그의 친척 집에 따라갔다. 거리는 온통 민속의상인 하얀 삼바를 입은 사람들로 활기가 넘쳤다.

그런데 아디스아바바에 와서도 내 몸 상태는 별로 나아지지 않았다. 예방약을 더 이상 먹지 않았지만 갑자기 겁이 났다.

'이거, 단순한 말라리아약 때문이 아니라 다른 큰 병이 난 건 아닌가? 이름 모를 풍토병이라도.'

혼자 여행을 다니면서 제일 힘들 때는 아플 때다. 그런데 지금은 혼자가 아니고 내 임시 가족인 시믈렛네와 함께 있어 얼마나 다행인지 모른다. 시믈렛은 일주일이고 한달이고 몸이 나을 때까지 자기집에 있으면서 푹 쉬라고 하고 시믈렛 어머니는 아침 저녁 정성들여 끓인 커피를 갖다 주며 걱정을 해주셨다.

그러나 이 분들의 염려에도 아랑곳없이 나는 병석에 눕고 말았다. 움직이기만 해도 토할 것 같고 몸살이 난 것처럼 온 몸이 쑤시고 열이 나고 하루 종일 졸린다. 병원에서도 잘 쉬라는 말뿐이었다.

'이런 쇠약한 몸으로 어떻게 중동여행을 할 수 있겠어? 이렇게 빌빌거리며 여러 사람한테 폐를 끼치느니 차라리 한국에 돌아가야 하는 게 아닌가?'

그날 따라 하루 종일 비가 오는데 기분이 우울하고 마음이 약해진다. 생각해보니 일주일째 사이다만 마시며 지내는 중이다.

'지금 따끈한 라면 한그릇에 김치가 있다면 얼마나 좋을까?'

벌떡 일어나 한번 찾아간 일이 있는 한국 대사관 최홍기 서기관에게 전화를 해 어디 가면 한국 라면을 살 수 있느냐고 물었더니 웃으면서 하는 대답이 에티오피아에서는 한국 라면 사기가 하늘의 별따기라고 한다. 그러면서 모레 시간이 있으면 라면 한끼 대접할 테니 집으로 오라는 거다.

"아, 라면을 먹을 수만 있다면 억지로라도 시간을 만들어야지요."

약속한 날 대사관을 찾아가니 공선섭 대사님과 네 명의 직원 전원이 반갑게 맞는다. 우리나라에도 이런 용감한 여성이 있었느냐고 대사님은 연방 웃음을 감추지 못하셨다.

그날 점심은 최서기관 집에 차려놓은 진수성찬을 위가 허락하는 만큼 많이 먹었다. 그리고 그의 부인과 부담없이 수다를 떨다가 오후 늦게 배가 꺼지기를 기다려 약속한 라면까지 잘 먹고 집에 돌아왔다.

그런데 이게 왠일인가. 집으로 돌아오는 길에 벌써 메슥거리던 증세도 덜하고 골치도 훨씬 덜 아팠다. 그리고 그 다음날은 멀쩡하게 일어나 시장에 갈 수 있을 만큼 기운을 되찾았다. 10일이나 꼼짝않고 누워 있어 병이 나을 때가 된 건지도 모르지만 난 아무리 생각해도 라면 덕분인 것 같다. 그러니 내가 앓던 병은 말라리아 예방약 부작용이 아니라 라면 결핍증이었나 보다.

북쪽 초기 기독교 유적지

에티오피아 북부지방 정교회 유적지 가운데 꼭 가보아야 할 곳은 네 군데. 바하다르, 곤다르, 랄리벨라 그리고 이름도 찬란한 악숨이다. 이중에 세 곳은 버스를 타고 갈 수 있지만 랄리벨라는 비행기를 이용하는 것이 경비와 시간을 크게 절약할 수 있다.

버스로는 왕복 일주일이나 걸리고 가는 사이에 경치가 볼 만한 것도 아니며 일주일 동안 차로 여행하는 여비가 비행기 삯보다 훨씬 비싸기 때문이다. 그리고 북쪽에서 또 하나 놓치지 말아야 할 곳은 아프리카의 금강산이라고 할 수 있는 시미엔산이다.

첫번째 행선지는 아디스아바바에서 버스로 하루 반을 가야하는 바하다르. 이곳은 타나 호수 섬에 세워진 여러 개의 수도원과 나일강 원류인 블루 나일 폭포를 보기 위해 들르는 곳이다. 버스에서 내려 섬으로 가는 배편을 알아 보았더니 너무나 비싸서 무면허로 섬을 드나드는 배를 구했다. 뱃삯은 반으로 줄였지만 배 안에는 안전장치가 전혀 없고 경비정을 피해 움직여야 하니 불편한 점이 한 두가지가 아니었다.

여러 수도원 중에서 하이라이트는 여자는 물론 동물도 암컷은 마당에도 들어온 적이 없다는 엄격한 남성 독신 수도원, 베트라 마리암 수도원, 그리고 에티오피아 관광엽서에 단골로 나오는 교회벽화로 유명한 아와 코다르 뮤라트 수도원이다.

이 수도원은 4백년 전에 공사기간이 총 2백년이 걸려 완성됐다는데 그 안에는 수많은 성경 이야기와 예수, 성모 마리아, 천사들이 마치 몇 년 전에 그린 것처럼 선명한 빛을 발하고 있었다.

햇빛이 안 들어오는 건물구조 때문이기도 하지만 이 벽화에 쓴 염료들이 독초에서 뽑은 것이어서 세월이 흘러도 변함이 없다고 꼬마 수사가 똘똘하게 설명해 준다. 흥미로운 건 이 벽화의 인물들은 다른 기독교 나라에서 볼 수 있는 유럽풍 얼굴이 아니라 동그란 얼굴에 동그란 눈, 굽실굽실 동그란 머리모양 등 거리에 나가면 얼마든지 볼 수 있는 전형적인 에티오피아 사람 모습이라는 점이다.

돌아오는 길에는 무면허 배가 말썽을 일으켰다. 원래 배 자체가 돛대도 삿대도 없이 부실했는데, 거기에 가이드란 놈은 항구로 들어가는 뱃길도 잘 몰랐다. 설상가상 경비정을 피하려고 어둑해진 후에 움직이기 시작했는데 때마침 불어오는 비바람을 못이겨 바위에 올라앉아 모터가 꺼지고 말았다. 배가 기우뚱 거릴 때마다 당장이라도 물속에 빠질 것 같아 가슴이 조마조마했다. 배 안에는 구명조끼도 없고 사방이 깜깜해서 배가 뒤집히면 어느 방향으로 수영을 해가야 할지도 모르겠다.

나와 같이 갔던 독일 남녀는 배의 균형을 잡느라고 있는 힘을 다했지만 배가 몹시 흔들릴 때마다 함께 탄 아이가 자지러지게 울었다. 나도 무서워서 입술 사이로 새나오는 비명을 간신히 참았다.

몇 번의 시도 끝에 꺼졌던 모터에 시동이 걸렸다. 여전히 비바람은 몹시 부는데 다행히도 배는 더 이상 암초에 걸리지 않고 물길을 헤쳐 나가다가 파피루스 배에 탄 밤낚시꾼의 도움으로 겨우 항구에 닿을 수 있었다. 몇시간동안 저승과 이승을 오락가락 했으니 이것은 적어도 5년감수감이다.

다음날은 수도원에 같이 갔던 프레드릭과 블루나일 폭포에 갔다. 30대 후반의 이 프랑스 기상학자는 인물도 못생기고 말도 더듬어서 처음에는 별로라고 생각했었는데 며칠 지내고 보니 심성이 착하고 성실한 사람 같았다. 다방면으로 지식이 많을 뿐 아니라 여행을 많이

다니며 얻어들은 것도 많아 화제가 풍부하다.

무엇보다도 어떤 문제에 대해서나 뚜렷한 주관을 가지고 있으면서도 상대방에게 그것을 강요하지 않는 태도가 좋았다.

프레드릭은 어릴 때부터 나일강을 근원지에서부터 종착지인 이집트 지중해 연안까지 걸어서 가보는 게 꿈이라고 한다. 그리고 지금 그 꿈을 구체적으로 실현시키려고 준비 중이란다. 에티오피아어로 연기나는 물이라는 뜻인 디스이트, 이 블루나일 폭포를 몇 년 전부터 와 보려고 별렀다는데 나는 여기 와서야 겨우 이 폭포가 나일강의 근원이라는 걸 알았다.

버스에서 내려 뙤약볕을 한 시간 넘게 걸어가자 저 멀리 폭포가 보인다. 7, 8월 장마철에는 4백미터 폭에 50미터 높이로 나이애가라나 빅토리아에 못지않은 위용을 자랑한다지만 지금은 건기의 끝이라 수량이 적어 별로 볼 품이 없다. 그래도 여기가 나일강의 시원지라 하지 않는가. 폭포 밑 소(沼)에 도착하자 프레드릭은 감격한 목소리로 기도하듯 '오, 블루 나일'을 몇 번이나 부르짖으며 물을 소중히 떠서 머리에 끼얹고 가지고 간 병에 정성스레 담았다.

나는 우선 더위에 지쳐 물가 바위에 걸터 앉았다. 폭포 물보라가 시원하게 얼굴을 적신다. 신발과 양말을 벗고 발목을 물에 담그니 참 시원하다. 종아리까지 넣어보니 더 시원하다. 시원한 물로 세수를 하고 머리를 적시는 것 만으로는 감질이 나서 '에라, 모르겠다.' 옷을 입은 채 풍덩. 발 끝부터 수직으로 서서 머리 끝까지 물 속에 들어갔다. 프레드릭은 수면으로 머리가 올라왔다 내려갔다 하는 모습이 블루 나일에서 침례를 받는 것 같다면서 계속해서 사진을 찍어댔다. 내가 몸을 담근 이 물이 흘러흘러 이집트로 간다고 하니 이집트에 도착해 나일강을 유람할 즈음에 이 물 역시 그곳을 흐르고 있지는 않을까.

우울한 사람은 에티오피아 시미엔산으로 가라

시미엔 산에 같이 오른 스카우트와 가이드.
뒤로 보이는 경치가 선경이다.

랄리벨라 돌덩어리 교회

비행기를 타고 돌산을 깎아 만든 교회로 유명한 랄리벨라에 도착해 거리에 나서니 아이들이며 청년들 십수명이 또 악착같이 따라붙는다. 자칭 가이드들이다. 화를 내고 무시를 해도 따라붙는 이들이 귀찮기는 했지만 관광을 하려면 어차피 가이드가 필요할 것 같아서 달라붙는 무리 중에서 얌전한 아이를 하나 골랐다.

제일 조그만 아이가 큰 눈을 굴리며 생긋이 웃는다. 너도 가이드냐고 물어보니 고개를 끄덕거린다. 그 아이만 남겨놓고 다들 돌아가라고 했는 데도 모두 죽자하고 따라온다. 하는 수 없이 이 아이를 데리고 경비가 지키고 있는 동네에서 제일 좋은 호텔 커피숍으로 들어갔다.

아이의 이름은 게타초. 열세살짜리 가이드다. 가정형편상 학교는 중퇴했으나 영리해서 영어를 얼마나 잘 하는지. 하루 가이드비를 얼마나 받느냐니까 알아서 달라고 한다. 자기는 며칠 후 엄마 생일에 닭 한마리만 사면 된다고 한다. 꼬마가 아주 효자이기까지 하다.

내일 만나기로 하고 아이를 보내고 일어서려는데 아침에 공항에서 만났던 외국 여자가 나를 보고 반긴다.

국제적십자단으로 이 나라에 와서 2년 남짓 근무하고 있다는 멋쟁이 프랑스 간호원이다. 그날 저녁은 그 간호원과 함께 호텔에서 오랜만에 풀코스 만찬을 즐겼다.

이 마릴린이라는 간호원은 처음 볼 때부터 호감이 갔는데 이야기를 해보니 더욱 마음에 든다. 자기도 이번 여름에 근무계약이 만료되니 그 후에는 나처럼 세계를 여행하고 싶다면서 내 여행 경험담을 귀담아 들었다. 나와 비슷한 37세 미혼이어서 결혼, 직장 등 다른 이들보다 공통화제가 더 많았다.

마릴린의 숙소에서 더운 물로 샤워까지 하고 내 싸구려 숙소로 돌아가려고 호텔을 나서니 동네 청년 한 녀석이 집적거린다.

"헬로, 외국 사람. 오늘 나랑 하룻밤 잘까?" 유명한 관광지의 청년들은 대부분 이 모양이다.

호신용으로 가지고 다니는 가스총이 주머니 안에 있었다면 한 방 쏴버리고 싶은 심정이었다.

랄리벨라의 돌덩어리 교회는 '감춰진 세계 불가사의 중의 하나'라는 수식어에 걸맞게 굉장한 볼거리다. 한 개의 돌을 깎아내려가며 만든 교회는 악숨제국이 망한 12세기에 랄리벨라라는 왕이 이스라엘의 예루살렘 대신 이곳을 성지로 만들 것을 결심하고 천사들의 도움으로 24시간만에 완성했다고 한다.

인도에서 보았던 엘로라 사원과 비슷한 느낌인데 엘로라 사원은 큰 돌산을 곁에서부터 파들어갔는 데 비해 여기는 돌산 겉은 그대로 두고 중앙을 파내려가 한덩어리의 돌로 된 교회를 만들었다. 교회 바깥벽에 온갖 무늬가 양각되어있고 정교하게 디자인된 교회 안 실내장식은 참으로 놀랍다.

손바닥만한 마을에 교회가 열한 개. 다행히 내가 그 교회들을 둘러볼 때는 다른 관광객들이 없어서 차분히 시간을 가지고 볼 수 있었다.

마침 내일이 교회 성인 중 한 성인의 생일이라 교회에서는 행사 준비를 하고 있었다. 40~50명 정도의 수사와 예비수사들이 까만 가운이나 흰 샴바에 테두리가 쳐진 정장을 하고 북소리에 맞춰 기도를 했다. 기도가 끝나자 손에 쇠로 만든 네모난 캐스터네츠 같은 악기를 앞뒤로 천천히 흔들며 노래를 부른다.

마을 한가운데 있는 내 숙소에서 방문을 열면 그 돌교회들이 정면으로 보이는 데 교회에는 행사 준비를 하느라고 밤새도록 불이 켜져 있고 마이크를 통해 성직자들의 노래소리가 끊임없이 들려왔다.

다음날 새벽 꼬마 가이드를 데리고 행사장에 가보니 검은 정장 수사복을 입은 이 지역 최고 성직자들이 밤새도록 기도를 해 진이 빠졌는지 단 위에서 꾸벅꾸벅 졸고 있었다. 교회 마당에 모인 온 동네 사람들이 열심히 기도를 하는 것과 큰 대조를 이루었다.

영국 히피와 함께 시미엔산으로

같은 날 아디스아바바로 돌아가는 마릴린과 함께 경비행기를 타고 곤다르로 갔다. 이 비행기는 듣던 대로 시미엔산 근처를 지날 때 기체를 심하게 흔들거리며 계곡 사이를 누볐다. 마치 청룡열차를 탄 느낌이다. 나와 마릴린은 재미있어서 환호를 지르는데 내 뒤에 앉은 미국인 관광객들이 토하기 시작한다. 편한 생활에 길든 미국 사람들은 조금만 불편해도 이렇게 촌티를 낸다.

에티오피아의 자랑인 곤다르는 참으로 아름다운 도시다. 1632년부터 1868년까지 이 나라의 수도였음을 대변이나 하듯 중세풍의 멋진 건물들이 수두룩하다. 수많은 왕들이 살았던 성과 교회벽화로 유명한 언덕 위의 수도원, 전망대에서 바라보는 곤다르 전경은 특히 아름다웠다.

에티오피아에서 가장 아름다운 성이라는 바실리니 성은 한 왕의 성이 아니라 230년 간의 통치기간에 여러 왕들이 경쟁적으로 건축한 갖가지 스타일이 어우러져 다양한 아름다움을 뽐내고 있었다. 유럽풍과 모로코풍, 사우디풍을 절묘하게 조합해 놓은 바실리 성의 꼭대기에 올라가 혼자서 마음껏 감상하고 내려오는데 아까 빵가게에서 만난 30대 초반의 히피녀석이 알은 체를 한다.

나는 이런 히피들은 되도록 피하는 편이다. 머리가 길고 몸에 문신이 있고 눈동자에 힘이 없는 이런 행색의 아이들은 대마초나 마약을 하기가 십중 팔구. 눈에 띄지 않기를 바랐지만 내 자리까지 와 인사를 하는데 어떻게 모른 척할 수가 있나.

그 사람을 여기에서 또 만난 것이다. 내키지 않지만 얼렁뚱땅 인사를 하고 돌아서서는 곤다르에 오면 꼭 보아야한다는 천장의 천사들 그림으로 유명한 데브레 비르한 시라시에 수도원으로 갔다.

언덕 꼭대기에 있는 수도원은 생각보다 작은 규모였지만 사실적으로 그려진 성경그림이 참 재미있었다. 에티오피아인의 동그란 얼굴을 한 천사 수백명이 천장에서 눈을 동그랗게 뜨고 내려다보고 있는데 보존 상태가 훌륭했다.

과거 회교도들이 쳐들어와 곤다르에 있는 44개 교회 중 43개를 때려부수고 여기도 부수려고 할 때 어디서 흰 벌떼가 날아와 회교군을 물리쳐 이 교회만 살아남았다고 한다.

재미있게 보고 돌아서려는데 또 그 히피가 저쪽에서 나타난다. 제기랄. 이렇게 자주 만나는 걸 보면 인연이 있기는 있는 것 같아서 그날 저녁 식사를 같이 했다. 같이 있어 보니 이 사람 말수가 적어서 그렇지 피할 만큼 나쁜 사람은 아닌 것 같았다. 그렇다고 딱히 마음에 드는 것도 아니었지만.

내가 곧 시미엔산에 간다고 하니까 자기도 가고 싶었다며 같이 가잔다. '아차. 나의 실수. 그런데 이 사람 조금 아까까지 남쪽으로 간다고 하더니.' 이미 한 말이라 주워 담을 수도 없었다. 그래도 이 등산은 비용이 많이 들기 때문에 보통 네 명 정도 그룹을 짜서 간다고 하니 썩 내키지는 않았지만 둘이만 가지는 않겠구나 생각하고 그러자고 했다.

그러나 온 곤다르를 눈을 씻고 찾아봐도 히피 영국인 밖에는 다른 여행객이 없었다. 시미엔산 입구인 데바르크에 가서도 산에 간다는 사람을 찾지 못해 결국엔 울며 겨자먹기로 마음에 들지도 않는 히피와 둘이서 4박 5일 등산을 함께 떠나게 되었다.

달빛 밝은 캠프

그리스 시인 호머가 '그리스의 신들은 휴가를 시미엔 산에서 산봉우리들을 말 삼아 장기놀이를 하면서 보낸다'고 했던 해발 4,600미터의 시미엔산. 호머의 말대로 불규칙한 화산활동으로 평지에 봉우리들이 우뚝우뚝 솟은 형상을 하고 있다.

이 산에 오르려면 최소한 영어를 할 줄 아는 가이드와 총을 가지고 다니며 들짐승과 불한당으로부터 등산객을 지켜주는 스카우트와 스카우트의 말, 그리고 짐말과 마부가 필요하다. 그러니 자연히 준비가 어마어마할 수밖에. 국립공원 사무실에 등록을 하고 입장료를 내니 스카우트와 짐말을 소개해 준다.

준비는 다 되었는데 걱정은 두 가지. 하나는 지금은 우기가 아닌데도 거의 매일같이 비가 온다는 것이다. 내 슬리핑 백이나 여행장비는 방수가 안되고 비가 오면 길이 미끄러워 애를 먹을테니 말이다.

또 하나는 같이 가는 영국 히피 브라이언. 이 무표정한 영국 청년은 별로 즐거워하는 기색도 없고 무엇 하나 제가 나서서 알아보지도 않으며 그저 하자는 대로 따라 하기나 할 뿐 말이 없다. 저렇게 시큰둥한 태도로 도대체 여행은 왜 다니나 의심스러울 정도다.

아름다운 산을 몇날 며칠 오르려면 유쾌한 사람들과 재미있는 시간을 가지는 게 등산 이상의 즐거움인데 그에게서 그런 즐거움을 기대하기는 아예 틀린 일이다.

첫날은 해발 3,230미터에 있는 상카바르라는 첫 캠프까지 갔다. 황무지인 들판과 야산을 번갈아가며 넘는 아주 지루한 길이다. 겨우 한 가지 재미있는 건 그 날이 데바라크 장날이라 근처 마을에서 물건을 이고 지고 장에 가는 사람들을 보는 거다. 여기만 해도 벌써 하얀 터번을 두른 회교도들이 보이기 시작하는데 이들은 만나면 서로 뺨과 머리를 맞대며 요란스럽게 인사를 한다.

보리술 파는 집 처마 밑에서 간단하게 점심 요기를 하고 쉬는 시간도 없이 부지런히 걸어 오후 네시쯤 상카바르 캠프 전망대에 도착했다. 파노라마처럼 펼쳐지는 시미엔산의 전경이 한눈에 내려다보인다. 미국의 그랜드 캐년과 한국의 설악산을 섞어놓은 형세라고나 할까. 연한 안개가 끼어 시야가 그리 깨끗하지는 않았지만 그 전경을 처음 보는 순간 여덟 시간이 넘는 지루했던 오늘 등산의 피로가 눈녹듯 녹아내리는 것 같다.

캠프에는 오토바이를 타고 아프리카 일주를 하고 있다는 덴마크 아이 세 명이 미리 텐트를 치고 있다. 준비해간 쌀로 밥을 하고 참치 통조림을 따서 양파와 마늘을 듬뿍 넣고 생선찌개를 끓이고 거기에 지난번 최홍기 서기관 집에서 싸준 고추장을 넣어 벅벅 비벼먹으니 밥맛이 절로 났다.

브라이언은 자기는 채식주의자라며 맨밥에 고추장만 비벼먹었다. 자기가 고기를 안 먹으면 그렇다고 말을 하든지 아니면 따로 해 먹든지 할 것이지 왜 저렇게 궁상을 떨고 있나 얄미운 생각이 들었다. 그 고추장이 얼마나 귀한지도 모르고.

저녁을 먹은 후 브라이언은 일찌감치 텐트로 돌아가고 나는 모닥불을 지펴놓고 덴마크 아이들이랑 늦도록 놀았다. 하늘에는 보름에서 하루 모자라는 달이 두둥실 떠올라 우리 모두의 얼굴을 부드럽게 비추어 주었다.

가축과 함께 잠자는 사람들

둘째날 아침 모닥불을 지펴 차를 끓여마신 나는 무슨 신이 났는지 새벽 댓바람부터 감자를 깎고 양파와 마늘을 넣어 감자볶음을 해먹었다. 브라이언은 손도 까딱하지 않고 있다가 음식이 다 되니 얼른 먼저 냄비에 있는 음식의 반을 자기 그릇에 덜어간다.

이 놈은 참 이상한 녀석이다. 식사준비를 하지 않는 것은 물론이고 자기 것은 딱 꼬불쳐놓고 아무와도 나누어먹지 않는다. 내가 가지고 간 버터와 건포도와 빵으로 큼직한 샌드위치를 만들어 먹으면서도 자기가 가지고 온 땅콩버터는 먹어보란 소리도 안한다. 먹는 것 가지고 치사하게 구는 게 아주 밉상이다.

이날의 목표는 해발 3,600미터에 있는 기치마을. 거기에 우리 마부의 집이 있어서 이틀 밤을 그 집에서 묵기로 했다. 이 길은 전 날보다 훨씬 재미있다. 계곡도 멋있고 눈 아래로 내려다보이는 시미엔산 전경이 그림 같다. 좌우 경치를 정신없이 감상하면서 쉽게 마을에 도착했다.

마부 파래치네 집에 짐을 풀고 부인이 끓여주는 커피를 한 잔씩 마셨다. 동네는 모두 회교도라는데 이 집 아저씨도 내가 집에 들어가자 딸을 불러 얼른 발 씻을 물을 떠다주라고 성화다. 여기는 발 씻을 물은 커녕 이닭을 물도 귀한데 말이다. 성화에 못이겨 밖에 나가 손발을 씻고 들어가니 '꼰조, 꼰조' (예쁘다, 예쁘다)하면서 좋아한다. 이런 게 말로만 듣던 회교도식 친절인가 보다.

이 집도 전형적인 산골마을의 초가로 다른 아프리카 집들과 비슷하다. 중앙에 화덕이 있어 거기가 부엌 겸 사랑방 구실을 하고 한 구석에 양가죽이나 쇠가죽을 깔고 잠자는 곳이 있다. 또 다른 구석에는 가축들의 축사가 있다.

하나 다른 것은 그 축사 위에 단단한 나무로 잠자는 시렁을 만들었
다는 거다. 그러니까 사람 집에 가축이 들어오는 게 아니라 가축 우
리 위에서 사람들이 잠을 잔다. 여태까지 겪어 본 목축마을에서는 어
린 가축만 집에 들어왔는데 여기서는 저녁이 되니 큰 말 두 마리, 황
소 한 마리, 양 열다섯 마리에 닭들까지 몽땅 집 안에서 잠을 잔다.

나와 브라이언은 큰 손님이라고 화덕 옆에 잠자리를 마련해 주었
다. 쇠가죽 밑에 일부러 잘 마른 풀을 깔아 푹신하게 해주었는데 빈
대와 벼룩은 이 집도 예외가 아니다.

동물원에서 잠을 자니 그렇지 않을 수 있나. 손목이며 발목이며 수
없이 물렸는데 물린 건 그렇다 치더라도 침낭 안에 침대 벼룩이 들어
갔을까 봐 걱정이었다. 침대 벼룩이 한번 침낭에 들어가면 그안에서
진을 치고 살아 빨아도 빨아도 좀처럼 없애기가 힘들기 때문이다.

신비한 바위산 일만이천봉

셋째날은 전망대 세 군데를 돌아보고 다시 기치 마을로 돌아오는
일정. 이 날의 하이라이트는 시미엔산 최대의 전망대인 미에트고트
와 기드게르고트. 거의 모든 산들이 발 아래 있는데 두 세시간 정도
천 미터도 넘는 낭떠러지 가장자리를 걷는 아슬아슬한 길이다.

한참 가자 동구문처럼 생긴 커다란 구멍이 나오고 구멍 사이로 천
당같은 경치가 펼쳐진다. 갖가지 모양의 크고 작은 산봉우리들이 발
아래 죽 늘어서서 우리를 부르는 게 아닌가. 카메라를 마구 눌러대자
가이드가 지금부터 서너 시간은 모두 이런 경치니 흥분하지 말라고
한다.

그 날 나는 선경 속을 헤매는 천사였다. 온통 눈 가는 데까지가 수
백수천가지 모양의 바위 산들. 자세히 뜯어보면 하나하나가 모두 잘

생겼고 합쳐놓고 보면 또 장엄한 아름다움을 뿜어낸다.

바로 앞에 우뚝 솟은 두 바위산은 마치 페루 마추피추 산들과 비슷하고, 그 뒤의 산들은 영암 월출산 같고, 그 옆의 산은 사진으로만 본 중국의 계림 형상이고, 또 그 옆의 것은 미국 모뉴멘트 밸리에서 본 산들을 닮았고 마치 전 세계 산들을 모두 모아놓은 것 같다. 참으로 아름다운 시미엔산. 금강산 일만이천봉이 이런 모습일까.

감격에 젖은 채 기치 마을로 돌아와 이른 저녁을 먹고 말도 안통하는 파래치네 식구들과 밤 늦도록 놀았다. 파래치는 부인과 아들 셋, 딸 하나가 있는 자상한 아저씨다. 누추한 곳에 손님을 모셨다고 미안해하며 우리가 불편을 느끼지 않도록 최대한 신경을 쓰셨다. 그러나 여기서도 브라이언은 화난 사람처럼 묻는 말에나 겨우 대답한다. '정말 웃기는 놈이군.' 어두운 방안에서 눈이 아프도록 째려보았다.

넷째 날은 둘째 날의 그 멋진 경치를 더듬어 내려가는 길. 스카우트 할아버지가 말을 빌려줘 말 등에 앉아 눈 아래 펼쳐지는 경치를 감상했다.

브라이언은 이제 완전히 입을 봉해버렸다. 앞으로 누구와도 어떤 말도 하지 않겠다고 결심이라도 한 것 같다. 이러니 아무리 좋게 지내려고 해도 내 말투와 태도에 가시와 짜증이 섞일수밖에. 이 사람은 정신적으로 문제가 있는 게 틀림없다.

경치로만 보면 만족한 트레킹을 마치고 데바르크에 도착. 산에서 내려온다는 아쉬움도 있지만 이 망할 놈 브라이언과 더이상 같이 다니지 않아도 된다고 생각하니 속이 시원하다.

브라이언에게 작별 인사를 했더니 잠깐 자기와 이야기를 할 수 있느냐고 청한다. 그동안 다른 사람들이 아무리 말을 붙여도 대답도 없던 사람이 무슨 이야기가 있을까 궁금해서 숙소 마당에 자리를 잡고 앉았다.

"그동안 여러가지로 미안하고 고마웠어요."

대뜸 정중하게 인사를 한다.

"뭐가 미안하고 뭐가 고마웠는데요?"

얄미운 생각이 들어 쌀쌀하게 물어보았다.

"사실 저는 지금 우울증을 앓고 있는 중입니다."

'역시 그랬었구나.'

"저는 원래 곡예사입니다. 몇년 동안 마리화나, 코카인, 헤로인 등 안해본 마약이 없었습니다. 결국 마약중독자 갱생원에 들어가 치료를 받고 나왔는데 런던에 있으면 또 손을 댈까봐 여행을 다니는 겁니다."

석 달 전에 영국을 떠났는데 지금 마약 금단 현상으로 지독한 우울증에 걸려서 누구하고 말도 하기 싫다는 거다.

"비야씨 등산 길을 즐겁지 못하게 해드린 것 같아 미안해요. 나는 비야씨의 밝은 분위기가 전염되었는지 기분이 많이 좋아졌어요. 아프리카 여행 중에도 여러번 자살 충동을 느꼈었는데 앞으로는 그런 일 없을 것 같네요. 고마워요, 비야씨."

에이, 바보같으니. 그런 사연이 있었으면 진작 이야기를 하지. 그랬으면 나도 좀 더 상냥하게 대했을 텐데, 몇날 며칠 속으로 욕하고 다닌 것이 괜히 미안해졌다. 브라이언이 갱생에 꼭 성공하기를 진심으로 빈다.

큰 인물
자유 에리트리아 미남 대통령

에티오피아와 30년 전쟁 끝에 독립 쟁취한 에리트리아가
전쟁에서 노획한 탱크들, 이 가운데는 북한제도 상당수 있다.

'악' 하고 '숨' 이 막히는 '악숨' 가는 길

데바르크에서 악숨으로 가는 길은 소문대로 '이 세상에서 가장 스릴있고 아름다운 길' 이다. 아침내내 주유소 앞에 악숨이라고 쓴 종이를 들고 앉았다가 얻어탄 트럭의 운전사 옆자리에 앉아서 데바르크를 떠나자마자 악 소리를 질렀다.

5일 동안 등산을 해야만 볼 수 있는 줄로 알았던 아름다운 시미엔산을 악숨까지 가는 트럭에서도 맛볼 수 있었기 때문이다. 트럭이 낑낑거리며 오르막을 올라가자 갑자기 시야가 탁 트이면서 '일만 이천 봉' 시미엔산 전경이 한눈에 들어온다.

아슬 아슬 능선을 따라 달리는 찻길은 오른쪽을 보면 구백길 낭떠러지, 왼쪽을 보면 천길 낭떠러지다. 게다가 커브가 많기로는 미시령 넘어가는 것보다 더 꼬불거리고 경치는 한계령 넘는 것 같은 절경이 몇 시간이고 이어진다. '악' 하고 '숨' 이 막힌다고 해서 '악숨' 인가. 악숨으로 가는 길은 아름다운 경치 때문에 '악' 소리가 나오고 스릴 만점의 길 때문에 숨이 막힌다.

여태껏 세계를 다니면서 경치 좋은 길도 많이 가보았고 아슬아슬한 길도 많이 다녀보았다. 필리핀 북쪽 산악지대, 볼리비아 라파즈에서 아마존 정글 입구까지, 타이완 중부지방 옥산 근처 지옥길 등등. 그러나 여기처럼 몇 시간 동안 청룡열차를 타고 있는 듯한 느낌은 처음이다. 길이 군데군데 무너져서 차로 그 길을 가는 것은 위험하니 비행기로 가라는 관광국 직원의 말을 들었더라면 돌이킬 수 없는 손해를 볼 뻔했다.

악숨은 이 나라에서 가장 오래 된 도시이자 성지다. 전설 속의 시바 여왕 무덤이 있고 솔로몬과 시바의 아들인 메넬릭 1세가 이스라엘에서 직접 가져왔다는 모세의 성궤가 여기 교회에 모셔져 있다. 또 이곳이 1세기에서 6세기에 걸쳐 중동 일대를 지배하면서 홍해를 중심으로 한 무역을 장악했던 빛나는 악숨제국의 수도였다.

그러나 지금은 그 찬란하던 옛날의 영화는 찾을 길 없고 에리트리아와의 30년 전쟁을 치른 후유증만 심하게 앓고 있었다.

전쟁통에 오리지널 건물들은 거의 다 부서지고 그 자리에 특징없는 시멘트 건물들이 들어서 있었다. 전통있는 고도의 퀴퀴하면서도 그윽한 냄새는 어디 가서도 맡을 수 없다.

관광청 사무소장의 도움으로 숙소를 잡고 배낭 가득 밀린 빨래를 몽땅 해치웠다. 여기는 우물을 깊게 파면 지하수가 나오기 때문에 에티오피아에서 가장 물을 마음대로 쓸 수 있는 곳이라고 한다.

오후에 관광소장의 안내로 구경을 나갔다. 처음 가본 곳은 기원 전에 세워진 돌 하나로 만든 기념탑군. 무게가 500톤 정도 나간다는 이 탑들은 어느 것은 세월의 풍파에 쓰러져 누워있고 어느 것은 그 풍파를 이기고 당당하게 서 있다.

우뚝 솟은 높이가 27미터. 이 탑들 앞이 바로 모세의 성궤가 모셔져 있다는 성마리아 시온 교회. 에티오피아에서 가장 중요한 교회인데 옛 전통에 따라 억울하게도 여자들은 출입금지다.

악숨은 고고학자들의 천국으로 도처에 발굴되지 않은 중요한 고대 유적들이 산재한다. 현재도 수십명의 세계적인 고고학자들이 악숨에서 발굴작업을 하고 있는데 성과가 대단하단다.

몇 년 전에도 전설로만 내려오던 시바여왕의 조각과 궁전터를 발굴해 내는 쾌거를 올렸다고 한다. 돌담이 무덤처럼 무너져있는 숱한 유적지들. 그러나 나같은 문외한은 빨래가 보송보송 마르자 두 달간의 에티오피아 여행을 마치고 에리트리아로 떠나간다.

"차오 에티오피아, 아마사 그날로 에티오피아!" (안녕 에티오피아. 고

맙다 에티오피아)

나를 보고 성모 마리아라고

내가 에리트리아에 가는 이유는 딱 한가지. 배를 타기 위해서다. 에티오피아에서 육로로 북상하려면 수단을 거쳐야 하는데 수단 남부가 치열한 내전 중이라 비자 발급이 중단되었다.

백방으로 알아보았지만 밀입국하기 전에는 불가능. 그러던 중 마사와라는 에리트리아 항구에 가면 이집트로 가는 배를 찾을 수 있을지도 모른다는 얘기를 시플렛 식구들에게 들은 것이다.

에리트리아의 수도 아스마라는 여러가지로 놀라운 도시다. 아프리카라고는 도저히 믿을 수 없을 만큼 도시 전체가 티끌 하나 없이 깨끗하고 겨우 4년 전에 전쟁이 끝났다고는 상상이 안될 정도로 겉으로 보기에는 전쟁의 상처가 말끔히 가셨다.

길거리에 거지나 귀찮게 따라붙는 사람도 없다. 승전국 국민답게 이 나라 사람들의 사기와 긍지가 하늘을 찌를 듯하다.

마침 내가 도착한 이틀 후가 이 나라 종전 4주년 기념일이어서 도시는 온통 축제분위기였다.

'종전 4주년 기념, 자유 에리트리아 만세!'

가게마다 현수막이 걸렸고 집집이 국기를 내다 걸었다.

시내에는 반짝이는 색깔 전등이 달려있고 군데군데 기념 아치가 세워졌다.

에리트리아는 1890년부터 1941년까지 51년간 이탈리아 식민지와 영국의 신탁통치를 거쳐 1952년 유엔의 결정으로 에티오피아 연방에 합류, 1961년 하레이 셀라시에 황제에 의해 강제로 에티오피아의 열두 번째 주로 편입되었다. 이에 반발해 1961년부터 1991년까지

에리트리아 인민해방전선을 중심으로 에티오피아와 30년간 무력투쟁을 벌였다.

외부의 아무 지원도 없이 맨주먹으로 러시아와 북한의 지원을 받는 에티오피아와 싸운 것은 성경에 나오는 다윗과 골리앗의 싸움으로 자주 비교되는데 성경 이야기처럼 에리트리아는 거인 에티오피아를 물리치고 1991년 독립을 쟁취했다.

그 후 99.8%라는 엄청난 참가율의 국민투표로 정식으로 독립국가로 첫발을 내딛게 되는데 오랜 전쟁을 겪은 이 나라 국민들의 애국심은 우리가 상상할 수 없을 정도다. 지금도 해외에 흩어져 있는 100만 에리트리아 사람들이 수입의 20~30 퍼센트를 자진해서 조국건설비로 내고 있다는데 이것이 이 나라 재정에 큰 몫을 차지한다고 한다.

아디스아바바에서 묵었던 시믈렛의 이모네가 아스마라에 살고 있어서 그 집에 여장을 풀었다. 집은 작지만 이 집 엄마가 아주 좋은 사람이고 동네에서 유일하게 TV가 있기 때문에 TV가 방영되는 월 수 금요일엔 이 집이 동네 사랑방이 된다. 내가 가자 동네 사람들이 무더기로 찾아와 외국인 손님을 구경하고 갔다.

바로 이웃집에 스무살 정도된 정신박약자가 살고 있는데 나를 보는 순간 "베타 마리암!"(성모 마리아) 이라고 탄성을 질렀다. 그러더니 그날부터 계속 나를 보기만 하면 진지한 표정을 지으며 두 손을 모으고 기도하는 자세를 취하거나 내 손을 잡으려고 해 우습기도 하고 곤혹스럽기도 했다. 아프리카를 돌아 다니는 동안 새까맣게 타서 그들보다 더 하얗게 보일 리도 없고, 내 성격에 우아하게 앉아 있는 것도 아니어서 모습이 성스러워 보이지도 않았을 텐데 말이다.

기를 쓰고 따라다니는 것이 약간 귀찮아서 피해다녔는데 물차가 와서 민박집 딸들과 물을 같이 긷다가 직통으로 마주쳤다. 이 총각 나를 보더니 얼른 무릎을 꿇으며 손을 잡고 손등에 입을 맞추려고 하면

서,

"돌아오셨군요. 성모 마리아."

감격하여 떨리는 목소리가 되었다.

'그래, 네 눈에 내가 성모 마리아로 보인다면 기꺼이 그 역할을 잠깐 해주지. 네 마음의 평화를 위해서라면.'

그를 쫓으려고 하는 딸들을 제지하고 그 '총각신도'의 손을 잡아주었다. 살신성인 아닌 살수성인(殺手成仁).

아프리카 오지에서 만난 한국 기업

공항 안에 있는 은행이 환율이 가장 높다고 해서 공항에 돈을 바꾸러 갔더니 '자유 에리트리아에 오신 것을 환영합니다'라고 한국 기업에서 세운 큰 아치가 눈에 띈다. 이 나라에까지 한국 기업이! 반갑기도 하고 놀랍기도 하여 함께 간 민박집 막내딸 루따에게 물어보니 그녀도 이 회사를 잘 알고 있었다. 지금 여기 공항 근처에 대단위 아파트단지를 건설하고 있는데 이 나라에서 가장 큰 규모라는 거다.

이튿날 오후 시내에 있는 한 고급호텔 커피숍에 앉아 잡지에 보낼 원고를 쓰고 있는데 앞자리에 합석한 사람이 어디에서 왔느냐고 물었다. 한국에서 왔다고 했더니 자기는 에리트리아 외무부 아주국장인데 조금 아까 우리나라 대사와 서기관, 그리고 한국건설회사 사람들을 공항에서 만나고 왔단다.

알고 보니 이 나라를 함께 관장하고 있는 에티오피아 주재 한국 대사관 사람들이 종전기념식 참석차 이 도시에 와 있다는 거였다.

반가운 마음으로 연락처를 받아 당장 호텔에 전화를 걸자 경남기업 부장 한 분이 전화를 받는다.

"아이고, 한국여자 목소리 참 오랜만에 들어보네요. 거기가 어디십니까? 지금 당장 모시러 가겠습니다."

그를 따라 호텔에 가서 몇주일만에 공대사와 최서기관을 다시 만나고 그들과 함께 있던 경남기업 간부들을 소개받았다. 이렇게 예상치 않은 곳에서 한국분들을 만나니 마치 집안 식구나 된듯이 살갑게 느껴졌다.

이튿날 초대권을 얻어 종전 기념식에 참석했다. 여기서 이 나라 대통령의 인기를 피부로 느낄 수 있었다. 50대 초반의 이시야스 아페워키 대통령은 용기와 애국심만으로 맨주먹으로 싸운 최전선 군인 출신이다. 그런데도 군출신답지 않게 박식한 인텔리이며 미래에 대한 비전이 뚜렷하다고 한다. 게다가 키 큰 미남에 춤도 잘 추고 유머가 넘치는 사람이라 국민들은 그를 이 나라의 국보 1호라고 칭송하며 대통령에 대한 자랑이 대단하다.

김소장 말씀도 대통령은 정말 큰 인물이고 정부가 깨끗하여 일하기가 편하다는 것이다.

대통령이 손수 운전을 하며 캐주얼 차림으로 거리 축제에 나와 격의없이 시민들과 신나게 춤을 추는가 하면 유창한 영어 실력과 외교술을 갖춰 외국인에게도 인기가 대단하단다.

그 날도 직접 차를 몰고와서 연설을 시작하자 참석자들은 기립박수를 치며 환호한다. 민박집 식구들에게도 대통령에 대해 물어보니 '정말 좋은 사람이고 우리들의 자랑'이라고 입에 침이 마른다. 이 인기만점 대통령이 끝까지 국민들의 기대와 사랑을 저버리지 않고 명예로운 대통령으로 남기를 바라는 마음 간절하다.

이 나라에 진출한 유일한 한국기업인 경남기업은 센벨 프로젝트라고 하는 현지인 규모로는 어마어마한 복합주택단지를 지으며 이곳 국민들에게 좋은 이미지를 심고 있었다. 믿을 수 있는 사람들, 배울 게 많은 사람들, 함께 클 수 있는 사람들이라고 알려져 대통령에서부터 일반 국민에 이르기까지 관심과 신뢰가 대단하다.

길거리에서 사람들이 '코리아 코리아' 하면서 반기는 것도 이 회사 덕택이다. 세계여행을 하면서 우리나라 비즈니스맨을 볼 때마다 민간 외교관으로, 또 외화획득의 첨병으로 한국의 자존심을 지켜주고 있다는 생각에 늘 고맙고 자랑스러웠다. 에리트리아라는 이런 오지에도 홀씨처럼 떨어져 당당하게 제 몫을 하고 있는 우리나라 기업을 보니 마음이 뿌듯하다. 정말 대한민국 만세다.

나도 여기에서 고군분투하고 계시는 18분의 한국 직원을 위해 며칠 있는 동안 한국에서도 이름난 내 음식솜씨에 갖은 정성을 보태서 수제비, 사골국, 쑥갓무침, 물김치, 감자탕 등을 해 드렸다.

아프리카는 인간의 대륙

에리트리아가 내 아프리카 여행의 종착지다.

아프리카 대륙의 50개도 넘는 나라 중에 내가 발로 걸으며 몸으로 체험한 나라는 겨우 다섯 나라에 불과하지만 반년 동안 아프리카를 돌아다니다 보니 이 대륙이 뼛속 깊이 각인되어 아프리카가 내 몸의 일부가 되어버린 느낌이다.

인류의 발상지인 아프리카 대륙. 현대문명이라는 거대한 파도에도 휩쓸리지 않고 자연에 순응하며 수천년 전 모습 그대로 살아가고 있는 이 사람들에게서 나는 앞으로 어떻게 살아야겠다는 큰 원칙을 발견했다.

아프리카에서 만난 사람들에게 당신이 가장 절실하게 원하는 게 무엇이냐고 물으면 그들은 한결같이 '물' 이라고 대답한다. 그들의 대답을 들으며 나는 우리가 살아가는데 꼭 필요한 것이 무엇인가 곰곰 생각해 보았다. 이거야말로 꼭 필요하다고 머리 속에 떠올린 것들을 하나 하나 따져보면 정말로 꼭 필요한 것들은 아니었다. 그런데 우리는 이 꼭 필요하지도 않은 것들을 위해 얼마나 많은 시간과 노력을 허비하고 있는가. 아프리카의 오지를 다니면서 간단하고 군더더기 없는 삶이 얼마나 아름다운가를 알게 되었다. 아프리카는 내게 최소한의 것만 가지고도 얼마든지 풍요롭고 행복하게 살 수 있다는 무소유의 철학을 남겨준 것이다.

아프리카의 미래는 불투명하다. 언제나 불안한 정치상황, 거기에서 비롯되는 끊임없는 내전, 반복되는 기아현상, 창궐하는 에이즈, 무능한 정부, 식민지 유산에서 벗어나지 못하고 있는 국민들, 일을 열심히 해도 끼니를 잇기 힘든 절대적인 빈곤. 이런 관점에서 보면 아프리카의 미래는 어두운 듯하다.

그러나 다른 잣대로 보면 탄자니아의 로즈엄마, 케냐 마사이 족의 올레파리, 보란 족의 아저씨들, 에티오피아의 시믈렛 가족 등이 있는 따뜻한 아프리카는 분명 밝은 미래를 가지고 있다. 이들의 고운 마음은 사람들이 살아가는데 물처럼 꼭 필요한 햇빛 역할을 하기 때문이다.

이제부터는 이집트와 요르단, 이스라엘, 시리아, 터키를 거치는 중동여행이 시작된다. 아프리카가 인류의 발상지라면 이제부터는 문명의 발상지를 가는 것이다. 그곳에서는 또 어떤 일과 사람들이 나를 기다리고 있을까. 이런 생각만으로도 돛단배의 돛처럼 가슴이 잔뜩 부푼다.

눈물로 헤어진 이집트 시골 식구들

이집트의 내 가족 함디네 딸들. 평소에는 긴 팔, 긴 치마에 머리는 반드시 가리지만
여자끼리 사진 찍을 때는 머리를 내놓고 화장까지 한다.

너무 더워 가슴에도 나일강이

비행기를 타면 빨리 간다는 이점밖에 없다. 그러나 육로나 해로를 이용하면 서서히 변해가는 경치와 사람들이 살아가는 삶의 모습을 볼 수 있다. 게다가 한 나라에서 다른 나라로 들어가는 느낌을 확실하게 가질 수 있다. 국경선에 세워진 '우리나라에 온 것을 환영합니다'라는 간판을 보며 짜릿한 성취감을 맛보는 건 육로여행자만의 커다란 즐거움이다. 그래서 나는 육로여행을 원칙으로 하고 있다.

그러나 아쉽게도 에리트리아에서 이집트까지는 부득이하게 이 원칙을 지킬 수 없었다. 2주일에 한번씩 수에즈로 가는 정기여객선이 승객부족을 이유로 취소되는 경우가 가는 경우보다 더 많았기 때문이다. 며칠 후 출항예정이었던 배가 역시나 취소되고 말았다. 무작정 갈지 안 갈지도 모르는 다음배를 기다릴 수도 없는 노릇. 울며 겨자 먹기로 비행기를 탈 수밖에 없었다.

카이로 공항을 나서자마자 뜨거운 바람과 햇빛 때문에 눈을 뜰 수가 없다. 해발 1,700미터로 서늘한 아스마라에 있다가 이 사막의 바람을 받으니 공항을 나간지 일분도 안돼 가슴 사이로 나일강이 흐르기 시작했다.

한 여름의 카이로는 지독히 덥다. 낮에는 볼펜이 녹아내릴 정도로 뜨겁고 밤이 되어도 좀처럼 그 열이 식을 줄 모른다. 바람 한 점 없는 도시의 섭씨 45도 기후는 그야말로 건식 한증막이다. 너무나 더워 그런지 여행객을 찾아보기 힘들다. 가이드북마다 꽤 쓸만한 숙소로 추천하고 있는 내가 묵은 여관도 내가 유일한 투숙객이다.

더위 때문이기도 하지만, 외국 여자가 지나가면 윙크를 하거나 악수를 청하는 등 필요 이상의 친절을 보이는 게 성가셔서 약간 짜증을 내며 걷고 있는데 뒤에서 '헬로' 하는 남자 목소리가 들린다.

'또 시작이군.'

못들은 척하고 뒤도 돌아보지 않았다. 그런데 그 목소리가

"아가씨 가방이 열려있어요"

한다. 깜짝 놀라 등에 멘 가방을 보니 정말 안에 있는 물건이 나올 정도로 반쯤 열려있다.

"어머, 말해줘서 고마워요."

분명히 꼭 닫은 가방이 어떻게 해서 열렸지? 소매치기가 가방을 건드렸나. 그 말을 해준 사람은 스물일곱살의 국민학교 선생님 아슈라프. 이게 인연이 되어 근처 아슈라프 집에서 대대로 하고 있다는 향수가게에 들어가 에어컨이 있는 시원한 가게에서 차와 지독히 단 이집트 과자를 먹으며 더위를 식혔다.

이야기 끝에 전형적인 시골집에서 한 일주일 정도 민박을 하면서 진짜 이집트를 경험하고 싶다고 하자 아슈라프가 반색을 한다. 마침 자기도 내일 알렉산드리아 근처에 있는 시골집에 놀러가려고 하는데 함께 가면 어떻겠느냐는 거다. 이런 걸 보고 속담에 뭐라 그러지?

"지금 당장이라도 떠날 수 있어요, 이 더운 카이로를."

백년 전 마을

아슈라프의 친척집은 카이로에서 버스로 세 시간쯤 떨어져 있었다. 그러나 우리가 타고 간 낡은 도요타 마이크로 버스는 버스가 아니라 타임머신이라도 되는 양 몇 시간만에 우리를 적어도 백년은 더 전인 옛날로 데려다 주었다.

그곳은 너무나 보수적이고도 전통적인 이슬람교 마을. 남자들은 긴 소매에 발목까지 내려오는 갈라비에라는 하얀 가운을 입고 여자들

역시 긴 치마 긴 소매 원피스에 머리를 스카프로 가리고 다닌다. 더 보수적인 여자들은 온몸은 물론 얼굴까지 온통 까만 천으로 가렸다.

이 작은 동네에 아슈라프의 삼촌이 세 분 살고 있는데 나는 제일 큰 삼촌인 함디네 집에 묵었다. 함디는 건장한 체격에 미국 영화배우 톰 샐릭처럼 잘 생긴 미남이다. 이 동네도 부인이 두 세 사람 있는 게 보통이지만 함디는 부인은 하나에 세 살부터 스물여섯살까지 아이가 열하나나 된다. 이 집에는 장가든 큰아들 내외와 6개월짜리 손자까지 모두 열다섯이나 되는 대식구가 살고 있었다.

게다가 언제나 먼 곳에서 온 친척이 서너명 묵고 있어서 늘 시끌벅적 사람 사는 냄새가 나는 곳이라 단번에 마음에 들었다.

내가 배낭을 내려놓자마자 스물두살 된 큰딸 아파프가 얼른 나를 자기 방으로 데리고 갔다. 자기들이 입는 목까지 단추를 채워야하는 긴팔 긴치마 원피스와 나일론 속치마를 주면서 갈아입으라는 것이다. 내 반바지 밑으로 드러난 종아리를 가리키며 검지손가락을 세워 좌우로 흔든다.

"해나 모슬람, 라 라."(여기는 모슬렘 동네, 안돼요 안돼)

머리까지 수건으로 가리라고 안하는 게 다행이다.

50여가구가 사는 동네는 모두 문을 열어놓고 한가족처럼 지냈다. 우리집 가장 함디는 마을 사람들이 어려운 일이 있을 때마다 조언을 청하는 촌장 같은 사람이라 동네 사람들이 어른 아이 할 것 없이 존경하는 빛이다. 함디가 나를 데리고 다니며 한국에서 온 우리 마을의 귀한 손님이라고 인사를 시키자 모두 반갑게 맞이해서 한나절도 안돼 동네 사람들과 터놓고 지내게 되었다.

시골에서 농사짓는 사람들의 포근함과 따뜻함은 어느 나라를 가든 다를 게 없다. 가난할수록 인정이 깊은 것도 마찬가지.

그날 생전 처음 먹어보는 이집트 음식을 맛있게 먹었다. 아랍음식이니 뭐가 다를까 잔뜩 기대했는데 오이지 비슷한 오이절임, 풋고추 볶음, 어린 가지를 반으로 갈라 마늘을 넣고 볶은 것 등은 우리 음식과 크게 다르지 않았다.

김치처럼 끼니때마다 먹는 토마토와 오이를 작은 깍두기모양으로 썰어 레몬즙으로 간을 한 샐러드도 그렇다. 시금치 비슷한 채소로 갈아만든 채소수프, 작은 마카로니와 섞어 볶은 밥도 있다. 이것을 큰 피자 크기의 납작한 밀가루 빵을 손으로 뜯어 반찬을 싸서 먹는다.

식사는 큰 방에서 남자들끼리 둥글게 모여앉아 따로 먹고 여자와 아이들은 따로 상을 받는다. 나는 손님이라 특별히 남자들 사이에 끼어 먹는데 밥을 먹는 동안 여자 중 하나가 열심히 시중을 든다.

내가 손으로 빵을 뜯어 반찬을 싸서 아주 맛있게 먹으니까 "꼬리 구와이스"(한국 사람 좋다) 하면서 모두들 좋아한다. 오이지와 가지반찬을 가리키며 우리 음식과 똑같다고 하자 "꼬리 무슬리 사디크"(한국 사람과 이집트 사람은 친구니까)라며 싱글벙글.

즐겁게 밥을 먹는 것은 여기서도 예외가 아니어서 밥먹는 동안 식구들끼리 농담을 주고 받으며 웃음이 끊이지 않는다. 셋째 아들 무스타파 이마에 밥알 하나가 붙은 걸 보고 식구들마다 그·아이 이마를 가리키며 한 10분을 배꼽을 잡고 웃는다. 이마에 붙은 밥톨 하나에도 이 사람들은 이렇게 즐거워한다. 정이 많아서 그렇겠지. 아니 서로 사랑하기 때문이겠지.

식사 후에 차를 주는데 그 차가 얼마나 진하고 단지 무엇이든 잘 먹는 나로서도 도저히 마실 수 없다. 작은 찻잔에 설탕을 서너 숟갈이나 넣는데 단 것은 질색이라 설탕을 넣지 말라고 해도 손님이라고 더 넣으면 넣었지 내 사정을 봐주려고 하지 않았다. 내가 이집트 여행에 내내 어려웠던 것은 무더위와 이 쓸 정도로 단 이집트 차. 어딜 가나 따라놓고 열심히 권하는 차를 내 입맛에 맞지 않다고 안마실 수도 없는 노릇이었다.

눈물바다, 이별의 정거장

함디는 마을에서 제일 큰 밭을 가지고 있다. 마침 그때가 토마토와 오이의 수확철이라 일손이 바빴다. 나도 밥값을 해야겠다고 생각하고 매일 아침 식구들을 따라 당나귀 마차를 타고 밭에 일하러 갔다. 셋째아들 무스타파와 짝이 되어 토마토를 따는데 고랑마다 달려있는 잘 익은 토마토가 어찌나 사랑스럽던지. 파란 이파리 밑에 수줍게 숨어있는 붉은 토마토 하나하나가 보석인 양 귀하고 예쁘다.

열심히 토마토를 따고 있으면 집안 여자들이 점심을 날라온다. 대충 손발을 씻고 그늘에 앉아 식사를 한다. 물론 꿀맛. 식사를 하고는 적당한 곳에 누워 달디단 낮잠을 늘어지게 잔다. 땀흘려 노동한 사람만이 느끼는 달콤한 휴식이었다. 한여름 뙤약볕에서 일하면서도 웃음을 잃지 않는 농민들은 우리나 이집트나 그 모습이 다르지 않다고 생각했다.

오후에는 나만 일을 하지 않고 열살짜리 딸 헤바하고 당나귀를 탄다. 안장 없는 당나귀가 약간 불편하기는 했지만 여간 재미있는 게 아니다. 타박타박 걷던 당나귀 옆구리를 발로 살짝 치면 따그락따그락 그 작은 체구를 열심히 움직이며 달리기를 한다.

집에 들어와 샤워를 하고 나면 남자들은 집 앞에 멍석을 깔아놓고 물담배를 피며 농사 이야기에 사는 이야기를 하고 여자들은 집 안에 모여 살림이나 아이들 이야기를 나눈다. TV나 라디오가 없는 마을에서는 이렇게 사람끼리 모여 이야기를 하는 게 저녁 시간의 큰 즐거움이다.

어느날 저녁에는 남자들이 모두 출타한 틈을 타서 나이 든 딸들과 며느리까지 모아놓고 거실에서 반바지를 입고 다리를 번쩍번쩍 들어올리며 미용체조 특강을 했다. 그러다가 카세트를 틀어놓고 디스코 춤판을 벌였다. 모두들 너무나 신나했다. 나중에는 꼬맹이 딸들과 이 집 오천평 뚱보 엄마까지 합류해 모두 몸을 이리저리 흔들며 어찌나 춤을 재미있게 추는지 몇시간을 웃느라고 눈물이 찔끔찔끔 나고 뱃가죽이 당길 지경이었다.

이집트 여자들은 경련이 난 것 같이 엉덩이를 흔드는 엉덩이춤을 얼마나 잘 추는지 모른다. 머리 수건을 풀어 긴 머리채를 늘어뜨리고 그 수건으로 엉덩이를 붙들어매 엉덩이 놀림이 잘 보이도록 해놓고 신나게 춤을 춘다. 알고보니 여기 처녀들은 틈만 나면 음악을 틀어놓고 춤연습을 한다는데 유감스럽게도 그 춤솜씨는 결혼 후 부부 침실에서 남편에게만 보여줄 수 있다고 한다.

어느 날은 이 집 큰 딸들이 자꾸만 내 손을 잡아끌었다. 이 아이들은 영어를 모르고 나는 아랍어를 모르므로 아슈라프가 있어 중요한 때는 그의 도움을 받기는 하지만 순전히 손짓 발짓으로 또는 눈치로 의사소통을 했다. 이 딸들을 따라 한참을 걸어 시장 근처에 있는 사진관에 갔다. 기념사진을 찍자는 거다. 우리 옛날 시골처럼 사진관에 가서 사진을 찍는 게 이들로서는 크고 즐거운 행사다.

전에 찍었다는 사진을 보니 평상시에는 도저히 용서못할 차림이었다. 머리를 길게 풀어헤치고 청바지에 딱 달라붙는 티셔츠를 입고 화장까지 한 모습이다. 종교와 관습 때문에 자주 하지는 못하지만 예쁘게 꾸미고 자기의 아름다움을 과시하고 싶어 하는 건 어느 나라 여성이나 다름이 없으리라.

이 마을에 있는 동안 동네 사람들의 저녁식사초대와 차초대가 잇따랐다. 우리 집 딸들 친구들은 자기들 집에 꼭 방문해 달라고 딸들을 통해 은근히 압력을 넣어오고 친척들은 또 함디를 통해 그 '꼬리'

(한국 사람) 꼭 자기 집에 와서도 식사를 해야한다고 청해왔다.

일주일만 묵으려던 이 집에서 열흘을 묵게 된 건 순전히 가장 함디와 딸들의 발목잡기 작전 때문이다. 떠나려는 날 아침, 딸들이 모두 내 방으로 몰려와 내 바지며 웃도리를 빼앗아갔다.

"비야 나흐다르, 라. 보크라 보크라!"(비야 언니, 안돼. 내일, 내일)

며느리는 아예 내 신발을 자기 방에다 감추어 놓았다. 마음이 약해져 있는데 이 집 주인 함디가 아침에 기도하러 사원에 나가서 들어오지를 않는다. 보통 기도만 끝나면 곧 돌아오던 함디가 열시나 되어서야 들어오는거다. 이 시간 쯤 되면 길 떠나기에는 너무 더워서 내일로 미룰 수 밖에 없다. 신세진 집 주인에게 인사도 없이 떠날 수는 없는 노릇이니.

그 다음날도, 그 다음날도 마찬가지. 함디는 내가 못떠나게 하려고 일부러 늦게 돌아오는 것이 분명했다. 결국 예정보다 3일을 더 머물고야 겨우(?) 떠날 수 있었다. 낯선 외국인을 하루라도 더 붙들려고 하는 인정에 가슴 뭉클하다.

내가 떠나는 날 온집안은 울음바다가 되었다. 내가 여자들과 아이들을 일일이 껴안아주자 아이들은 드러내놓고 소리내어 울고 여자들은 연방 눈물을 훔쳤다. 이것을 바라보던 남자들도 나를 제대로 쳐다보지 못한다. 모두에게 작별인사를 하고 돌아서려는데 참았던 눈물이 볼을 타고 주루룩 흘러내린다.

"비야 마 살라마, 마 살라마!"(비야! 안녕 잘가요, 안녕 잘가요)

그 집 식구들이 소리를 지르는데 눈물을 들킬까봐 제대로 손도 못흔들어주고 차에 올랐다.

'안녕, 아름다운 사람들. 정다운 내 이집트 가족들!'

비련 끝에 사촌동생과 결혼

카이로에 돌아와 숙소에서 만난 독일 아이 두 명과 휴가중인 아슈라프와 넷이 그룹이 되어 리비아 사막 오아시스 마을 근방에 있는 백사막으로 사막여행을 떠났다. 사막 한가운데 온갖 형상의 바위가 끝없이 펼쳐져 있다는 백사막은 아슈라프도 몇년동안 벼르던 곳이라고 해서 순전히 백사막을 보기 위해 이집트에 왔다는 독일 아이들과 함께 나선 거다.

　나일강 서쪽 리비아 사막을 차로 여섯 시간 정도 가로지르면 끝없는 사막에 거짓말처럼 야자수 우거진 오아시스 마을이 나타난다. 이곳이 바로 이 사막여행의 베이스캠프인 바위티. 생각보다는 제법 규모가 큰, 철저한 회교도 마을이다.

　마을에 도착해서 버스에서 내리려고 하자 운전사가 고개를 절레절레 흔든다. 그런 차림으로는 절대 밖에 나갈 수가 없단다. 긴 면바지에 반팔 티셔츠인데? 하얀 천으로 머리와 윗몸을 가리겠다고 해도 안된다며 얼굴까지 몽땅 가려야한단다. 정말로 거리에는 아주 어린 여자아이들까지도 머리에 수건을 쓰고 긴 소매에 긴 치마를 입고 있다.

　타고오던 미니 버스가 중간에 고장나는 바람에 6시간거리가 열두 시간이나 걸렸다. 게다가 늦은 주제에도 새벽 네 시 반이 되자 가던 길을 멈추고 운전사와 승객들이 모두 내려 첫기도를 한다. 그래서 캠프에 도착하니 벌써 아침 여덟시. 벌써 사막 쪽에서 뜨거운 바람이 불어온다. 마치 수만개의 헤어드라이어를 한꺼번에 틀어놓은 것처럼 아주 아주 뜨겁고 건조한 바람이다.

　백사막 여행경비는 듣던 것과 딴판으로 비쌌다. 랜드로버를 타고 가는 3박4일에 175달러를 내란다. 그것도 할테면 하고 말테면 말라는 식으로 배짱이다. 결국 독일아이들은 주머니 사정 때문에 포기하고 아슈라프와 나만 남게 되었다.

아슈라프는 3주일 후면 자기 사촌 여동생과 결혼을 한단다. 이집트에서는 사촌끼리 결혼하는 건 보통. 그래서 왜 약혼자와 휴가를 함께 보내지 않느냐니까 이 결혼은 자기 의사와는 아무 관계없이 어릴 때부터 집안끼리 정해놓은 강제결혼이며 자기는 약혼자를 조금도 사랑하지 않는단다.

자기는 좋아하는 여자가 따로 있으나 이 정혼 때문에 말도 못하고 수년간 벙어리 냉가슴 앓듯 혼자 사랑을 키워왔단다. 그 여자도 아슈라프를 마음에 두고 있는 게 분명해서 어느날 용기를 내어 부모님께 그 여자와 결혼하고 싶다는 뜻을 비쳤더니 어찌 된 영문인지 한달도 못돼 그 여자가 다른 데로 시집을 가버렸다.

아슈라프는 그 여자와 한동네에 살면서도 영원히 다시는 얼굴을 못 보게 되어버린 것이다. 아슈라프의 시골 동네는 여자가 시집을 가면 나머지 평생을 남편과 집안 식구 외에는 얼굴을 볼 수 없도록 몽땅 가리고 살기 때문이다.

사랑하는 사람은 딴 사람에게 보내고 자기는 전혀 사랑하지도 않는 어린 사촌동생과 결혼을 하려고 하니 죽고싶은 마음 뿐이지만 어쩔 수 없다고 처연한 표정을 짓는다. 그리고 이번 여행은 현실에 순응하기 위한 '마음다지기 여행'이라면서 그 큰 눈에 눈물까지 글썽인다.

사막은 신성하고 아름답다

낮에는 자동차 엔진이 달아올라 사막을 달릴 수가 없으므로 해가 지기를 기다리면서 내가 가본 사막들을 떠올려보았다. 내가 처음으로 사막여행을 한 건 미국 유타주에서 공부를 하고 있을 때다. 학기가 시작하고 첫번째 주말이 되었는데 내 미국 식구들이 남쪽 사막으로 주말여행을 가자고 했다.

'아니, 미국에 처음 와서 다른 볼거리도 많은데 웬 사막?'

의아해하는 나에게 "사막은 참으로 아름답단다"고 미국엄마가 말했다. 유타 남부의 사막은 생텍쥐페리의 어린 왕자와 여우가 사는 허허벌판 모래 사막이 아니라 선인장 같은 식물이 군데군데 자라는 건조기후 사막이었다. 어디를 둘러보아도 거친 광야, 아름다운 것과는 거리가 멀었다.

그러나 해가 지자 내 생각이 백팔십도 달라졌다. 그날 밤 나는 이 세상에 태어나서 가본 제일 조용한 곳에 앉아 침묵의 소리까지 들을 수 있었다. 달없는 하늘에 빈자리 없이 박혀있던 수많은 별들. 그리고 세상 천지에 우리들 밖에 없다는 완전한 고립감, 그래서 생기는 진한 연대감.

그 뿐만이 아니었다. 우리가 평상시 그렇게 필사적으로 추구하는 온갖 물질적인 풍요가 아무 구실도 못하는 물질 무풍지대. 세상을 살면서 정말 우리에게 꼭 필요한 것은 무엇인가를 깊게 되돌아보게 되었다. 이 새롭고도 놀라운 경험! 그 후 나는 열광적인 사막 팬이 되어 여러 사막을 가보았다. 유타주와 네바다주의 사막, 인도 서쪽 파키스탄 국경지대의 라자스탄 사막, 칠레 북부와 볼리비아 남부에 걸쳐있는 우유니 사막 등 모두 아름다웠다.

날이 저물어 사륜구동 도요타 지프에 식량과 물, 텐트와 침구를 싣고 운전사겸 가이드와 조수, 요리사, 아슈라프와 함께 길을 떠났다. 밤 열시가 되었는데도 사막의 열기는 식을 줄 모른다. 두시간 쯤 캄캄한 사막을 달려 잠잘 지점에 닿았다. 다른 사람들은 가지고 간 작은 북 장단에 맞춰 노래를 부르고 춤을 추며 야영을 즐기는데 나는 몹시 피곤했던지 담요를 깔고 그 위에서 그냥 꼬부라져 잠이 들었다.

얼마나 지났을까. 살갗에 뜨거운 불똥이 튀는 것 같이 따가워서 벌떡 일어났다. 겨우 샛눈을 뜨자 짧은 순간에 눈으로 코로 입으로 바람에 섞인 모래가 마구 들어온다. 담요와 식기들이 낙엽처럼 바람에 굴러다녔다. 그 유명한 모래열풍. 말 그대로 모래가 섞인 뜨거운 바람이다. 반바지에 짧은 티셔츠를 입은 팔다리에 모래가 쏜살같이 지나가자 수천대의 벌침을 맞은 것처럼 따끔거린다.

아침에 모래언덕에 올라가니 사막을 오렌지 빛으로 물들이며 멀리 동쪽에서 막 해가 뜨고 있었다. 눈이 닿는 곳, 지평선 끝까지 펼쳐져 있는 사막에서 느끼는 태고의 정적과 혼자라는 고립감, 그리고 막 솟아오르고 있는 태양에 대한 경외감. 이런 것이 합쳐져 신앙심없는 나도 저절로 경건한 기도가 나왔다. 사막은 이렇게 사람의 감정을 정화시키는 능력이 있는 것이다.

아침을 대충 먹고 한참을 달리니 운동장처럼 평평하던 사막에 크고 작은 구릉이 생기면서 모래 표면이 연탄가루를 뿌려놓은 듯 새까만 사막이 나타난다. 여기가 바로 흑사막이다.

오아시스의 달디단 사막 수박

정오가 다 되어 작은 오아시스 마을에 들어갔다. 여기서 점심을 먹고 해가 지기를 기다리잔다. 운전사 마하무드는 이 마을 사람들과 친하게 지내고 있는지 우리 일행이 들어가자 모두 반갑게 맞았다. 반바지와 짧은 팔 티셔츠인데도 내 차림에 아무도 신경을 쓰지 않아서 좋았다.

그리고는 내 놓은 오아시스 수박. 한국에서 나는 큰 수박보다 한 배반은 됨직한 특대수박. 칼로 썩 자르니 밝은 빨강으로 잘 익은 과육과 붉은 색을 더욱 돋보이게 하는 새까만 수박씨가 드러났다. 물이 뚝뚝 흐르는 수박 한조각을 입에 넣자 입안 가득 퍼지는 싱그러운 향기와 달디단 과육! 이세상 어떤 수박보다도 맛있는 수박이었다. 나는 평소에도 수박을 아주 좋아한다. 잘 안 익어서 식구들이 반조각 이상 손도 안대는 수박도 맛있다고 몽땅 먹어치우는 수박대장! 이런 사람에게 이 오아시스 수박은 하늘이 내려주신 천과와 다를 바 없었다.

여기 오아시스에서는 수박 농사가 별로 힘이 안든다고 한다. 모래 땅에 씨를 뿌리고 물을 딱 한번만 충분히 준 후 그 위에 비둘기 똥을 덮어놓으면 저절로 싹이 트고 자란단다. 뿌리가 지하수 있는 데까지 찾아가 필요한 수분을 빨아올려서 이토록 달고 시원한 자이언트 수박을 익혀놓는다는 것이다.

이 수박은 더위에 지친 내 사막여행에 구세주가 되었다. 한덩이에 우리 돈으로 천원 내외. 아침밥 대신, 물 대신, 간식 대신 먹고 끼니 때마다 후식으로 먹으니 사람들은 나를 더 이상 '꼬리'(한국 사람)라 부르지 않고 '바띠에'(수박)라고 부른다.

"에디아 바띠에 부수라 부수라!"(빨리 빨리 수박아가씨에게 수박 갖다 줘)

더위에 지쳐 멍청히 있거나 피곤해보이면 사람들이 나를 보고 이렇게 놀렸다.

늦은 오후 백사막으로 떠났다. 백사막은 지형적인 영향으로 하얀 석회질 퇴적물이 생겨 금강산 만물상을 연상케 하는 온갖 봉우리들을 만들어놓은 곳이다. 저녁 해질무렵 백사막에 도착해보니 황혼이 하얀 모래에 반사되면서 더할 수 없는 아름다움을 연출해냈다.

넋을 잃고 해가 지는 걸 보고 있는데 바로 코 앞에 야생 낙타 한무리가 유유히 열을 지어 지나간다. 세상에! 사막 한가운데 붉게 지는 일몰을 배경으로 유유히 걸어가는 야생 낙타의 검은 실루엣! 그건 정녕 한폭의 그림이고 황홀한 시고 가슴을 흔드는 노래였다. 영원히 기억할 아름다운 사막의 한 광경이었다.

아침에 본 백사막은 기암괴석의 집하장. 수만개의 무덤처럼 봉긋한

돔 사이에 수천년에 걸쳐 바람이 조금씩 깎아놓은 여왕상, 사자상, 램프상 등 갖가지 크기와 모양으로 시야를 압도한다. 차를 타고 그 사이를 누비며 때로는 언덕에 올라가 감탄을 하면서 3박4일 백사막 여행의 하이라이트를 즐겼다.

그런데 또 하나의 하이라이트가 남아 있을 줄이야. 그건 예상치 않았던 오아시스 마을의 냉천 수영이었다. 조그만 산 전체가 수정으로 되어있는 수정산을 보고 저녁 늦게 바위티로 돌아오는 데 그동안 친해진 운전사 마하무드가 마을에서 한시간 정도 떨어진 사막 가운데 찬물이 펑펑 쏟아지는 곳에 가서 냉천 수영을 하고 가자고 한다. 뜨거운 사막에 냉천이라니. 지치긴 했지만 안갈 수 없지.

도착한 곳은 정말 차가운 지하수를 끌어올려 만든 냉천이다. 뜨거운 사막이어서 더 시원하게 여겨졌겠지만 소름이 끼칠 정도로 물이 차다. 밤 하늘에는 이제 겨우 모습을 드러내는 손톱같은 초생달이 얌전히 떠있는데 나는 사막 가운데 야자수 늘어진 오아시스에서 차가운 물에 수영을 했다. 이건 파라다이스 그 자체다. 한차례 수영을 하고 나오자 이 미남 운전사가 언제 준비했는지 싱그러운 냄새의 오아시스 수박을 내놓는다.

금상첨화란 바로 이런 경우가 아닌가. 달밤에 차가운 물에서 수영을 하고 싱그러운 수박으로 목을 축이는 나는 바로 아라비아의 여왕! 아라비안 나이트에 나오는 여왕이나 귀부인들은 반드시 오아시스의 달빛 아래서 목욕을 하고 그 옆에는 언제나 풍성한 과일이 차려져 있었는데 내가 지금 그걸 재현하고 있는 거다.

나일강 달빛여행

바람의 힘만으로 가는 배 플루카를 타고
3박4일 유유자적 나일강을 따라 흐른다.

과일 칵테일같은 도시 카이로

이집트 수도 카이로는 과일 칵테일 같은 도시다. 원맛이 섞여 전혀 다른 맛을 내는 술 칵테일이 아니라 아무리 여러 종류가 섞여있어도 각각의 맛을 잃지 않는 과일 칵테일.

지금은 인구 1,800만의 거대도시지만 과거에는 신이자 최고권력자인 파라오들의 무대였고 고대 기독교 도시이자 이슬람교의 중심지였다. 그뿐인가. 그리스, 로마, 아랍, 터키 그리고 프랑스와 영국이 왔다간 흔적을 남긴 곳이다.

카이로는 수십개의 얼굴을 가지고 각기 다른 맛으로 이방인을 맞는다. 피라미드와 스핑크스의 고대왕조 유물, 고대 기독교의 올드 카이로, 회교사원들이 참으로 아름다운 이슬라믹 카이로, 시끌벅적한 하릴리 바자, 그리고 나일강 동쪽의 자동차 소음으로 가득한 현대 도시 안에 의젓이 버티고 있는 영국풍 석조건물들. 그러나 이 여러 얼굴이 다 경탄스럽지만 이미 책에서 볼 대로 보고 들을 대로 들은 탓인지 낯설다는 느낌이 적어 그다지 큰 감흥은 일지 않았다.

카이로에서 룩소로 떠나는 밤기차는 관광열차라는 이름에 걸맞게 에어컨 시설이 시원하고 의자도 푹신푹신했으나 너무나 강력한 냉방시설 덕분에 아침에 룩소에 내리니 몸이 으슬으슬 떨리고 땅속으로 가라앉는 것 같다.

'이크, 감기에 걸렸구나.' 기차에서 내리자마자 처음 눈에 띄는 호텔로 가서 쓰러져버렸다. 땀을 어찌나 흘렸던지 화장실 가려고 일어나보니 티셔츠는 물론 침대시트까지 흥건하게 젖어있다.

여러번 말했지만 혼자 여행 다니면서 가장 괴로운 때가 아플 때다. 나는 비교적 단단한 체질이라 그리 심하게 아픈 적은 없지만 내 몸이 주인을 잘못 만나 엄청나게 혹사당하고 나서는 이제는 제발 좀 쉬어 가자고 경고를 보내는 때가 더러 있다. 몸살이 나면 비자가 만료되어 큰 벌금을 물어야하는 등의 급박한 경우가 아니면 쉬어가게 마련. 보통 아프면 그 김에 여독을 확 풀고 간다.

찬란한 유적지 룩소

이집트 최대의 관광지 룩소는 나일강을 중심으로 동쪽에는 웅대하고 아름답기 그지없는 카르나크신전, 룩소 신전이 있고 서쪽에는 왕들의 영원한 안식처인 그 유명한 '왕들의 골짜기'가 있다. 4천년 전 테베라는 이름으로 시작된 이 도시는 구왕조가 망하면서 중앙권력이 무너졌을 때 남부 이집트의 근거지가 되면서 중왕조의 문을 열게 된다. 기원 전 1570년에서 1090년 사이에 있었던 신왕조의 왕들이 룩소의 나일강 서쪽 사막 골짜기에 어마어마하게 크고도 찬란한 그들의 유택을 마련한 것이 바로 왕들의 골짜기다.

그러나 고요히 잠을 자려는 왕들의 염원은 깨져 대부분의 무덤들이 도굴당했다. 다행히 다른 무덤들 사이에 끼었던 그 유명한 투탕카멘의 무덤만은 도굴을 면하고 고고학자에 의해 발굴되어 옛 왕들의 영화를 엿볼 수 있게 하였다. 이 왕은 열여덟 살에 요절해 다른 무덤에 비해 비교적 작고 간소했기 때문에 도굴을 면할 수 있었다고 한다.

그 간소하다는 무덤에서 나온 부장품들이 지금 카이로 박물관 2층 대부분을 메우고 있으며 미소년왕의 황금가면 등 그 숫자나 화려함이 탄식을 자아내게 한다. 그러니 람세스 2세, 3세 등 강력했던 왕들의 무덤은 어느 정도였을까.

이집트 신전 중에 카르나크 신전이 가장 아름다운 신전이라는 데에는 이견이 있을 수 없다. 과시욕이 강한 람세스 2세, 3세를 비롯한 역대 파라오들이 천오백년에 걸쳐 권력과 정성을 총동원한 것이니 오죽하겠는가. 작은 스핑크스들이 열병해 있는 '참배의 길'이라는 입구를 지나면 신전이 본격적으로 시작된다. 이집트 그림엽서의 단골손님인 파라오 중의 파라오 람세스 2세의 거대한 동상과 그 동상 중앙에 새겨진 부인 라파티상이 당당히 솟아있다.

조금 더 올라가면 역시 세계의 찬사를 받고 있는 대열주선. 높이 23미터에 둘레가 어른 다섯 아름쯤 되는 134개의 기둥이 기둥 하나하나에 빈틈없이 정교하고도 아름다운 문양과 상형문자를 새긴채 서 있다. 군데군데 남아있는 색깔들이 수천년 전 것이라고는 도저히 믿어지지 않을 정도로 선명하다. 카르나크 신전의 부속 신전이었다는 룩소 신전은 입구에 있던 두 개의 오벨리스크 중 하나를 나폴레옹이 약탈해서 파리의 콩코드광장에 갖다놓은 것으로도 유명하다.

다음날은 아스완으로 가서 나일강 유역의 최상류 유적지 아부심벨 신전을 보았다. 1960년 아스완댐 공사가 시작되면서 이 신전이 물에 잠길 위기에 놓이자 유엔의 유네스코 프로젝트가 무려 4천만달러라는 천문학적인 돈을 들여 이 어마어마한 규모의 돌신전을 60미터 위로 옮겨놓았다. 이집트 1파운드 지폐에도 나오는 이 신전은 람세스 2세와 그 부인을 위한 신전이다.

나사르 호수와 마주한 높이 20미터인 네 개의 좌상을 보고 있자니 나일강 최상류 아무것도 없는 허허벌판 사막 한가운데 이런 엄청난 규모의 공사를 주도한 이 파라오의 권력과 재력과 과시욕에 그저 놀라움을 금치 못할 뿐이다.

돛단배 타고 3박4일 홀러 홀러

이런 관광지도 좋지만 이집트하면 나일강인데 이집트 여행중에서도 가장 기대되는 건 돛단배를 타고 보름달 아래서 지내는 3박4일 나일강 항해였다. 플루카라는 순전히 바람의 힘으로만 가는 이 돛단배 여행은 3박4일 식사까지 포함해 우리 돈으로 1만5천원. 싸기도 하려니와 여유있게 나일강 위를 떠다니며 충분히 나일강을 즐길 수 있는 최고의 방법이다.

마침 다음날이 보름이라 오늘 여행을 시작한다는 배가 있어 뒤늦게 그 배에 합류했다. 나무로 만든 작은 배 안에는 선장격인 하니, 요리사 살라, 조수 모하메드 등 선원 셋에 영국인 셋, 뉴질랜드인 부부, 스코틀랜드인과 캐나다인 그리고 나. 13명 정원이라는데 11명이 타고도 약간 좁은 듯했다.

배에 들어서니 모두들 이리저리 누워 뒹굴뒹굴 잠을 자거나 책을 읽으면서 일광욕을 하고 있었다. 간단하게 통성명을 하고 자리를 비집고 들어가 그늘에 벌렁 드러누웠다. 잔잔한 강물에 몸을 맡기자 시원한 강바람이 얼굴을 스치며 10분도 안돼 잠 속으로 빠져들었다.

얼마나 잤을까. 눈을 떠보니 나일강의 대추야자 사이로 붉은 태양이 아름답게 지며 동녘에는 벌써 노란 보름달이 둥실 떠올랐다. 그 둥근 달이 이내 푸른 나일강에 한줄기 금빛 길을 내고 있다. 평화스럽고 사랑스런 나일강의 뱃길여행, 달빛여행이 시작된 것이다.

저녁을 먹고 모래밭에 누워 달빛을 받으며 잠을 청했다. 부드러운 달빛이 마치 비오는 오후에 얇은 담요를 덮고 자는 것처럼 포근한 느낌을 주었으나 낮에 잤기 때문일까. 정신이 맑아오며 그리운 얼굴들이 차례로 떠오른다. 내 귀여운 조카와 식구들, 친구들, 내가 아끼는 사람들, 또 나를 아껴주는 사람들. 그날밤엔 나일강변의 달빛 아래서 오랜만에 식구들 꿈을 꾸었다.

선장이 깨우는 바람에 눈을 떠 배로 들어가니 어제 저녁과는 반대로 동쪽 하늘에 동이 터오면서 서쪽 하늘에는 미처 여행을 끝내지 못한 둥근달이 하얗게 바래고 있었다. 나일강은 유유히 흐르고 바람을 받아 잔뜩 부푼 돛은 우리 배를 강 아래로 강 아래로 밀어 보냈다. 새벽 나일강은 아름다웠다. 아니, 나일강변이 아름답다고 해야 맞는가. 그것도 아니면 나일강 위에서 모든 것을 바람에 맡기고 가는 돛단배 여행의 여유가 아름답다고 할까.

배 위에서 아침이 오고 있는 강변을 천천히 살펴본다. 키 큰 갈대가 연이어 바람에 흔들리며 몸을 부벼 소리를 내고, 물새가 푸드덕거리고, 야자수와 대추야자가 강변에서 손을 흔든다. 요리사인 미남자 살라가 일어나 나일강 물을 떠 차 끓일 물을 준비하면서 우리 배의 여유로운 아침도 시작되었다.

이 플루카 여행은 어찌 보면 참 단조롭다. 바람을 타고 떠다니다가 때가 되면 식사를 하고 화장실 가느라 강둑에 멈추어 서고. 또 바람을 뒤로 하고 떠내려가다가 해가 지면 묵을만한 곳을 찾아 정박하고. 모두 한가하고 게으르다. 대부분의 시간을 누워서 보내는데 한번 누우면 될 수 있는대로 배바닥에서 몸을 안떼려고 갖은 애를 다 쓴다. 얘기도 누워서 하고, 책도 누워서 읽고, 여행정보도 누워서 나누고. 어떤 이는 일어나기가 싫어 끼니를 건너 뛸 정도다. 모처럼 여유를 가지고 넉넉하게 쉬는 거다.

저녁에는 이 정많은 아프리카사람인 누비안 뱃사람들이 북을 두드리면서 춤과 노래로 흥을 돋운다. 우리들에게도 간단한 노랫말과 후렴을 가르쳐주며 무조건 따라하란다. 단순하지만 신이 나는 아프리카 리듬에 맞춰 누비안 춤 스텝도 배웠다. 좁은 배 안에서 열한명이 어울려 배바닥이 무너져라 열심히 발을 구르며 한바탕 신나게 놀았다. 나일강 위에서, 둥근 보름달 아래서.

나일강 달빛여행은 그렇게 흘러갔다.

세상에 태어났으면
요르단 페트라는 꼭 가보아야 한다

중동 최대의 유적지 페트라. 햇빛의 각도에 따라
돌건물의 색깔이 수시로 변한다.

시나이 반도 휴양지 다합의 아름다운 산호초

나일강 유역의 이집트가 아프리카 대륙에 붙어있어 문화적으로는 중동이면서도 지형적으로는 아프리카에 속해 있다면 본격적인 중동의 시작은 시나이반도다. 이 곳은 아프리카와 아시아 대륙이 만나는 곳일 뿐 아니라 수에즈 운하가 유럽과 아프리카를 이어주고 있으니 세 대륙이 만나는 로터리라 할 수 있다.

1967년 이스라엘과의 전쟁에서 빼앗겼던 땅을 1982년 이집트가 반환받은 곳이라 그런지 수에즈 운하를 넘자마자 경계가 삼엄해지고 무장경찰들이 수시로 버스에 올라와 신분증 검사를 한다.

모세가 하느님으로부터 십계명을 받았다는 시나이산을 비롯해 시나이 전체가 사막으로 되어있는데 이를 보상이라도 하듯 반도 주위가 아름다운 홍해에 둘러싸여 있다. 사막의 산들이 물에 비쳐 붉게 보인다고 붉은 바다라는 이름이 붙었으나 맑고 깨끗한 홍해는 푸르기만 하다.

시나이 반도에서는 배낭족의 파라다이스라고 불리는 다합에 숙소를 잡았다. 이스라엘과 요르단 국경 근처, 아라비아 반도가 수영으로 건너갈 수 있을 것처럼 가까이 바라보이는 곳이다. 이곳은 홍해 최대의 산호초 지역으로 물안경과 물갈퀴만을 끼고 하는 스노클링과 스킨 스쿠버 장소들이 흩어져있고 그외 온갖 종류의 수상 스포츠를 즐길 수 있다. 해변도 물론 아름답다.

여름철 한창 때라서 다합은 유럽에서 온 학생들과 젊은이들로 만원이었다. 나도 이 휴양지에서 좀 천천히 쉬면서 중동여행을 위해 재충전을 하기로 했다.

다합 근처 바다는 전체가 산호동산. 그중에서도 특히 아름다운 곳이 블루홀과 라군이다. 바닷물속이 가장 아름답게 보인다는 오후, 해가 넘어가기 한두시간 전에 바다에 들어가보면 형형색색의 산호초와 기기묘묘한 고기들이 어울려 놀랄만한 수중궁궐을 만들어냈다. 온갖 꽃들이 만발한 용궁을 인어공주가 되어 구경하는 것 같았다. 특히 산호초가 끝나는 산호절벽에서 보는 경치는 어떤 말로도 표현하기 어려운 아름다움이었다. 이 경치에 취해 정신없이 다니다보면 어느덧 해가 넘어가 버렸다.

섹스할 만큼만 사랑한다

유럽의 젊은이들이 모이는 다합은 이집트로서는 상상할 수 없을 정도로 자유롭고 개방적이다. 성적으로 문란하다고까지 할 수 있다. 해변이나 식당 어디에서고 대담한 사랑의 행위가 펼쳐지며 싱글들은 이성을 찾는데 아주 적극적이다. 이들은 보통 디스코장이나 식당, 숙소에서 짝을 이루는데 사랑의 진도가 어떻게 빠른지 눈 깜짝할 사이에 서로를 마스터하고 새로운 파트너를 찾는다.

숙소에서 도미니까라는 칠레 여대생을 만났다. 자그마한 체구에 상냥하기 그지없는 사랑스러운 아이인데 영어가 서툴러 스페인어를 할 줄 아는 나와 어울리게 되었다. 이 도미니까가 다이빙을 하다가 프랑스 청년을 만나 좋아지내더니 며칠도 안돼 침대가 두 개 있는 더블룸으로 옮겨 함께 지내기 시작했다. 둘이서 좋아하는가 보다 여기고 있는데 이틀도 지나지 않아 도미니까는 다시 이스라엘 청년과, 그 프랑스 청년은 숙소에서 만난 독일 학생과 새로운 짝이 되어 누가 보거나말거나 대담한 사랑표현을 하고 있었다.

어처구니 없기도 하고 함부로 몸을 굴리는 아이들이 밉기도 했지만 무엇보다 그 아이들이 무슨 생각을 하고 있는지 궁금해서 물었다.

"도미니까, 너희들은 어떻게 방금 헤어진 사람 앞에서 다른 사람과 그런 진한 사랑표현을 할 수 있니?"

"우리들은 휴가중이잖아요? 우리는 서로 애초부터 사랑하는 사이가 아니라는 걸 알아요. 여기서 누가 사랑이라는 감정을 가져요? 우리는 그저 섹스를 하고싶은 만큼만 서로에게 끌리면 되는 거니까."

다른 말로 하면 섹스는 사랑의 표현이나 확인이 아니라 즉흥적인 오락이고 휴가중의 유희에 불과하다는 뜻이다. 좋아하는 사람이 생기면 속으로만 애를 태우다가 데이트를 시작하면 수많은 전화와 편지로 사랑을 키워나가는 구시대의 사랑은 여기서는 절대 사절.

즉석사랑이 판치는 다합에서 '공들여 키워가는 사랑'을 논하고 있는 내가 그들 눈으로는 그야말로 '한물 간 세대'로 보이겠지만 내 눈에는 이 아이들이야말로 소중한 것이 결핍된 중환자들로 보였다.

아라비아의 로렌스 샘물

시나이반도 서쪽 누웨이바 항에서 요르단 최남단 아카바 항까지 가는 배 안에서 만난 스페인 젊은이 네 명은 명랑하고도 재미있는 친구들이다. 여자 둘, 남자 둘 일행이 의과대학 3학년 같은 반 학생이라는데 모두 밝고 유머러스해서 이들과 함께 다닌 일주일이 참 즐거웠다.

이들은 여행경비가 빠듯해서 잠은 호텔 옥상에서 자고 식사는 매끼 슈퍼마켓에서 산 꽁치 통조림과 토마토로 만든 샌드위치를 먹으면서도 하루 종일 우스운 이야기를 찾아내 웃으며 다니고 몸고생을 재미삼아 하고 있는 모습들이 너무나 예쁘다. 이중에 스페인 남부 시골 출신인 미남자 뻬드로는 밤마다 기타를 치면서 낭만적인 노래를 부르고 하루 한장씩 고향의 애인에게 연애편지를 쓰는 요즘 세대의 보기드문 청년이다.

이들은 돈만 빠듯한 게 아니라 시간도 빠듯해서 내가 10년 전 유럽 여행을 할 때처럼 한달에 서너 나라를 돌며 주요 장면만 거쳐가는 여행을 하고 있었다. 나는 되도록이면 관광지로만 돌아다니는 여행은 하지 않지만 이 학생들이 마음에 들어 요르단의 주요 관광지를 그들과 함께 훑어보기로 했다. 같이 다니기로 결정한 곳은 와디룸, 페트라, 사해 그리고 제라쉬.

유명한 가이드북마다 지구 위의 사막 중에서 가장 아름다운 사막이라고 적혀있는 와디룸. 사막지대에 만들어놓은 대규모의 천연 일본식 정원이라고 할까. 갖가지 색으로 우뚝우뚝 솟은 크고작은 아름다운 돌산들이 간결하면서도 아기자기한 풍경을 만들어 놓았다. 햇빛의 각도에 따라 모양과 색깔이 달라지는 모래돌산들이 시야를 황홀하게 했다.

빌려탄 지프 운전사가 어떤 샘물을 가리키며 아라비아의 로렌스 샘물이라고 가르쳐준다. 와디룸은 아라비아의 로렌스가 이끌던 군대의 본부였다는 거다.

오스만 터키의 지배하에 있던 아랍연맹이 독립전쟁을 일으키자 영국이 응원군을 보냈다. 이 때 영국군의 로렌스 장군이 아랍군대를 이끌고 터키와 맞서 싸우던 곳이 바로 이 와디룸이란다. 사막 유목민으로 이루어진 아랍 베두인 군대는 사막전에 강하고 여기 와디룸은 물도 많을 뿐 아니라 바위산들이 많아 게릴라전을 하기에 유리하기 때문이다.

전설적인 인물 아라비아의 로렌스는 불같은 신념과 와디룸의 지형적 이점을 바탕으로 결국 전쟁에 이기고 아랍의 독립을 이끌어냈다. 지금 당장 가까운 비디오 가게에 가서 오마 샤리프가 주연한 〈아라비아의 로렌스〉를 빌려보면 상세한 내용을 알수 있을 거다.

다시 사막길을 달리는데 경치는 그야말로 점입가경. 함께 간 스페인 아이들의 환호가 그칠 줄 모른다.

"야! 와! 으아! 오! 디오스 미오." (나의 하느님)

사막전갈이 나올지도 모른다는 운전사의 경고에도 아랑곳 않고 우리 다섯명은 침낭 하나씩만 깔고 별들의 잔치가 벌어진 하늘 아래 누웠다. 시골 출신 뻬드로만 빼고 모두 은하수를 처음 본다고 흥분한다.

이 녀석들이 한참 깔깔거리더니 느닷없이 내가 몇살이고 직업은 뭐냐고 묻는다. 서른 일곱 살이고 현재 직업은 스페인 아이들 넷을 돌보고 있는 베이비 시터라고 했더니 또 깔깔거리며 '베이비 1, 2, 3, 4' 하고 자기들끼리 나이 순으로 번호를 매기고 내게는 '우리가 좋아하는 베이비 시터' 라는 이름을 붙여주었다. 그 후 헤어질때까지 우리는 계속 서로를 이렇게 불렀다. 귀여운 것들.

아침햇살이 사막 전체를 핑크빛으로 물들이는 걸 느긋이 감상하고 근처에 사는 베두인 유목민 가족에게 따끈한 차를 얻어마시고 페트라로 향했다.

숨막히게 찬란한 로즈 시티

페트라! 요르단, 아니 전 중동지방에서 최고 최대 최상의 유적지. 눈물나도록 아름답다는 곳. 영화 〈인디아나 존스〉의 성궤를 찾아서 편 촬영지가 바로 페트라다. 중동지방을 여행하는 사람이면 누구나 페트라에 대한 질문을 주고 받는다. 페트라를 보기 전에는 "페트라가 정말 좋으냐?"이고 보고 나서는 "페트라는 정말 좋더라"다.

이렇게 화려한 명성을 자랑하는 이곳은 로마시대 이전부터 요르단 지역을 지배하던 아랍족, 나바티안족의 수도였는데 이 왕국의 전성기에는 다마스쿠스에서 아라비아에 이르는 향료, 비단, 노예의 전 무역로를 장악하여 엄청난 부를 누렸던 곳이다.

아름다운 건축물이 수없이 많던 도시가 4세기 무렵 큰 지진으로 땅속에 묻혀 천년 이상 잊혀져 있다가 1812년 스위스 탐험가에 의해 발굴되기 시작해 1958년에야 전체 모습이 드러났다.

페트라는 또 모세가 이스라엘 백성을 이끌고 이집트에서 맨 처음 요르단으로 입국한 곳이기도 하다. 이 페트라 안에 와디무사라는 곳에는 모세의 샘이 있다. 모세가 지팡이로 바위를 쳐 물이 나오게 했다는 바로 그 샘으로 지금까지도 이 마을 주민들의 중요한 식수원이 되고 있다.

페트라는 적어도 이틀, 넉넉히는 사흘 동안 보아야 한다는 말을 들었기 때문에 시간과 돈이 없어서 하루만 보려는 아이들을 간신히 꼬드겨서 이틀간의 입장료 거금 35달러를 내고 구경에 나섰다.

섭씨 35도가 넘고 바람도 없는 더운 날씨에 어떻게 사막 가운데 있는 유적지를 잘 볼 수 있을까 크게 걱정했는데 막상 가보니 그게 아니다. 아랍어로 시크라고 부르는 유적지 입구 계곡은 30층 높이의 빌딩 숲을 걸어가는 느낌으로 시원한 그늘이 져있다.

이 멋있는 돌계곡을 2킬로미터쯤 걸어가자 계곡의 바위 틈 사이로 놀랍게도 핑크빛 신전이 빼꼼히 모습을 드러낸다. 페트라의 백미 카즈네 신전이다. 큰 바위산을 깎아만든 화려한 장식의 웅장한 신전이 한눈에 들어오면서 입이 저절로 벌어지고 숨이 막힌다. 여기서 한번 벌어진 입은 페트라를 구경하는 이틀 내내 다물어지지 않는다.

카즈네 신전을 지나면 네크로폴리스, 8천석의 원형극장, 햇빛을 안고 있는 절벽을 깎아 만든 나바티안의 궁전들, 왕족과 귀족들의 무덤들. 조금 더 들어가니 예전의 장터가 있고 로마시대에 만든 돌기둥길, 그리고 나바티안의 공중목욕탕. 여기까지 정신없이 걸으며 놀라움과 감탄에 젖어있으니 어느덧 해가 지고 있었다.

황혼이 되니 분홍색의 사암지역인 페트라 전체가 핑크빛으로 물들어 환상적인 경치가 펼쳐진다. 왜 페트라를 로즈 시티라고 했는지 알 것 같았다.

그날 밤 근처 호텔 옥상에서 곯아떨어졌다가 삐삐삐삐, 딩동뎅딩동뎅, 따르릉따르릉, 아침 여섯시에 맞춰놓은 제각기의 자명종 소리에 잠이 깨 모두 이만 겨우 닦고 다시 페트라로 달려갔다.

어제 오후에 한번 보았던 유적지도 아침에 햇빛의 각도가 달라지자 그 모습이 전혀 새롭게 느껴진다. 관광객도 없는 이른 아침에 조용히 거대한 돌의 도시 페트라를 거니는 기분. 평소 웃음과 말이 많은 베이비 1, 2, 3, 4 도 분위기에 압도되어 숨소리도 크게 내지 못한다.

그날의 하이라이트는 남쪽 산꼭대기 신전에서의 일몰이다. 해가 기울면서 시시각각으로 변해가는 돌산 건축물의 빛깔, 빛깔들. 진노란색에서 분홍색으로, 또 오렌지 색으로, 옅은 갈색으로, 진한 갈색으로. 변하는 건 빛깔만이 아니다. 뚜렷해졌다 흐려졌다 하는 건축물의 명암들, 그 위에 드리워지는 산 그림자. 눈이 아프게 빛깔과 명암과 그림자를 보고 또 보아도 시간이 좀더 있었으면 하는 아쉬움이 남는다.

사해, 온몸이 짠지처럼 절어

요르단 수도 암만으로 와서 로마시대의 전형적인 도시 전체가 고스란히 남아있다는 암만 근처 제라쉬를 돌아보고 소금의 바다 사해로 갔다.

해발 마이너스 3백미터. 지구상에서 제일 낮은 지대라는 사해는 정말 신기했다. 바닷물이 뜨거운데 그 바다에 들어가니 몸이 무중력 상태처럼 둥둥 뜬다. 소금의 농도가 30%라서 도저히 물에 가라앉을 수가 없었다. 물 위에 드러누워 책을 읽는다는 거짓말 같은 소문을 확인하려고 뻬드로와 실제로 물 위에 떠서 신문을 읽어보려고 했는데 바람만 없다면 정말 신문을 읽을 수 있을 것 같다.

한가지 문제는 이 짠 바닷물이 눈에 들어가면 최루탄을 직통으로 맞은 것처럼 눈이 따갑다는 거다. 아니나 다를까. 나와 뻬드로 눈에 물이 들어가서 모니카가 두 장님을 50미터쯤 떨어진 수돗가로 끌고 가 눈을 씻겨주어야했다. 또 한가지는 몸에 조금만 상처가 있어도 그 자리가 벌에 쏘인듯 따가운 거다. 나도 왼쪽 다리가 자꾸만 따가워 살펴보니 눈에 보이지도 않는 조그만 상처가 나있었다.

그래도 우리는 소금에 절인 짠지처럼 온몸이 쪼글쪼글해질 때까지 몇 시간을 어린아이들처럼 놀았다. 그 주위에 온몸을 검은 천으로 감싸고 눈만 빼꼼히 내논 모슬렘 부인들이 남편들 뒤를 조용히 따르며 구경을 하고 있다. 얼마나 더울까? 해저 3백미터인 여기까지 와서 물에도 못 들어가보고. 이건 모슬렘 남자들이 수영복 입은 외국여자들을 실컷 보려고 온 것임이 분명하다.

이스라엘로 들어가는 스페인 아이들과 헤어져 혼자 암만으로 돌아와서 오래간만에 일기를 쓰려는데 일기가 써 내려가지질 않는다. 왜 그런가 곰곰 생각해 보았더니 스페인 아이들과 함께 했던 요르단의 관광지에서는 구경은 했지만 그것을 충분히 느낄 만한 시간도, 정신적인 여유도 없었던 것이었다. 그러니 요르단에 대해 쓰는 글에 감상이 없을 수밖에.

역시 여럿이 그룹이 되어서 관광지만 다니는 그런 여행은 나하고는 맞지 않다는 생각이 들었다. 학생들과 보낸 시간은 아주 즐거웠지만 말이다.

시리아 비자 때문에 한국 대사관에 갔다가 거기서 알게 된 대사관

직원 황정미씨가 고맙게도 저녁 초대를 해주었다. 그 저녁 자리에서
또 암만에서 여행사를 하고 있는 손종희씨를 만났다. 그녀는 시리아
국경 근처 베두인 마을에서 반년 동안 산 적이 있다고 한다. 이게 웬
떡! 그녀를 통해 베두인 마을을 방문하기로 하고 이스라엘로 넘어갔
다.

베두인은 목숨은 내놓더라도
손님은 내주지 않는다

5일간 묵었던 사막의 영웅 베두인 가족의 아버지.
일생을 양들과 함께 살며 명예를 목숨보다 소중히 여긴다.

팔레스타인 지역을 넘어 이스라엘로

요르단 여행을 하다가 느닷없이 이스라엘로 넘어가는 데에는 그럴 만한 이유가 있다. 아랍국가들에 둘러싸인 이스라엘에 일단 발을 들여놓으면 이스라엘 입국도장이 찍힌 같은 여권으로는 다른 중동국가에는 들어갈 수 없다는 건 중동여행의 상식. 그러므로 이스라엘을 문제없이 갔다 오려면 요르단에서 암만 근처에 있는 킹 후세인 다리를 건너 팔레스타인으로 입국해야한다.

내용인즉, 이스라엘이 장악하고 있는 팔레스타인 지역, 이른바 웨스트 뱅크는 공식적으로는 아직도 요르단 영향 하에 있으므로(내가 여행하던 1995년 10월 초) 요르단에서는 출국도장을 찍지 않는다. 국경을 넘어 이스라엘 출입국 직원에게 여권에 도장을 찍지 말고 별도의 종이에 찍어달라고 하면 군말없이 그렇게 해준다. 그러므로 실제로 여권에는 이스라엘을 다녀왔다는 아무 증거가 남지 않는다. 요르단으로 돌아올 때도 공식적으로는 출국을 안한 거니까 재입국 도장이 필요치 않다.

암만에서 차로 한시간 거리에 있는 킹 후세인 다리는 이름만 거창하지 사실은 길이 20미터도 안되는 동네 시냇물 다리다. 그 다리를 넘으면 팔레스타인 지역. 내가 다녀온 직후 이스라엘과 PLO 간에 자치지구에 관한 협정을 맺었지만 내가 갔을 때는 바로 전날 예루살렘에서 큰 테러 사건이 터져 총을 든 군인들이 삼엄하게 지키고 있는 국경에는 전운이 감도는 기분이었다.

국경에서 예루살렘으로 가려면 여리고라는 성경에 나오는 유명한 마을에 가서 버스를 타야한다. 여리고는 팔레스타인 자치령. 버스 검표원이 팔레스타인 국기를 흔들며 '웰컴 투 팔레스타인' 하고 인사를 한다. 주위에 총을 메고 다니는 남녀 군인들은 모두 유대인이고 거리에 보이는 동네 사람들은 모두 머리에 두건을 두른 아랍인인 게 신기하다. 유대인과 아랍인들이 끊임없이 공존과 분쟁을 거듭해오고 있는 바로 그 현장에 왔다는 느낌이 뚜렷해진다.

출퇴근 버스처럼 붐비는 아랍 버스를 타고 예루살렘에 도착하니 바로 코 앞에 옛시가지로 들어가는 일곱개 문중의 하나인 다마스쿠스 문이 눈에 들어온다. 고풍스러운 돌문 주위에 아랍 상인들이 좌판에 과일과 채소, 잡화를 늘어놓고 분주하게 팔고 있는 게 인상적이다.

예루살렘의 3/4은 아랍인

예루살렘은 이상한 매력이 있는 도시다. 우리나라 사람들에게는 기독교 영향력이 크기 때문에 기독교의 성지로만 알려져 있는데 사실은 예루살렘 구시가지의 4분의 3이 아랍인 지구다. 그뿐인가. 예루살렘의 상징인 황금지붕은 바로 회교도 최고의 성지인 회교 사원이라는 사실을 아시는가.

예루살렘은 이지역 모든 종교의 성지이자 모든 민족의 고향이다. 기원 전 10세기경 다윗이 이곳을 유대인의 수도로 정하고 그 아들 솔로몬이 화려한 신전을 지었다. 이것이 기원 후 70년 로마군에 의해 파괴돼 지금은 그 북쪽 벽만 남아 유명한 '통곡의 벽'이라는 이름으로 유대교의 성지가 되고 있다.

기독교 쪽에서 보면 예루살렘은 예수가 당나귀를 타고 입성해서 십자가를 지고 길을 걸어 골고다 언덕에서 처형된 기독교의 성지지만 회교 쪽에서 보면 또 그들의 가장 중요한 성지다.

모하메드가 천사 가브리엘의 도움으로 하룻밤에 메카에서 날아와 모든 예언자들을 만나고 신의 계시를 받았다는 성지 엘 아크 사원이 여기 있기 때문이다.

예루살렘 구시가지에는 온갖 문화와 종교, 역사의 시간대가 널려있다. 아랍지역에 꼬불꼬불한 길을 따라 다닥다닥 붙어 있는 작은 가게들에서는 이들에겐 일상용품이나 내게는 신기하기만한 물건들을 팔고 있다.

새벽에 회교 사원에서 울리는 북소리에 잠을 깨면 이어서 교회 종소리가 들리고 유대인들의 안식일에는 집집마다 노래소리가 흘러나온다.

이런 종교와 문화가 있기 때문에 예루살렘에는 마치 오래 된 수도원이나 고승이 거처하는 절에서와 같은 경건한 느낌이 배 있다. 수천년간 유대인과 회교도, 기독교도들이 진심으로 하늘에 대고 기도한 때문이라고 생각한다.

유대교와 회교와 기독교는 결국 뿌리는 하나라고 한다. 회교도들이 믿는 알라신은 유대교나 기독교에서 믿는 유일신인 하나님과 같은 신이다. 회교의 코란에 나오는 아담부터 모하메드까지 28명 선지자 가운데 21명은 성경과 똑같은 선지자다.

유대교는 '토라'라는 구약을 성전으로 삼으며 기독교는 이 구약에 신약을 더하여 성전을 삼고 회교는 이 구약에다가 마지막 예언자 모하메드가 하늘의 계시를 받아 썼다는 코란을 성전으로 삼는다. 그러니까 세 종교 모두 구약으로부터 출발한 셈이다.

'한 손에는 칼, 한 손에는 코란'이라고 해서 도발적이고 침략적인 이미지로 우리에게 소개된 회교 원리는 사실은 친 이스라엘 서방측이 왜곡한 악선전이다.

이것은 회교도의 의무 중 성전의 의무를 잘못 해석한 것인데 어느 종교나 그렇듯 무신앙을 개조시키려는 의무도 포함되어 있지만 자신의 욕망과 나쁜 마음을 다스리라는 의미가 더 큰 말이라는 것이다.

올해부터 우리나라 교과서에서 이 말이 빠진다고 하니 늦게나마 다행이다. 나는 물론 회교도는 아니지만 하나의 훌륭한 종교가 무지와 편견 때문에 형편없이 잘못 전해지는 것은 정말 옳지 않은 일이다.

잠깐 있으려던 예루살렘에서 예상외로 열흘이나 묵었다. 갈릴리 호숫가, 골란고원, 에티오피아에서 만난 친구의 키부츠 등지를 다니다가 다시 예루살렘에서 일주일을 더 있었으니 이곳에서 보름 넘게 머무른 셈이다. 예루살렘은 오래 있으면 있을수록 점점 볼거리가 많아지는 이상한 도시다.

구도시안에 있는 교회와 사원과 시장 안을 어슬렁거리다가 힘이 들면 찻집에 앉아 이웃가게 아랍 상인들과 잡담을 나누고 어떤 날은 구시가지가 한눈에 내려다보이는 올리브산 꼭대기에 앉아 신비로운 도시에 해지는 경치도 보곤 했다.

어느날 저녁 늦게 숙소에 돌아오니 TV에서 완전 성인용영화를 방영하고 있었다. 주말이라 그런가? 실오라기 하나 걸치지 않은 남녀가 갖가지 장면을 연출한다.

여러 종교의 성지 중의 성지인 예루살렘에서 공개적으로 보는 진한 포르노 영화. 어딘가 아귀가 맞지 않는 것 같다. 그런들 어떠랴. 히브리어로 나와서 알아들을 수는 없지만 알아듣지는 못해도 알 만한 내용의 포르노 한 편을 밤 늦게까지 잘 보고 잤다.

내가 묵은 숙소는 옛 시가지 안의 아랍 지구 중심에 있었는데 일본 가이드 북에 좋게 소개되어서인지 투숙객의 3분의 1 정도가 일본 사람들이었다.

이 호텔 매니저가 나도 일본인으로 알았는지 여덟명이 쓰도록 되어 있는 방식구 전부가 일본 사람인 기숙사에 나를 배치해 주었다. 꿩 대신 닭이라던가, 같은 동양인이라는 것만으로도 유대감이 생겨 우리방 친구들은 며칠 동안 참 잘 지냈다.

명예를 목숨처럼 지키는 베두인들

다시 요르단으로 건너와 베두인족 마을을 방문했다. 암만에서 차를 다섯번이나 갈아타고 가야하는 알 마줄레 마을. 종희씨 친구네 집은 뜨거운 바람이 부는 벌판 한가운데 염소털로 촘촘히 짜서 만든 담요 텐트를 치고 살고 있다. 바로 텐트 옆에는 시멘트로 제법 잘 지은 건물이 있는데 한쪽은 창고로 사용하고 한쪽은 개와 양이 살고 있다. 좋은 집은 동물에게 내주고 사람은 텐트에서 야영생활을 하고 있는 것이다.

종희씨와 함께 텐트에 들어서니 얼굴에 문신을 한 아주머니가 반갑게 맞으며 몸을 기댈 방석과 차를 내놓는다. 베두인은 이집트부터 사우디아라비아에 이르는 사막에서 양이나 염소, 낙타들을 키우며 사는 유목민의 총칭. 정직하고 직선적인 성격에 한번 한 약속은 반드시 지키며 명예와 체면을 존중하는 사람들이다. 자기의 뿌리를 소중하게 생각해서 베두인이라는 데 대해 대단한 자부심을 가지고 있다.

이들은 손님대접이 융숭하기로 소문이 나있다. 자기 천막 안에 발을 들여놓은 손님은 온갖 정성을 다해 대접한다. 보통 차 대접은 그집 아들들이 하는게 전통이다. 베두인들은 일단 자기 집에서 차를 마신 사람은 그가 눈 앞에서 사라질 때까지, 식사를 한 사람은 하루 밤 하루 낮을, 하룻밤 묵은 사람은 사흘 밤 사흘 낮을 집주인이 책임을 지고 지켜주어야 한다.

그 손님이 쫓기는 사람이라면 그를 쫓는 사람과 목숨을 건 한판 싸움도 불사할 정도로 손님을 중하게 여긴다.

이 베두인들은 염소털로 촘촘하게 짠 진한 고동색의 담요를 이어서 텐트를 만드는데 한쪽은 부엌으로 쓰고 다른 한쪽은 긴 깔개를 깔아 응접실로 쓴다. 이 텐트는 신기하게도 사막의 더위를 잘 막아줘 시원하고 비가 와도 털의 기름기 때문에 물도 안 새고 겨울에는 방한이 잘 된다고 한다. 보통 양 스무마리 정도의 가격이라고 하는데 아주 튼튼해 대를 물려 쓸 수 있단다.

이들은 양고기에 양젖을 짜 그대로 먹거나 버터, 요구르트 등을 만들어 먹으며 양 똥을 말렸다가 연료로 쓰고 양털로 옷과 살림집기를 만들기 때문에 모든 물질적 가치가 양으로 계산된다. 그러므로 이들의 생활도 자연히 양과 함께 전개된다.

아침에 일어나면 양젖에 밀가루 빵을 먹고 양들을 데리고 나가 하루종일 풀을 뜯기고 해가 지면 양들을 데리고 와 물을 먹여 우리에 집어넣고 우리가 잘 보이는 곳에서 양을 지키면서 야영을 한다. 그러다가 근방에 먹을 풀이 떨어지면 텐트를 싸들고 목초지를 찾아간다.

다음날은 이 동네 결혼식. 이들도 사촌끼리 결혼이 가능한데 재산의 분할을 막고 자기 종족을 퍼뜨려 세력을 키우려는 목적 때문에 씨족 결혼을 장려한다고 한다. 여기는 전통적인 모슬렘 마을이고 외부 사람들과의 접촉도 거의 없는 곳이기 때문에 옷차림에 신경을 써야 한다는 말을 듣고 이 집 아줌마의 베두인 옷을 빌려입고 결혼식장에 갔다.

이 검은 베두인 옷은 놀랍게도 공기가 하나도 안 통하는 두꺼운 천으로 만들었는데 그 안에 긴 나일론 속치마, 또 그 안에 발목까지 오는 면으로 된 내복을 입는다. 거기에 양말을 신고 머리에는 두꺼운 스카프를 써야 정장이란다. 보기만 해도 땀이 흐른다. 땡볕 더위에 이런 옷을 입고 어떻게 견디나? 공짜 사우나를 하는 셈 치고 비지땀, 구슬땀을 뻘뻘 흘리며 잔칫집으로 갔다.

시꺼먼 베두인 옷에 두건까지 쓰고 식장에 턱 나타나니 그야말로 시선집중. 씨족끼리 결혼해 퍼뜨린 동네 사람이 모두 친척인데 아이들과 아줌마들은 환호성을 지르며 좋아했다. 자기네 옷을 입고 있으니까 물론 자기네 말을 할 수 있으리라고 생각했는지 애고 어른이고 다투어 나를 붙들고 한마디씩 한다. 아랍어가 짧은지라 아는 말에는 대답을 하고 모르는 말에는 무조건 "아이와"(예)라고 할 수밖에. 그런데도 사람들은 똑같은 말을 묻고 또 묻고 했다.

결혼식장 한쪽에서는 동네 아줌마들이 장작불을 지펴놓고 음식 만들기에 바빴다. 나중에 내오는 걸 보니 쌀에 향료를 듬뿍 치고 양고기와 잘 섞어 쪄서 그 위에 양젖으로 만든 요구르트 국물을 얹은 것이다. 이게 이곳의 전통 결혼식 음식이라고 한다. 여기서도 여자는 여자끼리, 남자는 남자끼리 따로 둥글게 모여앉아 손으로 밥을 집어 먹는다.

식사 후 누군가 장구를 치면서 결혼식 분위기는 무르익었다. 이어서 흥겨운 아랍 리듬으로 고수가 북을 두드리자 남자들 여남은 명이 나와 군무를 춘다. 그러자 방안에 있던 여자들도 질세라 북을 두드리며 가락에 맞춰 신부 주위를 빙빙 돌며 춤을 춘다. 흥이 고조되자 나까지 끌어들이는데 나도 신이 나서 금방 배운 리듬에 따라 몸을 흔들었다.

차를 마시며 잠깐 앉아 있자니까 어디에서 모였는지 동네 꼬마 한 20명 정도가 나를 둘러싸고 뭐라고 뭐라고 얘기를 하고 싶어했다.

둘러보니 모두 다 눈 코 입이 또렷하고 예쁜 얼굴에 천진하기 짝이 없는 모습들이었다. 이 아이들하고 좀 놀아주고 싶은 마음이 생겼다.

"너희들 중에 모하메드 손 들어봐!"

아니나 다를까. 3~4명이 손을 든다.

"그러면 아하무드는?"

또 2명

"무스타파도 있지?"

그러니 1명. 이름을 호명받은 아이들이 좋아서 어쩔줄을 모른다. 아랍 남자들의 이름은 모하메드, 아하무드 등 열 개 미만이 적어도 전체의 30%는 차지하고 있다는 걸 다니면서 알게 되었다.

　며칠 동안 사막의 베두인 텐트에서 수없이 많은 차를 마시고 밤이면 별똥 떨어지는 걸 원없이 보고 암만으로 돌아왔다. 시리아로 갈 준비를 하다가 대사관 직원 황정미씨와 여행사 사장 손종희씨에게 붙잡혀 열흘이나 퍼질러 놀았다.

　"이렇게 얼굴을 엉망으로 해가지고 어디 가서 창피하게 한국 사람이라고 하지 말아요."

　입심좋은 손종희씨는 이렇게 놀리면서 사해에서 가져온 진흙으로 열심히 팩을 해주고, 음식솜씨 좋은 황정미씨는 갖은 솜씨를 다해 내 입을 즐겁게 해준다. 느긋하게 긴장은 물론 전대까지 풀어놓고 실컷 놀았다. 고마워요, 정미씨 종희씨.

칠겹살 시리아 여자들과
알몸으로 사우나

1,700년 전에 번창했던 '대추야자의 마을'
팔미라의 옛날 도시 한가운데.

북한의 맹방 시리아, 남한 사람에게는 비자거부

"남한 국민에게는 비자를 발급하지 않습니다."

요르단 암만에 있는 시리아 대사관에서는 한마디로 이렇게 잘라 말했다. 시리아는 김일성 사망 때 3일장동안 조기를 게양할 정도로 북한과 각별한 사이라 대한민국 국적을 가진 사람에게는 '특별한 이유'가 없는 한 여행비자는커녕 경유비자도 안 내준다는 것이었다.

시리아를 못들어가면 이스라엘에서 배를 타고 터키로 가면 되겠지만 이 나라가 갑자기 '못 가는 나라'가 되니까 더욱더 '가보고 싶은 나라'가 된다. 무조건 한국대사관 영사과를 찾아가 떼를 썼더니 한국회사를 소개해 주었다. 이 회사에서 출장증명서를 발급하고 국경 출입국 관리소에 팩스를 보내놓으면 이게 바로 '특별한 이유'가 된다는 거다.

황정미씨와 손종희씨의 적극적인 로비 덕택에 나는 얼굴도 모르는데 삼성전자 직원이 되어 출장증명서를 가지고 시리아 국경을 넘을수 있었다. 삼성전자 지사장님 정말 감사합니다.

국경에서 가짜 비즈니스 우먼이 되어 한껏 무게를 잡고 있는데 출입국 관리실 사람들은 혼자 다니는 한국 여자는 처음 보는 모양인지 이런저런 개인적인 질문만 한다. 생글거리며 최대한 상냥한 태도를 보였더니 젊은 직원이 윙크까지 하면서 입국도장을 찍어준다. 꽝꽝 꽝꽝! 시리아의 문이 열리는 소리다.

국경에서 버스로 두 시간 거리에 있는 다마스쿠스. 나는 이상하게 어릴 때부터 이 이름에 큰 매력을 느껴왔다. 다마스쿠스라는 이름에는 뭔가 설명할 수 없는 신비로움이 깃들여 있는 것 같았다. 기원 전 5000년 때부터 사람이 살았다는 도시. 기원 전에는 페르시아의 중심이었고 알렉산더 대왕 때는 그리스의 중심지, 로마시대에는 동방의 중심지, 그리고 회교도의 시대에는 아랍의 중심지인 다마스쿠스. 요충 중의 요충인 이 다마스쿠스가 보고 싶어서 나는 직장여성으로 보이도록 평소에는 입지도 않던 긴 원피스를 입고 머리 드라이까지 하고 얌전을 떨며 국경을 넘은 거다.

시내에 도착해서 동서남북이 헷갈려 헤매고 있으니까 잘 생긴 청년이 어디 가느냐고 물었다. 그래서 시내 중심에 있는 호텔 이름을 대니까 두말없이 내 작은 배낭을 번쩍 들고 앞장을 섰다.

인도나 페루에서 이런 일이 벌어졌다면 나는 그 자리에서 '가방도둑이야' 소리를 질렀을 테지만 여기는 아랍. 아랍인들에게 이런 친절은 너무도 당연한 일이다. 그 청년도 십중팔구 자기 길이 아닌데도 호텔까지 1킬로 정도를 데려다 준 게 분명하다. '슈크란'(고마워요) 돌아서는 청년에게 인사를 했더니 '아프환'(천만에요)하면서 오른손을 가슴에 갖다댔다.

그러나 실상 예루살렘이라는 살아있는 박물관을 보고온 직후여선가, 다마스쿠스 도시 자체에서는 별재미를 보지 못했다. 옛 성안에 있는 무지막지하게 크고 장식이 아름다운 사원 말고는 재래식 시장이나 아랍 궁전도 성에 차지 않는다.

시리아는 요르단보다 더 보수적인지 여자들이 눈도 안내놓고 까만 천으로 얼굴을 몽땅 뒤집어 써서 앞뒤가 분간이 안되는 모습이다. 창문도 없는 움직이는 검은 텐트라고나 할까.

신앙심 깊은 팔레스타인 난민들

다음날 팔레스타인 출신 여자 대학원생 합사네 집을 찾아갔다. 요르단 대학에서 중동고대사를 공부하고 있다고 요르단 종희씨에게서 소개를 받은 친구다. 합사는 자그마한 키에 파란 눈의 청순한 미인이다. 그녀의 가족은 이른바 팔레스타인 난민. 1948년 팔레스타인 지역이 하루 아침에 이스라엘 손으로 넘어가자 빈 손으로 집을 쫓겨나 지금까지 떠돌고 있는 사람들이다.

이들은 자녀 교육을 최상의 목표로 여기며 매우 부지런해서 아이들을 거의 대학에 보내고 대부분 중상층의 생활을 하고 있다.

합사네 가족은 시리아로 피신했다가 쿠웨이트로 가서 살았는데 6년 전 걸프전 때 전쟁을 피해 시리아로 다시 넘어오는 파란만장한 고난을 겪었다고 한다. 그런 속에서 이집 부모들은 5남5녀를 훌륭히 키우고 지금은 은퇴하여 시골에서 채소농사를 짓고 있었다.

그렇다면 그 시골을 찾아가보지 않을 수 있나? 다마스쿠스에서 버스로 한시간쯤 걸리는 시골집은 상상과는 다르게 뜨거운 물에 가스 레인지, 세탁기까지 있는 현대식이다. 멀리 한국에서 찾아간 손님을 반갑게 맞는 시골집에는 마침 외할머니와 외삼촌까지 와 있었다.

이 외삼촌이 바로 얼마 전까지 팔레스타인 해방기구(PLO) 대변인이었던 분이다. 차를 마시며 자연히 이야기로 듣는 팔레스타인 투쟁사 강의가 시작되었다. 나로서는 PLO쪽 이야기를 들을 수 있는 절호의 찬스이므로 시간가는 줄 모르고 메모까지 해가면서 열심히 들었지만 독자들은 혹 지루할지 모르니 간단히 요약하자.

팔레스타인은 로마시대에 무장반란을 일으킨 이스라엘 백성들을 외국으로 내쫓고 그 땅에 아랍인들을 정착시킨 곳이다. 여기서 2천년간 유대인들과 아랍인들은 분쟁없이 평화롭게 살아왔다. 그러다 19세기 후반 유대인 시온주의자들이 이 땅에 이해관계가 걸린 영국을 등에 업고 이스라엘 건국의 꿈을 키웠다.

팔레스타인은 영국의 막강한 지원을 받는 시온주의자들과 기나긴 투쟁을 벌였으나 결국 이 땅을 빼앗기고 6백만 팔레스타인인은 졸지에 유랑자 신세가 되었다. 그 후 영국 대신 미국의 후원을 받은 이스라엘에 결정적으로 6일전쟁에서 대패해 팔레스타인은 패망의 길을 걷게 된다(최근 팔레스타인은 이스라엘과 자치지구 협상중이며 총선을 치러 아라파트를 지도자로 선출, 세계 정치 무대에서 테러리스트 집단이 아닌 국가로 인정받게 되었다).

"우리가 수천년 잘 살고 있는 땅에 어느날 갑자기 외세를 업은 유대인들이 쳐들어와 우리를 몰아냈습니다. 그러나 지금 상황에서 우리가 바라는 것은 다만 외국의 간섭없이 옛날처럼 유대인과 우리들이 서로의 종교와 문화를 존중하며 평화롭게 사는 겁니다. 한가지 전제는 우리는 어떤 경우에도 예루살렘을 내 줄 수는 없다는 겁니다."

외삼촌은 그 말로 강의를 끝냈다. 우리가 한국에서 듣는 세계정보라는 게 미국을 비롯한 이스라엘과 이해관계가 있는 서방을 통한 것이어서 때로는 진실이 왜곡되고 때로는 사실과 거리가 먼 경우도 많이 있어왔다. 바로 그 대표적인 예가 팔레스타인 문제가 아닌가 한다. 그래도 아라파트가 미국과 직접 협상을 벌이는 등 팔레스타인의 정치적 입지가 좋아진 지금, 미흡하나마 양쪽의 얘기를 전에 비해 균형있게 들을 수 있게 되어 다행이다.

아침이 되자 합사의 부모는 일찍 일하러 나갔다.

"사람은 일할 수 있을 때가 가장 행복한 거요."

허드렛옷을 입고 일찍 밭으로 나서면서 아버지는 이렇게 말했다. 참으로 건강한 삶을 사시는 분이다. 나도 늦잠을 잘 수 없어 합사의 헌옷을 빌려 입고 밭에 나가 주렁주렁 탐스러운 가지를 땄다.

일흔다섯 되신 합사 외할머니는 또 얼마나 부지런하고 신앙심이 깊은 분인지. 쉬지않고 집안을 쓸고, 닦다가 나와 눈이 마주치기만 하면 "알 함두렐라, 왈라히, 알 함두렐라"(알라께 감사드려요. 정말로 고마우신 알라)라고 한다. 자기가 믿는 신에 대해 저렇게 확신을 가지고 정성을 다 할 수가 있나? 집안 식구 모두 그렇다. 하루에 다섯번씩 메카를 향해 기도를 하는 것은 회교도의 4대 의무중의 하나인데 기도할 때마다 몸을 깨끗이 씻어야 하기 때문에 목욕실은 하루종일 사용중. 이것은 자기 신에 대한 경외감을 표현하는 일면일뿐 일상생활에도 종교적인 진지함이 속속들이 배어 있다. 이렇게 내가 만난 모슬렘들은 아주 순수하고 평화적이며 경건한 사람들이었다.

이 집에서 사흘을 묵고 합사와 함께 다마스쿠스로 돌아왔다. 합사가 방학이 끝나 요르단으로 돌아가기 전날 우리는 밤을 새우며 이야기를 하고 합사가 가진 멋진 팔레스타인 고유의상도 입어보고 서로 얼굴에 신경쓰자고 맹세(?)하며 달걀마사지까지 했다. 어렵게 얻은 15일간의 시리아 비자를 이렇게 일주일을 썼으니 남은 8일간은 시리아의 볼거리라는 팔미라, 하마, 알레포를 발바닥이 닳도록 돌아다녀야겠다.

대추야자의 마을 팔미라

다마스쿠스에서 시리아 최대 유적지라는 팔미라로 가는 길은 세시간 정도 사막을 달려왔는데도 마을이 나타날 기미가 보이지 않았다. 이런 망망한 사막에 무슨 유적지가 있을까. 막 실망을 하려는 차에 멀리 대추야자가 우거진 마을이 나타난다. 아랍어로 팔미라는 '대추야자의 도시' 라는 뜻. 이름처럼 대추야자가 먼저 손님을 맞는다.

여기서부터 다음 물이 있는 곳까지는 서쪽으로 150킬로미터, 동쪽으로는 200킬로미터라고 하니 그 옛날 비단, 향료 등을 낙타에 가득 싣고 가도가도 끝없는 사막을 여행하던 대상들은 멀리서 보이는 이 대추야자수 우거진 오아시스가 얼마나 반가웠을까.

팔미라에서는 제노비아라는 꺽달진 여왕의 이름을 떠올리지 않을 수 없다. 그리스와 아랍 피가 반반 섞인 혼혈로 클레오파트라 빰치는 미인이었던 제노비아는 야망 때문에 왕인 남편을 죽이고 스스로 여왕이 되어 로마를 공격하다가 패망하고 말았다.

이때부터 기울기 시작한 팔미라는 후에 모슬렘 손에 들어갔다가 1089년 지진으로 폐허가 되고 만다. 현재의 팔미라는 최근에 발굴, 재건한 것이다.

시리아 최대의 유적지라고 해도 마을 구석구석이 아직 때묻지 않은 순수함을 간직하고 있음을 한눈에 알 수 있었다.

배낭족에게 유명한 뉴 투어리스트 호텔에 들어가자 젊은 매니저가 '곤니치와' 하고 인사를 해온다. 이놈의 곤니치와, 어딜 가나 곤니치와다. 아프리카나 아랍 사람들은 모두 나만 보면 일본사람으로 여긴다. 그만큼 일본 여행자는 많고 한국 여행자는 보기 어려운 탓이다.

나는 "안녕하세요"라고 한국말로 인사를 하고 "난 한국 사람이에요" 했더니 눈이 휘둥그래지면서 급히 책상 서랍에서 방명록을 꺼내놓는다. 여기를 거쳐간 여행객들이 간단한 여행정보나 소감을 메모 형식으로 적어놓은 그 방명록에 매니저가 펼쳐준 페이지를 보니 놀랍게도 거기에 한국 이름이 적혀 있다. 지난 3월 이곳을 다녀간 홍지연씨.

'여기까지 오시면서 큰 어려움은 없으셨는지요.'

이렇게 시작되는 홍지연씨의 한 페이지가량 되는 한국어 메모는 깔끔하면서도 정이 가득 담겨 있었다. 어찌나 반가운지. 그 메모를 연애편지라도 되는 양 읽고 또 읽고 소리내어 읽으니까 매니저가 아는 사람이냐고 묻는다.

"그럼요. 한국 사람은 한민족, 한 핏줄. 전부 친척이에요."

재작년 인도여행 이후 근 2년동안 한국인 여행자는 한 명도 만나지 못한 터에 이처럼 나보다 먼저 다녀간 여행객이 있다니 정말 반가웠다. 여행지에서 만나는 동료 여행객이라고 밤낮 유럽 사람 아니면 북미나 오스트레일리아 사람이고 기껏해야 일본 사람이었는데 편지로나마 동족을 만나니 옛날부터 아주 잘 알던 사람을 만난 듯했다.

우리의 젊은이들도 세계를 많이 돌아다녀서 우물안 개구리를 벗어나 세상을 보는 눈을 넓혔으면 한다. 더불어 세계와 어깨를 나란히 할 수 있다는 자신감과 세계가 전부 내집이라는 호연지기도 함께 키웠으면 하는 바람이다.

팔미라는 특히 무너진 옛날 석조건물 사이로 보는 일출과 산꼭대기에서 보는 일몰이 일품이라는 매니저의 말은 하나도 틀린 말이 아니었다. 한시간 정도 걸어서 산꼭대기에 올랐는데 그날은 구름이 끼어 일몰을 볼 수 없었지만 멀리까지 보이는 허허벌판에 누런 모래사막과 푸르게 우거진 대추야자수가 멋진 대조를 자아냈다.

다음날 새벽의 일출은 어제 못본 일몰을 보상이라도 하는 듯 참으로 아름다웠다. 해뜨고 난 후 한시간동안 부드러우면서도 신선한 햇살이 7백미터 정도 열병하듯 서 있는 돌기둥을 비출 때는 정말 환상적인 분위기. 수천년 전의 그 화려했던 제노비아의 영화가 그대로 살아나는 것 같았다.

따뜻한 햇살을 즐기며 제노비아 신전 뒤에 있는 야트막한 언덕에 올라가 앉으니 팔미라가 한눈에 들어온다. 바로 앞에 보이는 제노비아신전, 7백미터 돌기둥길, 그 옆으로는 로마식 극장, 옛날 장터, 길 끝에는 성 입구를 지키는 아치 그리고 저 멀리 이 지역 신인 벨을 모셨던 벨 신전까지.

바람부는 언덕 위에서 바람을 피해 큰 바위 뒤에 몸을 숨기고 해가 머리 꼭대기까지 올라와 눈이 부실 때까지 넋을 놓고 앉아있었다. 이른 아침이라 보이는 사람이라곤 양을 몰고 가는 베두인 처녀뿐. 눈을 감고 아득한 옛날 그때를 상상해본다. 수백 킬로미터의 길고 뜨거운 사막을 가로질러 온 대상들이 이곳에서 낙타에게 물을 충분히 먹이고 자신도 대추야자수 그늘에 앉아 차를 마시며 유유자적 쉬고 있는 모습을.

버스에서 만난 영국인 변호사와 오아시스 마을을 돌아다녔다. 어떻게 이런 사막 한가운데 대추야자와 빨간 석류가 주렁주렁 열리고 여러가지 꽃들이 활짝활짝 피어있는지 신기하기만 하다. 팔미라 최고의 기념품은 유적지가 그려진 구리접시나 모형물이 아니라 바로 여러 색깔의 대추야자다. 그 신기한 야자수들 사진을 마구 찍어대고 있자니 지나가던 동네 아저씨 한 명이 얼른 대추야자나무에 올라가 잘 익은 대추 몇개를 따다가 손바닥에 올려 놓는다.

"슈크란!"

우리나라 대추보다 두세배 큰 이 오아시스 대추를 한 입 베어 먹어보니 아주 부드럽고 꿀에 절여놓은 듯 달다.

다음날 서른다섯살의 노동법 변호사 데이빗과 팔미라를 떠나 이틀간 하마를 돌아보았다. 하마는 십자군 일차원정 때 지었다는 8백년 전 모습이 그대로 남아있는 십자군성과 로마시대 때 강물을 끌어올려 도시 전체에 물을 공급했던 초대형 물바퀴가 유명하다.

그러고는 데이빗과 함께 시리아 마지막 방문지인 알레포로.

휴가중인 이 영국인 변호사는 원래 고급 호텔에서 묵으며 고급관광을 다니는 사람인데 어쩌다 나를 만난 후로 처음으로 현지인 식당에서 현지인들과 현지인 음식을 먹고, 화장실과 샤워를 공동으로 사용하는 배낭족 기숙사에서 잠을 자고, 현지인들 사이에 끼어 완행버스를 타고 다니는게 참 재미있다며 줄곧 나를 따라다니고 있다. 내 덕에 자기는 준비한 여행경비를 반의 반도 쓰지 않았다면서 알레포를 떠나기 전날 근사하게 저녁을 한턱 냈다. 이곳에서 제일 좋은 식당에서 여러가지를 포식하고 알레포 명물 통비둘기 구이도 먹었다.

"데이빗씨는 비둘기 고기가 대단한 정력제라는 것 아세요?"

"아, 그래요? 아랍 사람들 정력이 좋다고 소문 났던데 이 비둘기 고기 때문인가 보죠?"

"이집트에서는 신혼부부에게 친정 어머니가 한달간 비둘기 요리를 해주는 풍습이 있어요. 한국에서는 사위에게 닭잡아주는 게 보통인데. 또 비둘기 외에도 올리브 열매와 파스타치오라는 견과류가 아랍 사람들의 전통적인 정력제랍니다."

"비야씬 미혼이면서도 정력제에 대해 아는 게 많군요."

"한국에는 서당개 삼년이면 풍월을 읊는다는 말이 있어요. 한국 남자들이 하도 정력제 정력제 하니까 저절로 관심이 갔던가 봐요."

"한국에서는 정력제로 무얼 먹나요? 나도 정력제가 필요한 나이가 되면 먹어야하니까 참고로 알아두어야할 거 아녜요.?"

"말해줘봤자 당신은 죽었다 깨나도 못먹을 것들이에요."

"왜 그러세요. 나도 무엇이든 잘 먹는 편이라구요."

"그럼 한번 들어볼래요? 음, 뱀장어, 해구신, 사슴피, 곰쓸개, 까마귀고기, 굼벵이 그리고……"

바싹 다가앉아 열심히 듣던 데이빗의 얼굴이 점점 일그러졌다.

알레포의 으리으리한 사우나

알레포에는 유명한 아라비아식 목욕탕 '알 나스리 하맘'이 있다. 1491년 오스만 터키 때 지은 것으로 우리나라 최고급 호텔 사우나는 저리 가랄 만큼 고급 시설이 으리으리하다. 사우나라면 자다가도 벌떡 일어나는 내가 여기를 빠뜨릴 수는 없지.

거금 340시리안 파운드(우리돈 5,500원 정도)를 마다않고 들어갔다. 이 요금에는 때밀이값과 마사지 요금, 음료값까지 포함되어 있다. 이 사우나에 여자가 들어갈 수 있는 날은 목요일, 토요일 오전 9시부터 오후 5시까지다.

사우나에는 아름답게 장식한 커다란 홀이 있고 홀 가장자리에 고급스런 칸막이를 치고 칸마다 소파와 테이블이 있다. 홀 중앙에는 아담한 분수, 천장에는 멋진 아랍식 샹들리에가 달려있다. 옷을 벗고 타월과 비누 등을 받아가지고 꼬불꼬불 미로를 한참 지나니 맨 끝에 타일로 예쁘게 장식한 작은 홀이 나온다.

돌로 만든 물통에 따뜻한 물을 받게 해놓았다. 이곳에서 비누로 몸을 씻고 사우나실로 들어갔다. 그러나 웬걸, 이건 사우나가 사람 덕을 볼 정도로 미지근하다. 더구나 시리아 여자들은 그것도 덥다고 문을 열어놓아 오히려 몸이 서늘해진다.

'이렇게 백년 있어봤자 땀은 커녕 고드름만 달리겠다' 고 투덜거리는데 마사지 아줌마가 빨리 나오라고 손짓. 그러더니 딱딱한 수건으로 온몸을 빡빡 미는데 생살이 벗겨지는 듯 아프다.

"아이구 아파라. 좀 살살 밀어요."

그러나 이 시리아 여자가 영어를 알아듣지 못하니 아픔을 참을 수밖에. 5분도 안돼 다 끝났다고 사우나실로 밀어넣는다. 그 새 무슨 때를 밀어. 그런데 5분도 안돼 또 나오라고 한다. 이번에는 전신마사지라고 해주는데 대강대강 얼렁뚱땅. 제 나라 사람 아니라고 순엉터리로 대충 만져주더니 끝이다.

어떻든 공식적인 과정은 일단 끝났으니 나 혼자 내 식으로 다시 시작하려고 사우나실에 들어갔더니 하마 같은 아줌마, 아가씨들이 하나 둘 들어온다. 어떻게 여자 몸이 저렇게 크고 뚱뚱할 수가 있나. 삼겹살은 커녕 칠겹 팔겹은 될만큼 뱃살이 겹겹이 붙은 집채만한 여자들 사이에 앉으니 내 몸은 유치원 어린이 같다.

이곳 중동 남자들은 서양식으로 깡마른 여자들 보다는 우리가 보기

에는 한 20킬로쯤은 빼야될 것 같은 살진 여자들을 좋아한단다. 한마
디로 육덕이 있어야 한다는 얘기다. 아까 나를 마사지하던 아줌마가
내 몸을 보고 한심하다는 듯이 혀를 끌끌 차면서 "마피쉬 마피쉬"(살
이 하나도 없네)하던 것도 당연하다.

  그러니 저 여자들이 온몸을 검은 천으로 감싸고 다니기 망정이지
저 몸에 딱 붙는 서양옷을 입는다면 참 가관일 것 같다.

  워낙 아이를 많이 낳아서 그런가. 어떻든 평소에는 얼굴도 보기 어
려운 아랍 여자들과 발가벗고 함께 알몸으로 앉았다는 자체가 내겐
색다른 체험이었다.

모스크바
강도보다 더 무서운 경찰

햄버거를 사려고 한겨울 추위도 아랑곳 않고
줄을 선 모스크바 사람들.

무표정 무관심 무반응

"방금 탑승 수속하신 사람과 동행이세요?"

"아뇨. 일행이 없는데요. 왜 그러세요?"

"아, 한국 사람이시기에 아까 그 한국분과 동행인 줄 알았어요."

이스탄불과 모스크바를 오가는 이름도 없는 항공사의 싸구려 전세 비행기. 뜨고 내리는 시간이 아주 불편하고 서비스가 빵점인, 그래서 표값이 일반 비행기의 삼분의 일밖에 되지않는 이 특별 비행기에 나 말고 다른 한국 사람이?

새벽 한시에 떠난 비행기가 모스크바에 도착하니 새벽 네시. 있는 옷을 겹겹이 껴입고 내리려는데 맨 뒷좌석에 누군가 자고 있다. 쓰고 있는 모자에 '좋은 친구'라는 한글상표가 선명하다.

"한국분이시죠? 모스크바에 다 왔어요."

이렇게 알게 된 사람이 러시아에 유학온 항공기 공학도 강상수군. 겨울 방학을 이용해 터키를 여행하고 오는 중이란다. 강상수군 덕분에 모스크바의 살인적인 추위와 살인적인 물가 그리고 살인적인 불친절 속에서 목숨을 부지할 수 있었으니 이름하여 그는 내 모스크바의 파수꾼.

어느 나라나 도착해서 처음 얼마동안은 생소함으로 당황하게 되는데(사실은 이 당황하는 며칠간이 여행의 묘미다) 러시아는 그 정도가 너무 심하다. 러시아 사람들의 무표정, 무관심, 무반응은 혹독하기 이를 데 없다. 우선 사람들은 웃지를 않는다. 옆을 보지도 않는다. 지하철 안에서도 부동자세. 열심히 연습한 러시아 말로 한껏 미소를 띠고 물어보아도 본 척도 않는다.

그 정도는 또 다행. 물어보기도 전에 "야 네 즈나~유"(난 그런것 몰라!) 소리를 꽥 지르며 지나가기도 한다. 세계여행을 하면서 물어보는 데는 이제 프로가 되었다고 자부하고 있었는데 여기서는 누구에게 물어봐야 구박을 안 당하나 눈치를 살피는 딱한 신세가 됐다.

물건을 살 때도 딱 한번에 사야지 이것저것 보여달랬다가는 당장 날벼락. 일단 돈을 내고 물건을 사고나면 환불이나 교환은 절대 불가. 통화를 하지 못해도 한번 들어간 전화토큰은 나오지 않는다. 아니, 아예 다시 나오는 환수 구멍이 없다.

기차역에서는 외국인 전용창구 여직원이 영어를 한마디도 못한다. 그 주제에 내가 러시아말 못 알아듣는다고 소리를 지르며 눈을 부라린다.

"야, 이년아, 아침부터 왜 큰소리야."

한국말로 걸직하게 욕을 해주고 돌아서는 발걸음이 영 불쾌하다.

지하철을 타고 옆에 탄 학생 같은 젊은이에게 모스크바대학역을 가르쳐 달랬더니 가만히 있는다. 알았다는 뜻인 줄 짐작하고 넋놓고 앉았다가 그 역이 지난 걸 나중에 알았다. 화가 나서 그 놈의 얼굴을 쏘아보았더니 '내가 너 길 가르쳐주는 사람이냐' 하는 표정으로 태연히 앉아있다. 나쁜 자식.

그동안 손님에게 너무나 친절한 중동 사람들에게 익숙해져 있다가 이런 일을 당하니 상대적으로 더 불친절하게 느껴지는지도 모르겠다. 이 모스크비치(모스크바 사람)들도 3년 전까지만 해도 이렇지 않았다고 한다. 공산당 치하라는 선입견과는 달리 여유가 있고 부드러웠는데 3년 전부터 물가가 폭등하고 세계에서 가장 안전했던 도시가 세계에서 가장 불안한 도시가 되면서 사람들이 변했다는 거다.

각계각층에 마피아들이 설쳐 정치, 경제를 이들이 장악하고 있고 지도자는 무능해서 민생이 말이 아니다. 실제로 유학중인 학생에게 물어보니 3년 전만 해도 1백달러면 네 식구가 안락하게 살 수 있었으나 지금 그 돈은 자기 한 사람 반달치 용돈도 안된다고 한다.

뛰어다니면 경찰에게 걸린다

해가 지면 주택가에는 길에 다니는 사람도 별로 없다. 여기서 현금을 많이 가지고 다니는 걸로 알려진 한국이나 일본 여행객 또는 학생들은 강도들의 좋은 표적이 된다고 한다.

나는 겁도 없이 매일 11시가 넘도록 지하철을 타고 돌아다녔는데 한번은 기숙사로 돌아오는 길에 역에서부터 수상한 놈이 따라왔다. 5백미터 달리기로 죽어라고 뛰어 기숙사에 돌아와 학생들에게 그 얘기를 하니 깜짝 놀란다.

"그곳은 사고다발지역이에요. 그러나 뛰어다니면 안돼요. 강도 피하려다가 강도보다 더 무서운 경찰한테 걸려요."

이건 또 무슨 이야긴가. 유학생들이 사는 기숙사는 큰 아파트인데 이 건물에는 전화가 없다. 그래서 한 학생이 다른 아파트로 전화를 걸러 갔다가 오는 길에 너무 추워서 뛰어서 돌아오다 경찰에게 걸렸단다.

"어이 학생. 왜 경찰을 보고 도망쳐?"

경찰은 엉뚱한 생트집을 잡아 결국 수십달러를 뜯어내더라는 이야기. 세계를 놓고 미국과 힘을 겨루던 초강대국의 면모가 오늘날 참으로 한심스럽게 되었다. 고르바초프의 실수 때문인가, 옐친의 무능 때문인가.

각오는 했지만 한겨울의 모스크바는 춥긴 또 왜 그리 추운지. 준비해간 옷이란 옷은 몽땅 껴입어서 움직임도 둔하게 밖에 나가면 10분도 지나지 않아 이빨이 저절로 딱딱 마주치고 골이 띵하다.

러시아 사람들이 이런 추위를 견디는 힘은 모자에서 나오는 것 같다. 하나같이 두툼한 털모자를 쓰고 다니는데 모자를 쓰면 정말로 온몸이 훈훈해진다. 체온의 70프로가 머리로 빠져나간다더니 그 말이 맞나보다. 그래서 이 사람들은 모자를 생명처럼 여긴다. 페테르부르크(레닌그라드)에 갔을 때 날씨가 조금 따뜻해져서(그래도 영하 15도) 모자를 벗고 다녔더니 길을 지나던 아줌마가 큰 소리를 지른다.

"이 아가씨야, 모자 어디갔어? 모자."

영하 30도를 밑도는 날에는 콧속에도 살얼음이 가득한데 눈만 오지않으면 젖먹이를 유모차에 태우고 시장에 나오는 엄마들도 많다. 동토의 나라에서는 어릴 때부터 이렇게 체력단련을 해야하나보다.

페테르부르크 오페라 하우스

설까지 집에 가겠다는 내 계획은 모스크바 주재 중국 대사관의 기가 막히는 비능률 때문에 무산되고 말았다. 그 속 터지던 일 생각하면 지금도 화가 난다.

모스크바에 도착하는 날부터 중국 대사관에 전화를 걸었다. 그러나 어쩐 일인지 러시아말과 중국말로 녹음된 메시지만 흘러나왔다. 비싼 전화 토큰만 몇 개나 날렸다(여기는 전화 한통 값이 지하철 한번 타는 값). 다음날 겨우 통화는 했지만 상대방 대사관 직원이 영어를 전혀 못하는 사람이라 또 토큰과 시간만 허비했다.

"안되겠다, 직접 찾아가자."

같은 기숙사에 있는 중국 학생들이 그려준 약도를 들고 찾아나섰다. 물어 물어 찾아가니 대사관은 월 수 금요일에만 업무를 본다는 안내문이 붙어있었다. 그날은 목요일. 창구 직원에게 엉터리 한문을 써서 필담으로 물으니 알아들은듯 근무시간 월수금 9~13시라고 써주었다.

다음날 12시 10분에 찾아가니 영사관 문은 굳게 닫혀있다. 영사업무는 12시까지만이란다. 병신같은 놈들. 욕이 저절로 나온다. 순전히 이 비자받는 것이 늦어져서 한국 가는 일정이 차일피일 미루어진다고 생각하니 속이 부글부글 끓고 약이 올라 온몸이 떨릴 지경이었다. 그러나 별수 없이 다음주 월요일까지 기다려야 했다. 다음 월요일에 가서도 가지가지 조건을 달고 시간을 끌고 해서 정말 천신만고 끝에 일주일 간의 경유비자를 받았다.

여러모로 열을 받아 머리 꼭대기에서 김이 무럭무럭 날 지경. 이걸 진정시켜준 건 모스크바 한국가게에서 만난 임석희양이다. 나는 그 가게에 한국 라면을 사러갔는데 그동안 어찌나 라면이 그리운지 라면봉지 안에 들어가 자는 꿈을 꾸기까지 했다. 그 가게에 두부를 사러왔다가 우연히 만난 임석희는 로켓 공학도. 시원시원하고 명랑해서 한눈에 쏙 드는 여학생이었다. 내가 장기여행중이라고 했더니 당장 나를 자기 집으로 끌었다.

"그동안 한국음식 못드셨죠? 제가 오늘 두부 샀으니까 이걸로 찌개 끓여드릴게요. 제가 담근 김치도 있어요."

나는 이렇게 자신있게 사는 사람을 만나면 신이 난다. 그 사람이 전도가 양양한 젊은 여자일 때는 특히 그 기쁨이 배가된다. 동지애가 발동하나보다. 공부에 대한 포부와 열정도 대단한 석희는 러시아에 온지 얼마 안돼 아직 말도 서툴고 적응도 안되었지만 그래도 겸손하고 당당하게 살고 있어서 얼마나 대견하고 자랑스러웠는지.

석희는 내가 놓칠 뻔했던 모스크바의 아름다움을 보여주었다. 눈내리는 밤 크렘린 궁에 가서 붉은색 성 바실리사원의 환상적인 모습을 만끽하게 해주었고, 모자이크와 인물 흉상 등으로 박물관처럼 멋있게 꾸며놓은 지하철역을 구경시켜주었다. 또 우리 돈 단돈 천원으로 볼 수 있는 호두까기 인형, 동키호테 등 세계 정상의 발레 구경도 같이 가 주었다.

중국 비자를 기다리는 동안 페테르부르크에 다녀오라고 등을 떠민 사람도 석희. 페테르부르크에서 파스텔조의 충격적인 아름다움을 만나게 해주었다. 러시아의 최전성기때 2백년동안 수도였던 페테르부르크는 어디를 둘러보아도 유럽풍의 중후하고 세련된 건물들. 이 도시의 아미타쥐 박물관, 아작크 성당은 말할 것도 없고 웅장하고도 화려한 마린스키 극장에서 본 오페라 무소르그스키의 〈이고르공〉의 감동은 평생 잊지못할 거다. 이건 내가 클래식 음악실 DJ 시절 아주 즐겨듣던 곡이기도 했다.

시베리아 횡단열차가 출발하는 날, 새벽 기차로 모스크바에 돌아와 이 기차에 올랐다. 그동안 여러가지 애를 써준 강상수 임석희가 기차가 떠날 때까지 창문에 붙어 깔깔거리며 배웅해 주었다. 귀엽고도 고마운 친구들. 진심으로 건투를 빈다.

상수, 석희. 서울에 오면 아주 근사한 저녁 사줄게. 몇 번이고 사줄게. 상수는 햄버거 좋아하던데 100개라도 사줄게. 영화도 보여주고 술도 사 줄게. 포켓 볼도 치러 가자, 한국에 오면.

시베리아 횡단열차는
7박8일 동으로 동으로

모스크바의 내 파수꾼인 강상수군(오른쪽)과 임석희양(왼쪽), 가운데가 나.
양손에 든건 긴 기차여행중 먹을 식량이다.

횡단열차는 아버지와의 약속

시베리아 횡단열차. 어렸을 때 아버지와 함께 세계지도를 펴놓고 언젠가는 이 철도를 꼭 한번 타봐야지 하고 다짐했었다. 아버지와 동생과 함께 지도를 보며 지명찾기 놀이를 할 때 유라시아의 큰 땅덩어리가 같은 황토색인 걸 보고 나는 이 어마어마한 땅이 한 나라라는 게 믿어지지 않았다.

"아버지, 이게 모두 같은 색이니 한 나라라는 뜻이야?"

"그래. 여기가 세계에서 땅덩어리가 제일 큰 나라 소련이야. 넓이가 우리나라의 100배도 넘는단다."

"와, 대단하다."

"더 놀라운 사실을 알려줄까? 이 나라 수도 모스크바에서 동쪽 끝 블라디보스토크까지 일주일을 달려서 오는 기차가 있단다. 시베리아 횡단열차라고 하지."

"와, 신나겠다. 일주일간 기차에서 먹고 자며 달린단 말야? 우리도 그 기차 탈 수 있어요?"

"그럼. 지금은 국제사정상 어렵지만 너희들이 컸을 때는 당연히 탈 수 있겠지. 꼭 그렇게 되어야 해. 그 기차를 타고 하얼빈으로 와 신의주를 거쳐 서울까지 올 수 있어야 해."

"내가 크면 꼭 그 기차 타볼 거예요."

이 꿈이 드디어 이루어진 거다. 모스크바를 출발, 우랄산맥, 시베리아벌판, 만주벌판을 지나 북경까지 7박8일을 달리는 대륙열차 20호 10번 객차 5번 침대에 몸을 실었다.

배낭 두 개와 식료품이 가득 든 비닐백 두 개를 들고 올라 정리를 하고 있는데 바로 옆칸에서 우리말 소리가 들린다. 반가워서 얼굴을 들이밀자 남자 셋, 여자 하나가 있다.

"한국분들이세요?"

"우리는 북조선에서 왔수다."

"아, 그러세요? 저는 남조선에서 왔어요. 저는 북경까지 가는데 어디까지 가세요?"

"나 혼자만 장춘까지 갑네다."

여자가 대답. 이 부부는 연변 조선족이고 다른 두 남자는 북한에서 온 남편 친구들이다. 아내 혼자 가는 게 영 마음이 안놓였는데 남조선 동무를 만나 잘 되었다며 그 남편이 차장에게 어떻게 부탁했는지 침대칸을 바꿔서 나는 그 예쁘장한 연변 조선족 김미란씨와 동행을 하게 되었다. 적어도 일주일 간 벙어리 신세는 면하게 된 셈.

설 일주일 전까지만 해도 표 구하기가 하늘의 별따기였는데 이 차가 북경에 닿을 때는 이미 설이 지나가서인지 기차에는 손님이 별로 없어 4인승 침대칸을 우리 둘이 쓸 수 있었다.

미란씨와 인사를 하고 우선 먹을 걸 점검했다. 내가 준비한 건 컵라면을 비롯해 몽땅 인스턴트 식품인데 미란씨는 조선족답게 김치, 돼지고기 장조림, 고추장에 찰밥과 누룽지 말린 것까지 싸가지고 왔다. 이것 저것 잘 섞어 먹으면 질리지 않게 일주일은 갈 것 같아 안심이었다.

기차 시설도 생각보다 깔끔했다. 여자 차장 두 명이 한시도 쉬지않고 쓸고 닦고 해서 차 안도 깨끗하고 침대와 침대보 이부자리도 청결했다. 침대칸에는 책상도 있고 열차 전체에 빨간 카펫이 깔려 호텔 객실 같았다. 춥지도 않고 복도 끝에는 뜨거운 물이 나오는 탱크가 있어 차나 컵라면 먹기에도 좋았다. 다만 머리를 감을 수 없는 게 약간 걱정.

시베리아 철도를 타면 어떻게 해서라도 잠을 많이 자야 지겨움을 견딜 수 있다는 다른 여행객의 경험담이 생각나 졸리지도 않은데 늦게까지 누워있었다. 아침 11시에 일어나 커튼을 젖혀도 실내는 하나도 환하지 않았다. 기차는 눈덮인 벌판을 달리는데 하늘이 깜깜하게 흐려 있어 더러운 회색 커튼이 드리워진 느낌이었다. 밤새 우리는 유럽과 아시아의 경계인 우랄산맥을 넘었다는거다.

부스스 일어나 녹차를 우려마시는데 옆 침대에서 쿨쿨 자고 있던 미란씨가 갑자기 벌떡 일어나더니 '밥 먹어야지' 하면서 밥통과 김치병을 연다. 찰밥에 컵라면을 국삼아 먹으니 그럴듯한 식사가 되었다.

"조선족은 그저 밥을 먹어야해요."

김치를 쭉 찢어 먹는 미란씨가 사랑스럽다. 29살인 미란씨. 남편은 모스크바에서 가죽옷가게를 하는데 마피아와 경찰, 세무소, 땅주인에 가게주인까지 상납해야하는 사람들이 하도 많아서 다른 나라로 갈 생각을 한단다.

미란씨는 지금 비장이 나빠서 치료를 받으러 친정에 가는 중이란다. 7년 전에 결혼해 아들까지 하나 있다는데 어찌나 멋을 부리고 미용에 신경을 쓰는지. 알고보니 전직 피부미용사다. 이것이 지금 연변에서 아주 인기있는 직업이라 일반 노동자들의 20배 정도를 번다고 한다. 입고 있는 가죽코트는 러시아제인데 얼마짜리고 끼고 있는 반지는 중국 노동자 1년치 월급이고 하며 말하는 폼이 자본주의 물이 단단히 들었다.

내 얼굴을 들여다보더니 어떻게 이 지경이 되도록 내버려두었느냐고 장춘까지 매일 마사지를 해주겠단다. 첫날은 베이비 오일로, 둘째날은 빵에 발라 먹으려고 산 꿀로 마사지를 받았는데 몇년 만에 해보는 마사지라 당장 얼굴이 확 피는 것 같다. '아니 이게 웬 횡재?' 머리는 감지 못해 떡이 되었는데 얼굴만 반질반질 했다.

열차 안에서 맞은 설날

내일은 설. 지금쯤 한국에선 연례행사 민족의 대이동이 시작됐겠군. 설날까지 집에 가겠다던 가족들과의 약속을 못 지켜서 정말 미안하다. 이번에 서울 가면 식구들이랑 될수록 시간을 많이 보내야지. 한국에 있는 동안 만이라도 어디 나돌아다니지 말고. 엄마한테도 신경질 내지 말고 잘해드려야지. 말씀은 안하셔도 다 큰 딸이 이렇게 세상 좁다고 돌아다니고 있으니 얼마나 걱정이 많으시겠는가. 모두 어떤 표정을 지을까? 내가 배낭을 이고 지고 집에 턱 들어서면.

새삼 돌아갈 집이 있다는 것이 얼마나 감사한 일인지 모르겠다. 날 반갑게 맞아 줄 식구들과 가까운 친구들. 나를 아껴주는 사람들과 내가 아끼는 사람들. 그들의 따뜻한 품으로 돌아갈 수 있다는 것이, 돌아가서 편히 쉴 수 있다는 그 사실이 눈물 나도록 고맙다.

교통지옥, 물가지옥, 공기오염지옥. 내가 사는 서울은 이렇게 지옥으로 표현되곤 하지만 내게는 천국이다. 내가 이 세상에서 제일 편히 쉴 수 있는 곳이니까. 이 기차가 쉬지 않고 동쪽으로 동쪽으로 달리고 있으니 나는 곧 나의 천국에 닿을 것이다.

설날. 아침에 창을 여니 강렬하면서도 신선한 햇살이 쏟아져 들어온다. 기쁜 목소리로 새해 인사를 하듯이. 기분이 좋아져서 만나는 사람마다 "새해 복 많이 받으세요"하고 한국말로 인사를 했더니 옆칸에 타고 있던 영어를 조금 하는 러시아 아저씨가 영문을 묻는다.

"오늘이 중국식 설날인데 우리도 이 음력을 쇠거든요. 한국에서는 설날 어른들께 세배를 드리고 세뱃돈도 받고 하지요."

이 아저씨, 내 말을 어떻게 알아들었는지 주머니에서 돈을 꺼내준다. 새해 첫날부터 공돈이 생겼으니 올해는 뭔가 잘될 것 같다.

꿩대신 닭이라고 떡국 대신 컵라면에 미란씨가 가져온 누룽지를 넣어 불려 놓고, 잘 익은 김치를 곁들여 설날 아침상을 차렸다.

동쪽으로 기차는 한없이 달리고 벌판 저 멀리 자작나무 숲이 이어진다. 그 위로 쏟아지는 밝은 햇살이 눈부시다. 이 시베리아 벌판은 추위와 척박함 때문에 식물 하나 제대로 살지 못할 거라는 우리의 상식과는 달리 지독한 환경을 이기며 견뎌온 강인한 생명의 땅이다.

연변 조선족 미란씨의 꿈

미란씨에게 듣는 연변 조선족 이야기는 재미있고도 안타까웠다. 조선족들은 모두 한국에 와서 떼돈을 벌려는 환상에 사로잡혀 있다는 느낌이다. 한국에 가기만 하면 한달에 2백만원은 너끈히 벌 수 있으니 한국에서 3년만 고생하면 중국에 돌아와 큰 가게 차리고 평생 떵떵거리며 살 수 있다는 거다.

"어떻게 2백만원을 벌어요? 한달에 100만원 벌기도 힘들텐데."

"그건 비야씨가 모르고 하는 말입네다. 내가 아는 사람들은 모두 2백만원 문제 없다고 합네다."

내가 모르긴 뭘 모른다는 건가. 이 어리숙한 사람들, 가짜 여권 브로커들에게 속고 있는 것이다. 조선족들은 한국 관광비자나 방문비자 내기가 거의 불가능해 위장결혼을 많이 하는데 거기 들어가는 비용이 웬만한 중국 노동자의 10년치 월급이란다.

미란씨도 지금 위장결혼 수속을 생각중이라 조만간 한국에 가게 될 거라고 들떠있다. 나는 실상이 그렇지 않다고 자세히 말해주고 조심하라고 말렸으나 소용이 없다. 마치 60년대 한국 사람이 미국 생각하듯 한다. 공연히 수속비용만 날리는 게 아닌지 모르겠다. 나는 내 주소를 적어주면서 한국에 와서 어려운 일을 당하면 꼭 연락하라고 말해 줄 수 있을 뿐이었다.

얼어붙은 바이칼호
날씬한 자작나무

7박8일 시베리아 횡단열차를 함께 탔던
멋쟁이 연변 아줌마 미란씨(왼쪽)와 나.

보드카를 마시다보니 맥주는 맹물

나흘째가 되자 기차에 있는 사람들은 지겨움을 참지 못해 지친 얼굴이 되었다. 남자들은 모두 알코올에 절어있다. 이들은 지루함을 이기기 위해 눈을 뜨면 45도 보드카를 마시고 벌겋게 취해있다가 잠들고 잠이 깨면 다시 보드카를 마셨다. 나도 이 사람들이 권하는 대로 매일 여러잔의 보드카를 마셨는데 그러고나니 맥주는 순하디 순한 보리음료 같은 맹물맛이었다.

몇 시간마다 잠깐씩 서는 기차역을 기다렸다가 기차가 서기만하면 완전무장을 하고 뛰어나가 땅구경을 했다. 기차역에는 아줌마들이 삶은 감자며 튀긴 만두, 베개모양의 딱딱한 빵을 팔고 있었다. 기차가 서는 시간은 15분 미만. 그래도 밖에 나가면 꽁꽁 얼어붙기에 충분한 시간이다. 바깥 기온 영하 36도. 소변을 보면 그대로 얼어버리는지는 실험을 안해서 모르겠으나 침을 탁 뱉었더니 금방 발 앞에서 얼어붙었다. 바깥쪽으로 난 기차 손잡이를 맨손으로 잡으면 쩍쩍 달라붙으며 손바닥 살점이 떨어져 나갔다.

모스크바를 떠나 이미 4, 000 킬로를 넘어 달렸다. 다른 이는 지겨운지 몰라도 나는 그런 대로 즐겁게 지냈다. 실컷 자고 아침에 느지막이 일어나 여유를 가지고 책도 보고 편지도 썼다. 또 당장 중국에 도착하면 꼭 필요할 것 같은 중국말을 미란씨에게 배웠다.

나는 미란씨의 중국어 레슨 대가로 영어를 가르쳐 주었다. 미란씨는 어찌나 열심인지 고시공부하듯 밤늦게까지 단어를 외었다. 서로 가르쳐준 걸 다음날 시험보기로 하니까 더 열심히 하게 된다. 역시 시험은 필요악이라니까.

저녁에는 좁은 캐빈의 문을 잠가놓고 미용체조를 했다.

"서울에서는 얼굴만 뽀얘가지고는 미인소리 못들어요. 건강미가 있어야 하니까 몸매를 가꾸세요."

닷새째, 비교적 일찍 8시 정도에 눈을 떴다. 오랜만에 활짝 갠 파란 하늘에 흰눈 덮인 벌판이 계속되었다. 오늘은 오전 중에 세계에서 제일 깊고 맑은 호수라는 바이칼호를 지나간다니까 정신 바짝 차리고 기다려야지.

"바이칼호에 기차가 서면 뛰어서 호수에 가서 잠깐 물에 몸을 담그고 와도 돼요. 그러나 막 뛰어와야해요. 우리도 기차 놓칠 뻔 했어요."

아프리카에서 만난 뉴질랜드인 부부가 한 말이다. 바이칼호역에 서자마자 총알같이 뛰어나갔으나 호수까지 동서남북 길을 모르겠다. 지나가는 사람에게 '바이칼, 바이칼' 하고 물으니 가르켜주는 손가락 방향이 제각각. 막무가내 한참을 뛰어가니 저만큼 호수가 보이는데 거기까지 갔다가는 기차를 놓치겠다.

'그 부부는 어떻게 수영까지 했다지? 내가 정말로 올 줄은 모르고 허풍을 떨었음이 분명해. 그 말을 순진하게 믿은 내가 잘못이지.'

어쨌든 오랜만에 달리기를 한 덕분에 잠이 완전히 달아나 기차안에서 몇시간동안 계속되는 바이칼호와 그 주위 경치를 제대로 구경할 수 있었다. 세계에서 제일 깊은 호수와 그 주위의 회초리같이 날씬한 자작나무 숲들.

강아지 밀수꾼들이 나를 노려

그날 낮에 나를 찾아온 사람이 있었다. 30대 후반의 뚱뚱한 미국인. 식당에 접시를 빌리러 갔을 때 나를 보았다는 거다. 모스크바와 북경을 오가며 장사를 하고 있다는데 내가 보기에는 그냥 부초처럼 뿌리 없이 떠도는 만년 부랑자 같았다. 오랜만에 영어로 이야기하니 숨통이 트인다며 남 생각은 하지 않고 늦게까지 퍼질러 앉아서 떠드는 게 주책맞다고 생각했지만 그동안 얼마나 외로웠으면 저러나 하는 측은한 마음도 들었다.

오후에는 어느 정거장에서 중국인들이 제법 많이 탔는데 그 가운데 수상한 남자 둘이 옆칸에 들어 우리를 감시하는 것 같아 신경이 쓰였다. 우리가 캐빈을 나오기만 하면 자기들도 방 밖에 나와 서성이고 화장실에 가면 자기들도 화장실 앞에서 차례를 기다리는 척한다.

"아니, 저 사람들이 왜 저러지? 미란씨 짐작가는 거 없어?"

"글쎄요. 이 열차에 도둑이 많다던데 도둑 같습네다."

우리는 물건을 잘 정리하고 짐마다 자물쇠를 채웠다. 화장실 갈 때도 반드시 함께 가기로 하고 가스총을 꺼내놓고 방문을 잘 잠갔지만 전처럼 편안한 시간을 가질 수는 없었다.

밤에 한참 자고 있는데 누가 문을 두드린다. 벌떡 일어나보니 새벽 두 시. '이 밤중에 웬놈인가?' 겁이 나서 문을 열지 못하고 있는데 밖에서는 더 크게 문을 두드리며 발로 차기까지 한다. 미란씨는 겁에 질려 얼굴이 새파랗다. 가지고 다니는 가스총을 겨누고 호루라기를 꺼내 있는 힘을 다해 불었다.

"휘익, 휘리릭, 휘리릭"

조금 뒤 웅성거리는 소리가 나고 여차장 딴야 목소리가 들린다.

"문 좀 열어봐."

그러나 이 여자도 믿을 수 없다. 이 기차에 타는 도둑놈들은 승무원과 짜고 도둑질을 한다니까.

"나 차장이야. 걱정 말고 문 열어요."

심호흡을 하고 가스총을 장전해 겨누며 바짝 긴장해서 문을 열었다. 그랬더니 문 앞에 그 뚱뚱보 미국인이 잔뜩 취해서 서있다.

"술 한잔 같이 하자는데 뭐 잘못된 거 있어요?"

혀가 꼬부라진 이 부초 손에는 보드카 한 병과 오전에 바이칼호에서 산 훈제생선이 들려있었다.

우리를 힐끔거리며 신경쓰게 했던 수상한 사람들은 중국인 강아지 밀수꾼들이었다. 애완용 강아지를 러시아에서 중국으로 밀수해다 파는 개장수인데 이렇게 밀수된 강아지는 법적으로 애완용 강아지를 키우지 못하게 되어있는 중국 상류층에 고가로 밀매되고 있단다. 어렵게 국경을 넘으면 살아남는 수는 절반, 그래서 부르는게 값이란다. 그렇게 목숨을 건진 강아지들도 중국에 넘어가자마자 성대제거 수술을 해서 평생 짖지도 못하고 신흥재벌들의 살아있는 장난감 노릇을 하다가 몸이 좀 커지면 그대로 내쫓겨 거리를 헤매다 죽는 아주 불쌍한 처지가 된단다.

이들은 짐조사가 심하지 않은 외국인인 내게 강아지 상자를 맡기려고 그렇게 살핀 것이다. 호기심에 그러라고 했더니 국경에서 강아지 열마리가 든 상자가 올라왔다. 상자를 열어보니 강한 수면제를 잔뜩 먹여 거의 빈사상태다. 어떤 것은 벌써 입가에 거품을 물고 있다. 애완견을 기르지 못하게 하는 경직된 법이나, 그걸 꼭 기르려고 하는 졸부들, 그리고 강아지의 목숨을 담보로 돈만 벌면 된다고 생각하는 밀수꾼들 때문에 가엾은 생명만 저렇게 죽어가는 것이다.

엿새째 날, 기차는 러시아와 중국 국경을 넘는다. 국경 가까운 역에서 새벽에 많은 중국인들이 탔다. 우리 칸에도 러시아에서 공부하는 중국유학생 왕이라는 청년이 올라왔다. 그는 타자마자 자기는 포르노 사진도 많고 달러도 규정보다 많으니 내 짐 속에 사진도 좀 숨겨주고 돈도 좀 맡아달라고 한다. 나는 외국인이니 몸수색을 않는다는 거다. 50달러를 주겠다고 사정. 강아지에 포르노사진에 신고하지 않은 달러까지? 그러나 한국을 코 앞에 두고 쓸데없는 곤경에 말려들고 싶지 않은 심정이었다. 좀 냉정하지만 부탁을 거절해 버렸다.

드디어 국경도시 자바이칼스크. 오후 3시에 도착해서 무려 다섯 시간을 난방없는 역사에서 떨며 기다렸다. 대부분의 시간은 기차바퀴 갈아끼우기로 소모되었다. 러시아와 중국의 철도 폭이 다르기 때문이란다. 나머지 시간은 세관원들의 짐검사와 몸수색 그리고 출입국 관리들의 비자와 여권검사. 모두들 조마조마한 얼굴이어서 아무 죄없는 나까지 긴장되었다.

우리 칸에도 미남 러시아 검사관이 들어와 짐검사와 몸수색을 시작하였다. 미란씨와 나는 세관증을 한번 쓱 훑어보는 것으로 끝냈으나 왕이라는 학생은 걸리고 말았다. 우리 보고 나가 있으라고 하더니 옷을 발가벗기고 숨겨논 돈 천달러를 찾아냈다. 우리가 옆방에서 간을 졸이며 듣고 있자니 왕의 애원소리가 들린다.

"그 돈 다 드릴테니 나를 중국에 보내주세요."

한참 실랑이 끝에 국경경찰이 오고가고 하더니 결국 이 학생은 수갑을 차고 내렸다. 승무원 말로는 이 학생이 마피아라는데 단돈 천불, 우리 돈으로 80만원을 신고없이 가진 죄로 철창행이라니, 너무 가혹하다는 생각을 떨쳐버릴 수 없었다. 내가 돈을 맡아 주었어야 했나 하는 죄책감이 들기도 하고.

강아지 밀수꾼들은 어떻게 손을 썼는지 그 방에서는 아무 소리가 없다. 이불 밑에 넣어놓은 왕의 포르노사진과 침대 밑에 넣어놓은 죽었는지 살았는지 모를 강아지 열마리를 싣고 기차는 러시아를 떠나 중국땅에 들어섰다.

누가 지구는 둥글다고 하는가

중국 땅에 들어서자 중국 차장이 한자로 된 세관증과 입국서류를 건네주는데 이번에는 미란씨가 안절부절. 이름도 나이도 틀린 가짜 여권으로 15일간의 여행허가증을 받아 반년만에 돌아가는 길이니 벌벌 떨 수밖에. 별일 없을 거라고 위로했으나 얼굴이 파래진다. 출입국관리소에 끌려갔던 미란씨는 천원, 중국돈으로는 어마어마한 벌금을 내고 돌아왔으나 싱글벙글. 벌금으로 끝난 게 다행이라고 입을 다물지 못한다. 벌금 내고 저렇게 좋아할 수 있을까.

이레째, 기차는 국경을 넘어 내몽골 초원을 달렸다. 지금 누가 내게 지구는 둥근가 평평한가 물으면 망설이지 않고 평평하다고 대답할만큼 이 초원은 끝도 없이 펼쳐져 있다. 여기가 우리의 선구자들이 말 달리던 드넓은 만주 벌판. 우리 민족의 기개와 기상이 서려있는 곳이라는 느낌이 들어 괜히 콧등이 찡한 한편, 이 땅이 예전에는 우리 땅이었다고 생각하니 왠지 씁쓸하고 안타까웠다.

어제 저녁부터 웬일인지 꼭 체한 것처럼 속이 불편하고 머리가 아프고 힘이 없다. 하기야 7일 밤낮을 기차를 타고 왔으니 멀미가 날 때도 되었지.

기차는 오전에 하얼빈을 지나 오후에 장춘으로, 밤에 심양까지 갔다. 미란씨는 다왔다고 가슴이 부풀어 아침부터 곱게 단장하고 누웠다 앉았다 부산을 떤다. 멀미가 나서 죽은 듯 누워있는 나를 깨워 물어보지도 않은 자기 아들 자랑을 한참 한다. 여태껏 잘 지내다가 나 아프다고 박정하게 대할 수 없어 울며 겨자먹기로 맞장구를 쳤다.

점심에 무얼 먹기는 먹어야할 것 같아서 또 컵라면을 먹었더니 속이 뒤집힌다. 이제는 컵라면도 신물이 난다. 일주일동안 삼시 세끼 컵라면만 먹었으니 그 고소하던 라면이 냄새도 맡기 싫다. 면발도 보기 싫다. 컵라면 소리도 듣기 싫고 컵라면 먹는 사람도 꼴보기 싫다. 나같은 라면중독자에게 정말 불가사의한 일이다.

장춘에서 미란씨가 내리기 전에 그녀가 탐내는 내 물건들을 모두 줘버렸다. 입던 옷, 쓰던 화장품, 스타킹에 수첩, 그림엽서와 볼펜까지. 며칠간 한방을 쓰던 친구라 내리자마자 아쉽다. 미란씨가 내리고 나니 멀미가 더 도지는 것 같아서 이런 때 미란씨라도 옆에 있었으면 하는 생각이 간절했다.

무뚝뚝하지만 나름대로 신경을 써주던 딴야, 마리나 두 여차장이 손님도 다 내려 할 일이 없어졌는지 보드카를 들고 찾아왔지만 몸 컨디션이 말이 아니어서 그 좋은 기회를 사양했다. 그저 빨리 시간만 가기 바랄 뿐 아무것도 할 수 없었다.

언제나 지치고 힘든 나를 위로하는 것은 아무리 봐도 싫증 나지 않는 우리 식구들 사진. 그리고 세계 각국 국제사서함을 통해 받은 식구들과 친구들의 편지들이다. 여행하는 동안 난 이것들이 없었다면 문득 문득 찾아오는 외로움을 이겨내기 어려웠을 것이다. 보고 또 보고, 읽고 또 읽고.

아침 6시 35분에 북경에 닿는다는 걸 몇번 확인하고도 전날 밤부터 잠도 제대로 잘 수 없었다. 이불도 덮지 않고 선잠을 자면서 한시간에 한번씩 깼다. 짐을 다 꾸려 큰 배낭, 작은 배낭, 음식꾸러미를 챙겨놓고 잠깐 눈을 붙인다는 게 그만 깜빡.

머리를 깔끔히 빗어넘긴 딴야가 정복차림으로 나를 깨운다.

"베이징이에요?"

"다, 다."(그래요. 그래)

아직도 어둠이 가시지 않은 역에는 한자로 '북경역' 이라고 쓴 붉은색 네온사인만이 피로 도장을 찍은듯 선명하다. 총길이 9, 500킬로미터, 178시간의 시베리아 횡단철도의 종착역. 북한까지 이어지는 시베리아 횡단열차를 꿈꾸었던 아버지와의 다짐을 한 조각 이루어냈다는 작은 만족감이 가슴을 채웠다.

황해는 누렇지 않다

북경에 도착, 만리장성에 올랐으나 머리속은
재작년에 떠나온 서울로 꽉 차있다.

북경에서도 보이는 건 한국뿐

북경의 유스호스텔에 누워있어도 침대 밑에서는 기차바퀴 소리가 들리고 침대가 흔들리는 것 같았다. 내 침대는 벙커 베드의 2층인데 조금만 몸을 움직여도 침대가 심하게 요동을 쳐 기차멀미를 도지게 했다.

너무 피곤하니까 잠도 오지 않고 자꾸만 배가 아프다. 옆으로 누워도 아프고 바로 누워도, 엎드려도 아프다. 위경련인가? 나는 안 아픈 사람이라고 장담하면서 남은 약도 모두 미란씨 줘버렸는데 이런 때는 무슨 약을 먹어야 하나? 기왕에 아플 거라면 서울 가서 아프지 말고 여기서 다 아프고 가면 좋겠다. 서울 가서 아프면 식구들은 만날 그러고 다니는 줄 알고 걱정이 클 테니까 말이다.

다음날 천진에서 떠나는 인천행 배표를 사러갔다. 안내문을 보니 학생은 20프로 할인이란다. 가짜지만 국제학생증도 있것다, 창구직원에게 학생표를 달라고 했다.

영어를 못하는 그 직원, 나를 쓱 한번 쳐다보더니 손짓으로 학생증을 보여달란다. 내 국제학생증을 보여주니 이건 안된다고 한다. 할인은 중국에서 공부를 하고있는 사람들에게만 해당된다고 하는 것 같다. 귀동냥과 미란씨에게 배운 중국말을 좀 써보자.

"나 중국에서 공부해."

"어디서?"

"상하이."

"어느 학교?"

"상하이 문화교류센터."

"뭘 공부하는데?"

"요리."

아주 쉽게 학생할인을 받았다.

'중국어 별거 아니네. 사성이 어렵다지만 앞에 액센트를 넣었다가 안되면 다시 뒤를 세게 한번 해보는 거야.'

5일 후에 인천으로 떠나는 배표를 손에 쥐니 내 마음은 먼저 한국에 가 있다. 천안문이니 자금성, 만리장성이니 구경은 하는데 모든 게 건성이다. 엄청난 규모에 입이 딱 벌어지지만 다른 때처럼 이리 뛰고 저리 뛰며 사진도 찍지 않았다.

"너는 별로 감동을 받지 않는 것 같네."

숙소에서 만나 동행한 일행들이 감탄사를 연발하면서 무덤덤한 내게 물었다.

"이런 거 우리나라에도 다 있거든. 규모만 백배쯤 뻥튀기했다고 생각하면 돼."

대답을 해 놓고 보니 내 말이 그럴듯하다. 규모만 클뿐이지 서울에서도 다 볼 수 있는 것 아닌가.

내게도 돌아갈 집이 있다

인천으로 가는 배가 뜨는 천진항. 기차역 근처에서 호객꾼들이 잡아끈다. 그러나 따라가보았더니 외국인에게는 엄청난 바가지. 호객꾼 청년에게 중국어 반, 필담 반으로 물었다.

"너 부모님하고 같이 사냐?"(父母同居?)

이 친구 어리둥절.

"이렇게 비싼 여관보다 너희 집에서 자는 게 어때?"(高價旅館不好 家寢可能?)

"방 한 칸에 엄마 아버지 형까지 사는데? 화장실도 없고."

"괜찮아. 네 엄마 옆에서 침낭 펴고 자면 돼."(無關係 我母側寢內可能)

이렇게 중국에서도 말도 안되는 필담으로 억지민박을 했다. 이집 엄마는 고향이 흑룡강. 고향에 조선족이 많아서 나를 낯설어하지 않았다. 잉어고기, 돼지고기 조림에 맥주까지 마시며 푸짐한 저녁을 먹고 일찍 잠자리에 들었다. 식구들이 모두 발도 안씻고 한방에서 그대로 자기 때문에 발꼬랑내가 진동해 그날밤 가스중독되지 않은 게 다행이었다.

아침에 숙식비를 내놓으니 화장실도 없는 데서 이러면 안되는데 하는 표정을 지으면서도 좋아하며 삶은 오리알 몇 개를 싸준다.

드디어 그리고 그리던 한국으로 가는 배. 3등 선실에 연변 조선족 아줌마들과 자리를 잡았다. 옆에는 한국 대학생 배낭족 두 팀이 배낭을 부리자마자 말을 건다.

"아줌마, 아줌마도 연변에서 오셨어요?"

"뭐라고? 내가 아줌마같이 보이니?"

아줌마. 참 오랜만에 들어보는 호칭이다. 여행중 한국인 여행자들은 보기가 힘들고 현지에서 만난 한국 사람들은 아무도 나를 이렇게 부르지 않았는데 한국 가는 배에 올라타서야 나이를 체감하게 된다. 아줌마. 싫은 척했지만 따뜻하게 느껴지는 단어이기도 하다.

"아줌마가 뭐야? 큰누나라고 해야지."

학생들은 박장대소.

"알았어요. 아줌마 큰누나."

이들은 따로따로 여행하다 북경에서 합류했다는데 서로 앞을 다퉈 자랑 삼아, 보고 삼아 자기들의 여행이 얼마나 어렵고 힘들었는지 이야기한다.

"고추장이 일주일만에 바닥 나서 음식 먹느라고 얼마나 고생했는지 몰라요."

"말도 마세요. 열다섯 시간 기차를 타는데 지루해 죽는 줄 알았다구요."

이 학생들, 2주일간의 단기여행이라 그런지 집에 돌아가는 길에도 한국물자가 잔뜩 남아 있어 신기하다. 물휴지며 껌, 커피믹스에 피로회복제까지. 그중 한녀석이 2주일 전 떠난 고국이 그립다나 어떻다나 하면서 컵라면을 권한다.

"제발 저리 치워줘. 사람 살리는 셈치고. 정말 부탁이야."

"어, 왜 그러세요? 라면 알레르기세요? 이 중국 컵라면 맛있는 건데."

"너희들은 지금 내 심정 모를 거다. 너희들도 시베리아 횡단열차 한번 타봐라."

큰 보따리 짐에 기대고 있는 나를 장사꾼으로 알았던 대학생들, 눈이 휘둥그래진다.

"여행 중이세요?"

"그래. 그것도 홀로 하는 육로여행. 그 전에 1년, 지금 4년, 햇수로 5년째야."

"아이쿠 사부님."

학생들은 일제히 내 앞에 바짝 머리를 조아린다.

갑판에 나와 바다를 본다. 누가 이 바다를 황해라 했나. 이름같으면 누런 색일텐데 검은 듯 짙은 청색이다. 언제나 자신있게 도전하고 힘있게 헤쳐나가는 젊은이들의 색깔.

내일이면 집에 가는거다. 집에 가면 식구들이랑 시간을 많이 보내야지. 산에도 많이 가고 보약도 먹어야겠다. 그동안 밀렸던 책도 많이 보고 영화도 많이 보고.

집에 도착하면 먼저 사우나부터 가자. 아니 아니 친구들에게 전화부터 해야겠다. 얼마나 반가워 할까. 전화통에서 튀어나오려고 할 거다.

아무래도 말라리아 예방약 때문에 간이 나빠진 모양인데 간검사도 꼭 해야겠다. 많이 나빠졌다고 여행을 중단하라면 어떻게 하지? 아직도 중국과 그 주변국가를 일년쯤 더 여행할 생각인데. 뭐 그럴리야 있겠어. 나빠졌다면 집에서 먹고 자고 푹 쉬지, 뭐. 그래. 한국 음식 실컷 먹으면 금방 좋아질 거야. 먹고 싶은 거 잊어버리기 전에 다 적어놓아야겠다.

떡볶이, 초장 찍은 생굴, 멸치 미역국, 김치빈대떡, 두부찌개, 춘천 막국수와 닭갈비, 파 듬뿍 넣은 도가니탕….

멀리서 붓으로 점을 찍어 놓은 듯한 작고도 까만 우리의 무인도가 눈에 들어오기 시작했다. **〈2부에서 다시 만나요〉**

세계 배낭 여행자의 사부

한비야가 발로 터득한 세계여행정보

동아프리카, 중동, 중앙아시아, 코카서스 지방 및 시베리아 횡단열차

나는 지난 5년간 50여개국의 오지를 민박여행하면서 참으로 다양한 경우와 사건을 만났다. 때로는 위험하고 때로는 황당하고 때로는 어이없는 실수를 수없이 겪었다. 그리고 그 하나하나의 경험을 통해 세계여행의 생생한 정보를 얻을 수 있었다. 그러므로 내 여행정보는 일반 가이드북에서는 찾아볼 수 없는 체험적인 정보, 직접 발로 걸어본 사람만이 전해줄 수 있는 땀냄새나는 여행정보다.

5년간 육로로 여행을 하면서 나는 수많은 장기여행자들을 만났다. 처음 얼마동안 그들은 내 선생님이었다. 그러나 2년이 지나고 30여개국을 넘어서자 차츰 내가 얻어듣는 것보다 그들에게 알려주는 게 더 많아졌다. 그래서 여행자 숙소에 가면 어느덧 내 주위에는 여행담을 들으러 몰려드는 사람들이 하나 둘 늘어나기 시작했다.

내가 한 곳에서 3일 이상 묵으면 곧 소문이 퍼져 그 숙소가 세계여행 정보센터가 된 적도 부지기수다. 이렇게 5년을 돌아다녔으니 세계여행자들 사이에서 내 이름이 알려지는 건 어쩌면 당연한 일.

내가 에티오피아에서 묵었던 숙소에 남겨 놓은 여행정보가 아주 유용했다며 그 메모의 주인을 직접 만나게 되어 기쁘다는 영국아이들을 이집트 카이로에서 만났다. 온두라스에 갔다 왔던 친구에게서 내 얘기를 들었다는 독일 여행자를 터키에서 만나기도 했다. 이들에게 나는 산전수전은 물론 공중전까지 다 겪은, 다양하고 풍부한 여행지식을 가진 백전노장 사부님이었다.

아프리카 나이로비의 숙소에서, 이스탄불이나 에스파한의 허름한 식당에서, 요르단으로 가는 배 안에서, 또 에티오피아 시골 마을의 나무 그늘에서 다른 나라의 여행자들에게 들려주던 생생한 여행정보, 많은 여행자들이 눈을 반짝이며, 귀를 쫑긋 세우고 열심히 메모하며 듣던 여행정보를 간략하게 정리했다.

이 정보는 본문과 같은 여정에 따른 것으로 1994년 12월부터 1996년 3월까지의 시점이며 국제관계, 물가 등의 변동으로 바뀔 수도 있다는 걸 염두에 두기 바란다.

여행 떠나기 전 준비물

배낭:큰 배낭과 작은 배낭 두 개가 있어야 편하다. 국산도 좋은 게 많다. 나는 국산 Cerro Torre 제품을 4년째 가지고 다닌다. 밖으로 주머니가 2~3개 달린 게 좋다. 비에 젖지 않고 배낭이 더러워지는 걸 방지하기 위해 방수 배낭 커버는 꼭 필요하다. 너무 색깔이 화려한 것은 도둑들의 표적이 될 뿐 아니라 금방 더러워진다.

짐 꾸리기:짐은 될수록 작게 싸야한다. 한국에서 다 준비해 갈 필요가 없다. 웬만한 것은 현지에서 구할 수 있을 뿐더러 현지 제품을 쓰는 것도 여행의 묘미다.

침낭:겨울용 오리털 침낭은 부피만 차지할 뿐 별쓸모가 없다. 봄가을용 얇은 게 야간버스를 탈 때나 기차에서 담요 대신 덮을 수도 있어서 좋다.

운동화:등산화보다는 워킹슈즈가 좋다. 나는 이번 1년 반 동안 이태원에서 산 보세품, 'Hi-Tec Lady Lite 2' 하나로 다녔다.

번호자물쇠:열쇠를 잃어버리기 쉬우므로 이것이 편리하다.

자전거 체인:도난 방지를 위해 숙소에서나 이동할 때 버스나 기차의 의자나 침대에 큰 배낭을 묶어두면 안심이다.

가이드 북:우리나라 여행 안내 책은 해마다 수정되는 것이 아니어서 이것으로는 대략적인 정보밖에 얻을 수 없다. 나는 〈Lonely Planet〉이라는 여행 안내서를 애용했다. 거기에는 상세한 최신 여행정보가 들어있다. 우리나라 대형서점에서도 구할 수 있으며 다음 주소로 은행환을 동봉해 주문하면 지역별 최신판을 우편으로 받을 수 있다.

P. O. Box 617 Hawthorn. Vic 3122. Austrailia

개인용 간이정수기 및 정수용 알약: 오지여행에서 제일 큰 문제는 물. 특히 아프리카에서는 반드시 정수용 알약을 넣어 마셔야 한다. 수돗물이든 우물물이든 부유물이 없는 것은 일단 정수용 알약만으로도 괜찮지만 진흙물은 정수기로 걸러야 마실 수 있다. 우선 한 번 끓인 후 여러 번 정수하고 거기에 정수용 알약을 넣으면 안심이다.

물에 주의하지 않으면 설사는 물론 뜻밖의 풍토병에 걸려 위험에 처하게 된다. 정수약과 간이 정수기는 등산용품 전문점에서 구할 수 있다. 정수약은 대부분 소독약 냄새가 나는데 그 중에서 제일 냄새가 덜 나는 것은 폴리클로라미드 소딕 성분이 든 하이드로 클로나존(Hydro Clonazone) .

말라리아 예방약:아프리카로 갈 때는 반드시 말라리아 예방약을 먹어야 한다. 떠나기 2주일 전부터 복용. 한국에서는 이 약이 턱없이 비싸기 때문에 떠나기 전에만 먹고 그 다음부터는 나이로비나 아프리카 큰 도시에서 사는 게 좋다. 매일 먹는 것, 일주일에 한 번이나 두 번 먹는 것 등 여러 종류가 있다. 약사와 상의해서 먹되 3개월 이상은 먹지 않는 게 좋다. 특히 간이 나쁜 사람은 조심할 것.

약을 살 때 펜시다르(Fansidar)라는 약도 같이 사도록. 혹시 말라리아에 걸렸을 때 이 약으로 아쉬운 대로 자가구급치료가 가능하다. 그러나 말라리아에 걸리면 이 약만 믿지말고 반드시 큰도시로 가서 병원에 가야 한다.

일회용 주삿바늘:아프리카에는 에이즈 등 온갖 치명적인 병들이 창궐하고 있는 것은 누구나 아는 사실. 만약 병원에 가면 누가 썼을지도 모르는 주삿바늘을 사용해 께름칙하므로 마음의 평화와 몸의 안전을 위해 가벼운 일회용 주삿바늘 몇 개는 가지고 다녀야 한다.

한국 풍물 그림엽서:세계의 오지 사람들은 한국이 어디 있는지 어떤 나라인지 모른다. 우리가 그들을 보러 가는 것도 중요하지만 우리도 알려주어야 한다. 나는 경치엽서 한 세트, 단원풍속도 한 세트, 풍물엽서 한 세트를 가지고 다녔다. 다니다가 정말로 마음에 드는 사람이 있으면 그 엽서 뒤에 주소를 적어 주기도 했다.

빨랫줄과 집게:빨래한 속옷이나 청바지를 도난당하는 경우는 의외로 많다. 빨아는 옷을 지키려면 방안에 빨랫줄을 치고 말려야 한다. 또 빨랫줄과 집게는 모기장을 칠 때나 짐을 묶을 때도 쓸 수 있어 여러모로 유용하다.

최류탄 가스총과 호루라기:치안용이지만 원숭이 야생개 등 동물로부터도 자신을 지킬 수 있다.

가짜 결혼반지:중동지방에서는 남자들의 불필요한 관심을 거절할 때 가짜 유부녀행세가 잘 통한다.

콘돔:특히 남자들은 쓰든 안 쓰든 반드시 가지고 다닐 것. 특히 아프리카는 성이 문란하여 갖가지 성병의 온상이다.

생리대:질이 좋지 않은 재래식 생리대를 구할 수는 있다. 그러나 탐폰을 쓰는 사람은 반드시 충분히 준비해 가도록. 구하기 어려울 뿐더러 있어도 값이 엄청나게 비싸다.

전대:될수록 작고 납작하게 만든다. 그 안에 여권, 여행자수표, 현금카드, 보험증서 등을 넣는다(여권 앞장은 복사해서 따로 보관할 것). 목에 거는 것보다 허리에 두르는 게 훨씬 안전하다.

현금카드:나라에 따라서는(예를 들어 에티오피아) 현금이 1천 달러 이상 있어야 들어갈 수 있는데 현금카드는 이런 때 유용하다.

여행자 보험:설마 나한테 무슨 일이 생길라고? 하는 생각은 절대로 하지 마시

길. 보험에 안 들어 크게 봉변 당하는 사람들이 꼭 이렇게 생각한다. 보험료 아끼지 말고 꼭 들도록. 특히 오지여행을 계획하는 사람이라면 실종시 수색비도 지급하는 보험에 들것.

여행자 수표:나라에 따라서는 특정한 회사의 수표를 안 받는 곳도 있으므로 두 회사의 여행자 수표를 마련하는 게 좋다. 여행자 수표 영수증은 반드시 복사해서 한 장은 다른 곳에 보관하도록. 여행자 수표를 분실했을 때 이게 없으면 재발급이 안된다.

미화 현금:현금은 적게 가지고 다니는 것이 안전하다. 하지만 돈을 바꿀 때 여행자 수표보다 환율이 좋은 경우가 많다. 미화는 종류를 골고루 가지고 다니면 편리하다. 나는 수표와 현금을 7:3 비율로 가지고 다녔다.

때밀이 수건:한국 사람은 가끔씩 뜨거운 탕에 푹 들어가 앉아 때를 밀어야 피로가 풀린다. 외국에도 비슷한 건 있으나 국산이 제일이다.

약:1)설사약, 소화제 등 기본적인 것 외에 탈수증이 생길 때 먹는 가루약이 필요하다. 나는 탈수치료용 Rehidrat과 포도당 가루를 가지고 다녔다.

2)상처가 났을 때 바르는 소독제와 치료제가 합쳐진 연고가 유용하다.

3)비타민 C 정제:아프리카에서는 의외로 채소나 과일을 많이 먹을 수 없으므로 비타민 C를 보충해야할 필요가 있다. 맛있어서 현지인들을 줘도 좋아한다.

4)청심환:심하게 놀란 후에는 필요하다. 놀랄 일이 생기지 않으면 좋겠지만 긴 여행을 하다보면 어쩔 수 없이 이 약이 필요할 때가 생긴다.

5) 구충제:특히 에티오피아처럼 날고기를 먹는 곳은 회충 등 온갖 기생충에 감염되기 쉽다.

6) 진통제:평소 잘 듣는 것으로 가지고 다니면 좋다.

여권사진 여러 장:다른 나라에서 사진을 찍자면 번거롭고 비싸므로 사진을 여러 장 가지고 다니면서 비자 낼 때도 쓰고 마음에 드는 사람을 만났을 때 한 장씩 주어도 좋다.

가족사진:이게 얼마나 필요한지는 여행을 떠나보면 알게 된다. 특히 어린 조카 사진은 유부녀 행세를 할 때 필요하다.

국제 학생증:학생이 아니라도 방콕의 카오산 로드나 카이로의 앵글로 스위스 호텔 근처에서 사진만 있으면 만들 수 있다. 각종 학생 할인을 받을 수 있으므로 경비를 아낄 수 있다. 특히 이집트의 모든 유적지와 박물관은 50% 할인.

약간 큰 법랑컵:다니면서 컵으로도 쓰고 차는 물론 즉석 수프나 라면 정도는 끓여먹을 수 있어 좋다. 때에 따라서는 세숫대야로 쓰기도 한다.

길이 150센티, 폭 100센티 정도의 면보자기:동남아시아에서는 살롱이라고 하고 동아프리카에서는 강가라고 부른다. 현지에서 살 수도 있다. 더러운 숙소에선 침대보로도 쓰고 더운 지방에서는 허리에 둘러 치마로도 입고 머리에 둘러 모자로도 쓰고 수건 대용도 될 수 있어 쓰임새가 많다. 너무 밝은 색은 빨기가 귀찮으니까 알아서 택하도록.

우리 수저 한벌:실제로 사용하기도 하고 우리나라를 소개하는 데 큰 몫을 한다.

떠나기 전 할 일

건강체크:특히 치과에는 반드시 다녀오도록.

사서함 이용법:여행하려는 곳에 연고가 없더라도 그 나라 중앙우체국 사서함을 이용하면 편지나 소포를 받을 수 있다. 각 나라 중앙우체국 국제사서함에서는 적어도 한달간은 무료로 보관해 준다.

주소:본인이름, Post Restante, Main Post Office, 수도 이름, 나라 이름.

나라별 여행 힌트

서울에서 동아프리카로

서울에서 아프리카로 직접 가려면 비싸다. 태국 방콕의 카오산 로드에 가면

덤핑 비행기 티켓 파는 곳이 많이 있는데 여기서 일반표의 반값에 살 수 있다.

내가 산 이집트 항공의 방콕-나이로비간 표는 이집트 카이로에서 1박을 해야 하는 표지만 세 끼 식사를 제공하고 475달러. 비행기를 기다리며 방콕 주변을 관광할 수도 있고 여행에 필요한 물건을 싸게 살 수도 있다. 특히 카메라와 카메라용 건전지는 아주 싸다. 3개월 이상의 장기여행이라면 서울서 방콕까지는 편도를 사는 게 싸다. 돌아올 때 방콕에서 서울로 매주 월요일 출발하는 마닐라 항공은 편도 210달러 정도.

방콕에 내리는 시간이 너무 늦거나 이르면 그 시간에 택시를 타지 말고 아예 공항에서 아침 버스가 올 때까지 기다릴 것. 밤중에 택시를 타면 비싸기도 하거니와 대단히 위험하다. 공항은 깨끗하고 안전하며 화장실도 있고 마실 것도 살 수 있으니 짐만 잘 간수하면 슬리핑 백을 이용, 불편한 대로 1박 할 수 있다.

케냐

＊한국인은 공항에 내리면서 즉석에서 비자를 받을 수 있다(비자값 30달러). 서울에 있는 케냐 영사관에서 미리 받을 수도 있는데 굳이 그럴 필요가 없다.

＊나이로비에서는 리버로드에 있는 뉴 케냐 로지나 근처의 이크발 호텔에 묵으면서 아프리카의 전반적인 최신 정보를 입수할 것. 이 두 곳은 나이로비에서 제일 싼 배낭족 숙소. 우선 게시판을 읽어보고 자기가 가고자 하는 곳의 정보가 필요하다고 써놓으면 누군가 정보를 가지고 나타난다.

＊이 두 숙소 근처는 치안이 허술하므로 주의할 것. 나이로비의 사고 다발지역. 저녁 늦게 밖에 나갈 때는 특히 조심하고 밖에 나가기 전에 방향을 정확히 알아서 절대 두리번거리지 말 것. 내 강도사건을 상기하시라.

＊나이로비에서는 전대, 현금, 카메라 등 귀중품은 작은 배낭에 넣어 자물쇠를 채운 다음 호텔 매니저에게 맡길 것. 반드시 자물쇠를 채워야 한다.

＊정말로 등산을 좋아하는 사람이라면 탄자니아의 킬리만자로보다 케냐의 케냐산을 권하고 싶다. 킬리만자로는 우선 입장료가 비싸고 산 자체로 보면 아프리카 최고봉이라는 의미 외에 예쁘다거나 아기자기한 산은 아니다. 케냐 산은 산세가 아름답고 등반객이 훨씬 적어 즐거운 등산이 될 것이다. 다만 혼자서

는 어려우므로 여러 군데 숙소 게시판에 사람 모으는 글귀를 적어놓으면 동행이 생긴다.

＊케냐에서 본격적인 동물 사파리를 하고 싶은 사람은 탄자니아 국경 근처 마사이마라 사파리도 좋지만 케냐 북쪽 투르카나 호수 사파리가 권할 만하다. 여기가 바로 영화 〈아웃 오브 아프리카〉의 촬영장.

탄자니아
여행 하이라이트:동물 사파리, 킬리만자로 등반, 잔지바르 섬 관광.

＊비자는 국경에서 즉시 발급(비자비 25달러).

＊계절에 따라 차이가 있지만 동물 사파리는 일반적으로 탄자니아 아류샤에서 시작하는 사람들이 많다. 나이로비에서 아류샤까지는 버스가 다닌다. 아류샤에는 사파리여행사가 수두룩하므로 흥정을 잘 할 것. 몇 사람 그룹을 지어 하는 게 싸게 먹힌다. 비용 일체 포함 하루 55~60달러면 잘한 흥정. 3박4일이면 대충 돌아보는데 여정에 동물백화점이라는 응고롱고로가 들어 있는지 반드시 확인할 것.

(권하고 싶은 가이드:아다우트 미아후 사요, 연락처:스플렌디드 호텔, P. O. box 2275 Arusha, Tanzania)

＊킬리만자로에 오르려면 이미 수없이 강조했듯이 노련한 가이드가 하라는 대로 천천히 천천히. 물을 되도록 많이 마시면서 무조건 잘 자고 잘 먹고 천천히 오르면 누구라도 끝까지 오를 수 있다. 만약 고산증세가 나타나면 절대 욕심 부리지 말고 500미터라도 내려와 고도적응을 하고 다시 올라야 한다.

＊만약 킬리만자로 등반만 하겠다면 한국에서 패키지로 가는 것보다 직접 가서 흥정하는 것이 반정도 싸다. 역시 아류샤의 여행사에서 흥정한다. 4박5일 등정에 비용 일체 포함 일인당 400달러 정도이다.

＊등반 후 어처구니 없는 팁을 요구하는 가이드나 포터도 많으니 잘 처리할 것. 팁은 어디까지나 팁, 기분 좋게 줄 수 있는 정도까지만 주어야 한다. 나는 가이드에게 20달러, 포터에게 각각 10달러씩 주었다.

＊킬리만자로의 차가족 마을 모시에서 바나나 술 음베베와 바나나죽 음토리

를 먹어볼 것. 맛도 좋고 여독을 푸는 데도 그만이다.

 *탄자니아 수도 다르에스 살람도 치안상태는 그리 좋지 않으니 가방이나 카메라 조심. 여자라면 항구 근처 YWCA 유스호스텔이 좋고 남녀 그룹이라면 루터란 교회에서 운영하는 루터란 유스호스텔을 권할 만하다.

잔지바르

 *탄자니아 최대 관광지 잔지바르에 가는 배는 쾌속정과 화물여객선이 있는데 쾌속정은 매일 뜨기는 하지만 3배나 비싸다. 잘 알아보도록.

 *잔지바르에서는 반드시 올드스톤 타운에서 묵을 것(내가 묵은 플라밍고 호텔은 아침 포함 하루 7달러). 여기서는 외국인에게는 달러로만 받는다고 하지만 현지돈을 낸다고 우기면 통한다.

 〈이곳에서 꼭 볼 곳〉

 1)스파이스 투어:매일 아침 부둣가 극장 앞에서 시작하는 버스 향료여행. 이 섬의 역사와 향료들에 대한 교육적 관광. 점심이 포함된 경제적 관광이다(추천할 여행사:Mitu's Island Tours).

 2)북쪽 해변 능우위:본문 참조.

 3)노예섬(Changgu Island 일명 Prison Island):노예무역의 흔적이 역력히 남아있고 해변도 좋음. 대형 거북도 만날 수 있다.

 *말라위를 가려는 사람은 반드시 다르에스 살람에서 말라위 비자를 받아 갈 것.

 *다르에스 살람에서 말라위 국경(음베야)까지는 꼭 기차를 타고 갈 것. 24시간 가는 기차가 국립공원을 지나기 때문에 기차에서 많은 동물들을 공짜로 구경할 수 있다.

말라위
여행 하이라이트:

 1)국경 근처 카타베이부터 남쪽 멍키베이까지의 2박3일 배 여행. 배에서 보는 일출과 일몰이 기막히다.

 2)멍키베이의 케이프 맥클레어 해상 국립공원. 수영은 물론 스노클링, 스킨

스쿠버 등을 싸게 즐길 수 있다.

3)리빙스토니아. 호수의 나라에서 보는 산 경치가 추천할 만하다. 본문 참조.

＊전 국토의 5분의 1이 호수이므로 말라리아가 창궐. 가기 전에 반드시 초강력 말라리아 예방약을 먹어두어야 한다. 말라리아를 절대로 우습게 보지 마시길. 아직도 세계적으로 가장 많은 사망자를 내는 병이 말라리아라니까. 잊지 말고 제 날 제 시간에 약을 잘 챙겨 먹어야 한다.

＊약 이외에도 해가 질 때 쯤에는 모기퇴치 로션을 바르고 긴 팔, 긴 바지를 입어야 한다. 잘 때도 반드시 모기장 안에서 자고 자기 전 모기장에 구멍은 없는지 확인해야 한다.

＊이곳에서는 대마초가 싸기도 하고 손쉽게 구할 수도 있어서 여행자간에 인기가 있지만 말라위 법으로도 불법이니 조심. 자칫하면 큰 곤욕을 치를 수 있다.

에티오피아

여행 하이라이트: 남서지방인 콘소, 징카, 오모강 근처에서는 가장 아프리카다운 원시 마을을 볼 수 있고 곤도르, 랄리벨라, 악숨 등 북부 지방에서는 초기 기독교 문화의 유적을 볼 수 있다.

＊에티오피아 남부 호수지방까지도 말라리아가 많으니 약 먹는 것 게을리 하지 말 것.

＊케냐에서 육로로 들어갈 경우 가지고 있는 돈을 신고해야 하는데 몽땅 신고하면 환율이 아주 나쁜 은행에서만 환전해야 하니까 좀 감춰야 한다. 돈 감추기 제일 좋은 곳은 신발 밑창. 돈을 그냥 넣으면 땀에 절게 되므로 비닐봉지에 싸서 넣도록. 한달에 적어도 300달러는 바꾸었다는 은행 영수증이 있어야 의심받지 않는다(출국할 때 은행 영수증과 대조함). 나는 은행에서는 여행자 수표를 바꾸고 현금은 암달러상에게 바꾸었다.

＊이곳에서는 국제 표준시간을 쓰지 않고 이들만의 12시간제를 쓴다. 이곳 0시는 아침 6시. 연도와 달력도 다르므로 정신 바짝 차려야한다.

＊버스는 보통 새벽에 출발해 해가 지면 무조건 더 이상 가지 않으므로 교통이 불편하다. 북쪽 지방에 갈 때는 비행기를 이용하는 편이 오히려 경비가 싸게

먹힌다.

＊북부 관광지에는 자칭 가이드들이 관광객을 몹시 귀찮게 구나 짜증이 나더라도 화내지 말 것. 가이드들은 터무니 없는 팁을 요구하니 미리 가격 협상할 것. 싸게 협상하고 나중에 조금 더 주는 게 좋다.

＊악숨을 거쳐 에리트리아로 가려는 사람은 아디스아바바에서 미리 비자를 받아야함. 국경에서는 비자발급을 하지 않는다.

에리트리아

＊환전할 때는 아스마라 국제공항에서 하는 것이 좋다. 시중 은행보다 15% 더 준다.

＊육로로 이집트까지 올라가려면 수단을 통과해야 하는데 난민문제로 수단과 에리트리아는 국교가 단절되어 비자받기가 불가능하다.

이집트
내가 권하는 이집트 여행
1주일 미만:카이로-룩소-아스완의 나일강 일주

2주일 정도:나일강 일주, 시나이반도의 다합과 시나이산

그 이상:나일강 일주, 시나이반도, 백사막과 흑사막

＊이집트에서는 도착하자마자 숫자를 배워야한다. 여기서는 아라비아 숫자를 쓰지 않는데 숫자모양이 전혀 딴판이다. 1에서 20까지 세는 것은 첫날 꼭 외울 것. 그래야 버스도 타고 바가지도 쓰지 않는다.

＊카이로에서 스핑크스와 피라미드, 계단 피라미드 등을 하루에 보려면 시내 미단 오페라 근처의 관광안내소에서 전세 택시를 소개받는 것이 값도 싸고 믿을 수 있다. 정부에서 운영하는 것이라 바가지가 없다.

＊미단 탈라트 하르브 근처 앵글로 스위스 호텔은 하루 숙박 4달러 정도로 각국으로부터 온 배낭족과 정보를 나누고 즉석에서 그룹을 만들어 관광할 수 있다.

＊카이로에서 저녁에 가볼 곳:람세스 힐튼 호텔 스카이 라운지(칵테일

바)10달러 정도가 들지만 카이로를 내려다보며 나일강에 해가 지는 잊을 수 없는 경치를 볼 수 있다.

*밤 나일강 유람선:20달러 정도로 저녁식사를 하고 배꼽춤을 볼 수 있다.

*아스완 플루카여행:아스완에 가면 여관 주인들이 배여행을 소개한다. 내가 타본 자마이카 패밀리 배는 한 가족이 운영하는 여행사로 식구들이 유머러스하고 경험이 풍부해 여행을 더욱 즐겁게 했다. 문(Moon)레스토랑에 가면 식구 중의 한 사람을 만날 수 있다.

*시나이반도에서는 시나이산과 휴양지 다합을 즐긴다. 물가가 무척 싸고 먹거리가 풍부하다. 시나이산 관광은 다합에서도 출발한다.

*백사막 투어를 하려면 카이로에서 바위티까지 미니버스를 타고 가서 바위티에서 아하메드 사파리 캠프를 찾으면 된다. 여름 비수기에는 3박4일에 175달러(숙식, 일체 포함), 겨울 성수기에는 100달러 정도(카이로에서 투어관광이 있으나 굉장히 비싸다). 사막 여행중에 반드시 오아시스 수박을 먹어볼 것. 세상에서 가장 맛 좋은 수박이다.

*나일강에서 수영을 하면 오줌에 피가 섞여나오는 빌하르지아라는 병에 걸린다고 한다. 보통 강기슭 오염된 곳에서 감염되는 일이 많으므로 강기슭에서 수영하는 것은 삼가야 한다.

요르단
여행 하이라이트:와디룸, 페트라, 사해, 제라쉬, 기독교 성지.

*여름에 요르단을 여행한다면 호텔 옥상이 가장 좋은 숙소다. 시원하기도 하고 숙박비가 방값의 3분의 1 이하.

*이집트 타바 항이나 이스라엘의 에일라트 항에서 요르단의 아카바 항까지 가는 배가 있다. 아카바 항에서 입국과 동시에 2주일간 비자를 받을 수 있고 비자연기도 쉽다.

*와디룸에서 관광지프를 물색할 때는 대당으로 돈을 받으니 여럿이 그룹을 만들어 한 대를 빌리는 게 좋다. 사막에서 노숙을 하고 싶으면 흥정할 때 그렇게 하겠다고 강력하게 말해야함.

페트라

1)아름다운만큼 입장료가 무척 비싸다(나도 이틀에 35달러를 물었다). 돈을 아끼기 위해 새벽 일찍 문지기가 나오기 전에 몰래 들어가는 배낭족도 많다.

2)페트라 안에는 물을 잔뜩 가지고 들어가야 한다. 덥기도 하거니와 그 안에서 파는 물은 두 배 이상 비싸다.

3)페트라는 여름에는 몹시 더우므로 아침 일찍 구경을 시작하는 게 좋다. 그러나 저녁 해지는 모습도 무척 아름다우니 놓치지 말길.

사해

1)이스라엘 쪽보다 요르단쪽 사해가 관광지로 덜 개발되어 싸고 조용하다. 암만에서 버스 있음.

2)물이 짜서 피부와 머리카락이 상하기 쉬우므로 2시간에 한 번 정도 수돗물로 샤워를 하도록.

3)몸에 큰 상처가 있으면 물에 들어가면 안된다. 모기에 물린 작은 상처도 아주 따갑고 쓰라리다.

4)동네 아이들에게 진흙이 어디 있느냐고 물어보면 친절히 가르쳐주니까 사해 머드팩을 잊지 말도록.

＊제라쉬:중동 최고의 로마 유적지. 암만에서 30분 정도 거리. 2~3시간이면 충분히 구경할 수 있다.

＊성지순례:요르단은 모세의 출애굽기 40년 중 38년을 보낸 구약의 성지다. 성지순례를 할 사람은 손종희씨를 찾으면 만사 오케이.

＊손종희:Culture Club Travel, P. O. box 215145 Jabal Al-Kusul Aman Jordan 전화/팩스 00962-6-632299

＊암만에서는 시내 중앙우체국 근처에 있는 클리프 호텔 옥상이 중동지방을 여행하는 배낭족들의 중요한 정보교환지다. 이 호텔 매니저도 상당히 정보가 많은 사람.

이스라엘

＊비행기로 입국하지 않는 한 여권에 입국도장을 찍지 말아야 다른 회교국가에 갈 수 있다. 명심하도록.

＊국제관계가 수시로 변하므로 최근의 정치 상황을 잘 알고 있어야 한다.

＊예루살렘에는 구시가지 아랍지구에 싼 숙소가 몰려있다. 관광지와 구경거리도 집중해 있으므로 이곳에 묵는 것이 편리. 내가 묵은 숙소는 다마스쿠스 문에서 10분정도 떨어진 타바스코 호스텔. 4달러 정도로 기숙사에서 음식을 해먹을 수 있다(이스라엘의 물가는 서유럽만큼 비싸다).

＊학생은 시외버스 10% 할인.

＊갈릴리 호수와 골란고원은 개인으로 다니려면 버스삯이 엄청나고 시간이 많이 드니 갈릴리 호숫가 티베리아스에서 시작하는 하루 투어에 참가하는 게 여러모로 편리. 영어 가이드도 딸려 있다. 티베리아스에 있는 싼 숙소에서 주선해준다.

＊세계의 많은 젊은이들이 짧게는 몇주일, 길게는 1년 이상씩 키부츠에서 일하고 있다. 여기서 공동생활을 하면서 이스라엘식 사회주의를 배우고 노동의 즐거움을 깨치며 많은 외국 친구들을 사귀고 있다. 우리 젊은이들에게도 권하고 싶다. 그러나 하는 일이 단순하고 키부츠 주민들의 외국인에 대한 태도가 그리 친절하지 않다고 한다. 또 보수가 아주 적다는 것도 감안해야 한다.

＊여행 중 돈이 떨어져 꼭 일을 해야 한다면 예루살렘의 싼 숙소에 문의해보면 늘 일거리가 기다리고 있다. 청소부나 식당 허드렛일 같은 거다. 먹여주고 재워주고 1주일에 30달러쯤 받게 된다. 이스라엘에서는 싼 임금이지만 다른 중동국가에 가면 꽤 큰돈이다.

시리아

여행 하이라이트:팔미라, 십자군성, 알레포, 다마스쿠스(본문 참조)

＊남한과는 국교가 없어 비자를 내주지 않는다. 사업차 출장이라든지 무슨 그럴 듯한 핑계가 있어야 한다(본문 참조).

＊시리아에서는 잘 찾아보면 값싸고 좋은 숙소가 많다. 다마스쿠스:올드시티 근처 알하마딘 호텔, 팔미라:뉴투어리스트 호텔, 하마:카이로 호텔, 알레포:알메디나 호텔. 이상은 내가 묵어본 추천할 만한 숙소다.

＊시리아도 암달러상에서 환전하는 게 20%정도 비싸다. 시장 기념품 상점에 가면 여행자수표도 바꿔준다.

＊알레포에서는 통비둘기 고기를 먹어보도록. 이곳 명물로 정력에 효과가 있다고 하는데 맛도 아주 좋다.

이 란

여행 하이라이트:에스파한, 쉬라즈, 야즈드, 밤, 마샤드.

＊이란은 뛰어난 관광지지만 비자 받기가 까다롭다. 관광비자를 받으려면 시간이 많이 걸리므로 경유비자를 받아 이란에 가서 연장하는 게 좋다.

＊경유비자를 받으려면 한국 영사의 추천장, 이란 이웃나라의 비자, 사진(여자는 보자기로 머리를 가리고 찍어야 한다), 65달러의 비자료를 들고 그 나라 주재 대사관에 가야 한다.

＊암달러상이 은행보다 20%정도 환율이 좋다. 100달러짜리면 더 많이 받는다. 단 1990년 이전 미화는 가짜가 많다고 받지 않는다.

＊국제전화, 소포 등이 아주 싸다. 중앙아시아로 넘어가면 국제전화료가 10배로 비싸지니 필요한 용무는 여기서 보도록.

＊여자는 반드시 헤잡을 해야한다. 헤잡이란 정숙한 옷차림이라는 뜻. 차도르까지는 필요없어도 머리에 쓰는 스카프와 망토는 입어야 종교경찰의 지적을 받지 않는다(시장에 가서 루싸리와 망토를 찾으면 됨. 합쳐서 15달러면 충분). 이란 입국 순간부터 필요하니 미리 준비하도록.

＊테헤란에서 택시를 타면 외국인에게는 10배 정도 바가지를 씌운다. 현지인에게 미리 택시값을 물어보아야 한다.

＊이란에는 버스 기차 등 대중교통수단이 잘 발달되어있고 요금도 싸다.

＊에스파한은 페르시아문화의 정수를 만끽할 수 있으므로 천천히 보아야 한다. 다리 밑 찻집도 꼭 가볼 것. 스타디움 근처 아미르카비르 호텔에 묵으면 여행자끼리 이란의 온갖 정보를 얻을 수 있다.

＊야즈드의 올드시티 골목 안 동네를 기웃거리며 천천히 걸어봐야 한다. 대로와 골목 안이 200년 정도의 시간 차이가 있다.

＊쉬라즈:시간이 급한 사람은 도착하자마자 근교에 있는 중동 최대의 고대 유적지 페르시폴리스를 먼저 구경하고(반나절이면 충분) 나머지 시간을 쉬라즈에서 보내면 된다.

＊마샤드:테헤란에서 저녁 11시에 떠나는 호화판 기차를 타볼 만하다. 침구며 음식이며 기차 침대칸 내부가 내가 타본 어떤 기차보다 훌륭하다. 여자가 에맘 레자 사원에 들어가려면 머리부터 발끝까지 가리는 차도르가 필요한데 다른 사원에서는 차도르를 사원 내에서 빌릴 수 있으나 여기서는 빌려주지 않으므로 숙소에서 부탁해야 한다.

아프가니스탄

＊내전 중인 나라이므로 최근 상황을 잘 살펴야 한다.

＊1990년 이전의 미화는 통용되지 않는다.

＊헤라트 시장에서는 전세계에서 온 구호품을 팔고 있으니 필요한 건 여기서 장만하는 것이 좋다. 거저나 마찬가지 값이니까. 시장에서는 환전도 할 수 있는데 달러보다 이란 돈이 바꾸기도 쉽고 환율도 좋다.

＊헤라트는 도시 전체가 전기도 수도도 없으므로 이란에서 손전등과 양초, 정수약 등을 반드시 점검해야 한다.

＊헤라트에는 투르크메니스탄과 이란 영사관이 있다.

＊도움이 필요한 사람은 국제적십자단을 찾아보도록.

＊내전 중이니 군인의 비위를 거스르는 행동을 하지 말도록. 군인들의 총에는 항상 총알이 장전되어 있음을 상기할 것. 이 반군들은 국제법 같은 것은 안중에도 없는 사람들이다.

투르크메니스탄

＊헤라트에서 국경까지 가는 차량은 시장 안에서 물색해서 아침 일찍 나서야 한다.

＊아슈하바트의 일요시장에 꼭 가보도록. 중앙아시아 최대의 카펫 시장이 열리며 외모와 차림이 다른 다양한 민족과 인종들을 볼 수 있는 최적의 장소이다.

＊아슈하바트에서 우즈베키스탄으로 가려면 비자를 즉석에서 받을 수 있다. 일주일 단위로 비자비가 비싸지니까 날짜 계산을 잘 해야 한다.

＊우즈베키스탄으로 넘어가려면 국경도시 차르조에서 하루 묵어야 하는데 기차역 공중화장실 앞에 있는 숙소 침대차를 개조해 만든 간이숙소는 지저분하기 이를 데 없지만 싸고(1박에 우리 돈 80원 정도) 안전하다. 그러나 겨울에는 너무 추워 잠자기가 어렵다.

＊돈을 바꾸려면 아슈하바트 시내 아슈하바트 호텔 앞 암달러상을 이용할 것. 은행 환율의 5배까지 준다. 1990년 이전의 미화는 안 받는다.

＊중앙아시아를 여행하면서 화장수가 떨어졌을 때는 보드카 0, 5리터에 레몬 3분의 1쪽을 넣으면 근사한 천연 아스트린젠트가 된다. 현지인들이 사용하는 미용수.

우즈베키스탄

여행 하이라이트: 부하라, 사마르칸트, 히바

＊도착하자마자 외국인 등록을 해야한다. 누구도 이런 규정을 말해주지는 않지만 등록을 안하면 출국 때 큰 벌금을 물게 된다.

＊미화 1달러, 5달러짜리를 많이 준비할 것. 미화 잔돈이 귀해서 거스름을 주지 않을 때가 많다. 나도 호텔에서 20달러를 내고 12달러어치의 국제전화를 걸었는데 잔돈이 없다고 공식 은행환율로 현지돈으로 받았다. 암달러 시장이 은행보다 20% 높다. 여기서도 1990년 이전 미화는 무용지물.

＊타슈켄트에는 한국 대사관이 있어 영사와 여직원이 친절하게 도와준다(전화번호는 3712-35-7647/ 346167).

＊우즈베키스탄 전역, 특히 사마르칸트나 타슈켄트에는 한국 동포가 많이 살고 있음. 나이드신 분들은 한국말을 하므로 그런 분들을 만나면 중앙아시아의 한국 동포사를 생생히 들을 수 있다. 시장에 가면 김치 등을 파는 동포 아줌마를 만날 수 있고 한국 목사가 목회를 하는 한국 교회도 많으니 소개를 부탁해 보도록.

아제르바이잔

*투르크메니스탄의 투르크만 바쉬에서 아제르바이잔의 바쿠까지 매일 출항하는 배가 있다(요금은 외국인 75달러, 현지인 25달러).

*바쿠에 내리면 아제르바이잔 비자를 받을 수 있다. 아침에 내리면 저녁에 비자가 나온다.

*바쿠 아제르바이잔 호텔 14층에 그루지야 영사관이 있어 그루지야 비자도 받을 수 있다.

*바쿠에는 그루지야 티블리시로 가는 기차도 있음.

*바쿠에서는 현지돈으로 달러를 살 수도 있으므로 쓰다 남은 돈은 다시 달러로 바꿀 수 있어 좋다. 여기서는 1990년 이후 달러만을 고집하지도 않고 환전소도 많다.

*배화교에 관심이 있는 사람은 바쿠 근교에 있는 배화교 사원에 가보는 게 좋다. 조로아스터교로 알려진, 불을 숭배하는 이 원시종교는 페르시아, 지금의 이란에서 융성했으나 원래 바쿠가 발상지다. 카스피 해 최대 유전지역인 이곳은 옛날부터 천연가스 덕분에 불이 꺼지지 않는 도시였다. 인투리스트 호텔에 가서 물어보면 가는 버스를 탈 수 있다. 개인이 갈 수도 있고 영어가이드가 따라붙는 2시간짜리 투어에 참가해도 좋다.

*여름에 가면 유람선을 타고 카스피 해에서 바라보는 멋진 바쿠 전경을 즐길 수 있다고 한다.·

그루지야

*트빌리시에서 이스탄불까지 가는 국제 직통버스가 있으나 비싸므로 트빌리시에서 터키 국경도시 타바까지만 가서 국내 버스를 타는 게 훨씬 경비가 절약된다.

*그루지야는 실론섬과 인도의 다르질링과 함께 세계 3대 홍차 생산지. 홍차를 좋아하지 않는 사람이라도 세계 최고라는 홍차맛 안 보고 갈 수 없다. 나는 이 세 곳의 홍차맛을 직접 맛보았는데 그루지야 차가 제일 입맛에 맞았다. 루스타벨리 대로에 홍차 전문점도 있고 차 잎도 판다. 또 그루지야는 와인맛 좋기로

도 유명하다.

터키
내가 권하는 터키 여행
  1)1주일 정도:이스탄불, 카파도니아, 파묵칼레, 에페소스
  2)2주일 정도면:1)+흑해 연안(여름이라면 지중해, 에게해 연안), 에르줄룸
  3)그 이상이면:1)+2) 그 위에 넴루트산, 유스펠리 산, 기독교 신자라면 터키 동부의 초기교회 순례.
  ＊이스탄불의 숙소:술탄 아메트 지역의 싼 유스 호스텔(내가 묵은 곳은 오리엔탈 유스 호스텔. 꼭대기층 식당의 음식과 경치가 좋다. 매주 금요일 저녁에는 무료 배꼽춤 공연도 있다). 이곳에서 술탄 아메트 관광은 물론 배를 타고 유럽과 아시아를 왔다갔다 하는 맛도 별미.
  ＊에페소스에서 남녀혼탕 터키탕을 경험하려면 셀주크 우체국 옆 터키탕(하맘)에 가면 된다.
  ＊파묵칼레와 에페소스는 각각 하루씩이면 족하고 될 수 있는 대로 오래 카파도키아에 머물기를 권하고 싶다.
  ＊카파도키아 지방에서 내가 머문 숙소는 괴뢰메. 숙박비, 식대가 싸고 지하도시나 이랄라 계곡이 가깝고 다른 국립공원도 하루에 갔다 올 수 있는 거리다.
  ＊말라탸의 관광청에서 넴루트산에 가는 투어가 매일 있다. 개인으로 가려면 택시를 전세내야 하므로 돈이 많이 드니 이 투어를 이용하는 게 좋다. 산에 가면 아침에 일출을 보러갈 때 호텔에서 두 시간 정도 걸어갈 것을 권한다. 그래야 시시각각으로 변하는 산 색깔을 제대로 감상할 수 있다.
  ＊유스펠리 산을 가려면 터키 동부 에르줄룸이나 흑해 연안 트라브존에서 유스펠리까지 가서 1박을 하고 아침에 버스로 바르할까지 간다(내가 묵은 산장은 Karahan Pension 주인 이름은 메흐메트). 숙박비가 아침 저녁식사 포함, 15달러 정도. 여기를 베이스 캠프 삼아 알트 팔마크(여섯 손가락)봉과 '검은 호수'를 갈 수 있다. 가장 좋은 시즌은 6월에서 8월 사이지만 가을도 좋다.
  ＊터키 동부를 거쳐 육로로 이란으로 넘어가려면 도우베야즈트라는 국경도

시에서 하루 자야 한다. 에르줄룸 호텔, 또는 아름다운 궁이 있었던 산중턱의 무라트 펜션이 추천할 만한 숙소다.

*그러나 주의할 점 1)에르줄룸 호텔의 미남 매니저는 여자 밝히기로 유명. 내게도 온갖 친절을 베풀며 환심을 사려했는데 나한테만 그런 게 아니라 거기 묵었던 모든 동양 여자들에게 추근댔던 것이 밝혀졌음. 2)무라트 펜션은 숙박 비나 식비가 다른 곳에 비해 싸고 장소도 좋아 인기가 있는데 거의 강매하다시 피 하는 숯불 양고기 값이 엄청나게 비쌈. 미리 물어보고 먹을 것. 아니면 나는 채식주의자라고 하면 그만이다.

*터키는 인플레가 심하므로 환전을 한꺼번에 하지 말고 매일 필요한 만큼 하는 게 유리. 환전소는 얼마든지 있다.

러시아

*이스탄불에서 모스크바로 가려면 술탄 아메트 근처의 여행사에서 표를 사 는 게 좋다. 터키항공이나 에어로플로트에 비해 이름없는 차터 비행기가 반 정 도로 싸다(터키항공 390달러, 차터 비행기 199달러). 그러나 뜨고 내리는 시 간이 좀 불편하다.

*이스탄불에서 러시아 비자를 받으려면 러시아 대사관에 백날 전화해봐야 소용없다. 인투리스트 사무실이나 에어로플로트 사무실에서 비자 업무를 대행 한다. 비자료는 국영 여행사인 인투리스트 사무실에서는 100달러, 다른 곳은 70달러이다. 인투리스트에서는 호텔 이틀 숙박비도 함께 내야하는데 개인 대 행사를 거치면 그럴 필요가 없다. 마르마라 호텔이 있는 탁심의 맥도날드 점 뒤 에 있는 여행사에 가면 비자를 받을 수 있다. 모스크바에 가면 3일 내에 등록을 해야하는데 인투리스트가 발행한 호텔 투숙증이 없더라도 허름한 국립호텔에 가서 담당직원에게 20달러 정도만 주면 비자등록을 해준다.

*모스크바는 숙박비가 굉장히 비싸다. 가장 싼 숙소는 지하철역 이름 프로 스펙트 미라에 있는 The Traveller's Guest House . 하루 숙박비 15달러(전 화 971-40-59). 10층짜리 건물에 1층에는 싼 식당도 있다. 여기서는 각국에서 온 여행자를 통해 러시아 여행정보도 얻을 수 있고 비자등록도 대행해 준다.

시베리아 횡단열차

*모스크바에서 북경까지 가는 시베리아 횡단열차는 두 가지가 있다.

1)러시아에서 몽골을 거쳐 북경으로 가는 길: 이걸 타면 하루 정도 시간이 단축되고 가는 길에 만리장성을 바로 코 앞에서 볼 수 있으며 몽골 경치를 감상할 수 있는 등의 장점이 있으나 몽골 비자를 따로 받아야 하고 또 한번 지루한 국경넘기를 해야한다.

2)내가 탄 열차는 러시아에서 만주를 지나 하얼빈을 거쳐 북경까지 가면 7박 8일, 178시간이 걸린다.

*여름이라면 모스크바에서 블라디보스토크로 가서, 배로 일본의 시모노세키까지, 거기에서 부산으로 가는 루트를 권하고 싶다. 겨울에는 항구가 얼어 배가 다니지 않는다.

*횡단열차 표는 모스크바 야로슬라프스키 역의 외국인 창구(인투리스트)에서 개인적으로 구입할 수 있다. 4인승 침대칸이 190달러 정도. 호텔에서 사면 250달러인데 러시아 말을 몰라도 살 수 있으므로 호텔에서 대행사를 통해 비싸게 살 필요가 없다.

*시베리아 횡단열차를 타려면 중국 경유비자가 꼭 필요한데 모스크바의 중국 대사관은 월 수 금 오전 중에만 열리므로 서두르지 않으면 여정에 차질이 생기기 쉽다. 접수하고 3일 후에 비자가 나온다.

경유비자는 추천장이 없어도 되는데 중국으로 가는 철도표와 중국에서 한국으로 가는 비행기표가 필요하다.

*중국에서 한국으로 갈 때 배를 탈 사람은 비자 접수하러 가는 날 아침 대한항공이나 에어로플로트에서 현금으로 비행기표를 사서 비자접수를 하면 그 자리서 표와 서류 일체를 돌려준다. 비행기 표를 돌려받아 그날 중으로 비행기표를 취소하면 취소비 25달러를 안 물어도 된다.

*중국 비자를 기다리는 동안 페테르부르크까지 돌아볼 수 있고 모스크바의 밤과 오페라, 발레, 음악회 등을 구경하는 것도 좋다. 우리 돈으로 1천~2천원이라는 싼값에 세계 정상의 공연을 볼 수 있으므로 이 절호의 기회를 놓치지 마

시길. 표가 매진이면 암표라도 사서 꼭 보기 바란다.

✽시베리아 철도를 타기 전에 먹을 것을 충분히 준비해야 한다. 지하철역 근처에는 반드시 시장이 있으므로 거기서 대강 구할 수 있다.

✽내가 준비한 것:커피믹스, 홍차, 녹차, 땅콩버터, 잼, 야채 통조림 그리고 20개 정도의 컵라면. 기차가 설 때마다 삶은 감자나 달걀, 빵 등을 살 수 있다. 바이칼 호에서 나는 훈제 생선은 정말 맛있다.

중국

✽북경의 하이후툰 장거리 버스 터미널 근처에 있는 징후아 유스 호스텔이 저경비 배낭여행자들이 모이는 곳. 이 숙소의 기숙사동은 인기가 좋아 언제나 만원. 직원들은 빈 침대를 찾아보지도 않고 '뿌유' (없어요) 라고 하기 일쑤다. 그렇더라도 본인이 직접 가서 체크해보면 빈 침대가 있는 경우가 많다.

✽같은 호텔에 있는 여행사에서 하는 만리장성 투어는 추천할 만함. 한적하고 보존상태가 좋은 곳으로 안내한다.

✽이 숙소에서도 가짜 중국 학생증을 만들 수 있다. 이 학생증이 있으면 중국에서 여러가지 경비를 절약할 수 있다. 물론 불법이지만 가짜 학생증을 만들지 않는 배낭족은 거의 없다(주의:전공을 기재할 때는 언어와는 거리가 먼 그림이나 요리 등이라고 해야 중국어를 잘 못해도 의심받지 않는다).

✽중국에서는 중국어 못한다고 걱정할 필요가 없다. 우리가 알고 있는 한자 실력이면 웬만한 건 필담으로 뜻이 통한다(한국에서 옥편을 가져가면 더욱 유용하게 쓰인다).

✽천진에서 인천 오는 배는 5일에 한 번. 요금은 190달러. 학생증을 보이면 20% 할인 받을 수 있다.

✽북경에서 천진까지는 버스로 3시간 거리. 배가 떠나는 당일 올 수도 있지만 마음 졸이지 않으려면 하루 전 천진 당고역 근처에 미리 와서 묵어도 좋다. 그 근처에는 조선족들이 하는 식당도 있고 싸게 묵을 숙소도 있다. 〈끝〉

한비야가 육로로 다닌 곳

러시아

영국 덴마크 페테르스부르크
네델란 체 크 모스크바
벨기에 독 일
프랑스 스위스 오스트리아
스페인 그루지아 아제르바이잔 하얼삔
이탈리아 바쿠 투르크멘 타쉬켄트 대한민국
이스탄불 우주베크 베이징 서울
앙카라 아르메니아 일본
터키 시리아 테헤란 아프가니스탄 중국
에루살렘 다마스커스 헤라트 뉴델리 네팔 타이뻬이
카이로 요르단 이란 카트만두 홍콩 필리핀
이집트 봄베이 방글라데시
에룰토삐아 인도 켈커타
아디스아바바 이디오삐아 타이
깨 냐 말레이시아
탄자니아 나이로비 싱가포르
말따위 다르에스살람 인도네시아
룬바

앵커리지

캐 나 다

밴쿠버

시애틀

미 국

보스턴

뉴욕

워싱턴

샌프란시스코

로스앤젤레스

뉴올리언스

마이에미

멕시코 과달라하라 벨리즈

벨모판

과테말라 온두라스

페 루

리마

라파스

볼리비아

아르헨티나

산티아고

부에노스아이레스

칠 레